たいせつなことはね、目に見えないんだよ…

サン＝テグジュペリ『星の王子さま』

とびらのことば

サン＝テグジュペリ（1900 －
1944）はフランスの作家、飛行
士。飛行士として活躍しながら『夜
間飛行』や『人間の大地』など数々
の作品を発表しました。代表作
『星の王子さま』は、『人間の土地』
の童話版であり、戦争体験をふま
えて書かれています。1944 年 7
月、偵察飛行に飛び立ったまま、
消息を絶ちました。

…・イメージを学びの翼に・…

ライフステージを見通した
障害児保育と特別支援教育

【シリーズ知のゆりかご】 小林徹＋栗山宣夫 編

みらい

執筆者一覧 （五十音順　○は編者）

飯田　法子（大分大学）……………………………… 第5章第2節、第6章第1節

大野　謙治（元社会福祉法人太田松翠会　ひまわり学園）……………… コラム⑤

岡部　祐子（松山東雲女子大学）…………………………………………… 第3章

荻原はるみ（名古屋柳城女子大学）……………………………………… コラム③

小野貴美子（別府大学）………………………………………………… 第5章第1節

樫木　暢子（愛媛大学）……………………… 第4章第5節、第4章第9節第1項

加藤　勝弘（元八戸学院大学短期大学部）………………………………… 第7章

木村　素子（群馬大学）………………………………………………… 第4章第6節

栗原志津恵（社会福祉法人育美会　生品保育園）……………………… コラム①

○栗山　宣夫（育英短期大学）……………………… 第1章第1節、第2章第1節、
　　　　　　　　　　　　　　　　　　　第4章第8節、コラム④、エピローグ

○小林　　徹（郡山女子大学）………………………プロローグ、第4章第10節、
　　　　　　　　　　　　　　　　　　　　　第5章第3節、第9章

小林　秀之（筑波大学）………………………………………………… 第4章第7節

齊藤　勇紀（新潟青陵大学）…………………………………………… 第4章第3節

相楽　典子（平安女学院大学）………………………………………… 第4章第1節

佐藤比呂二（東京都立港特別支援学校）………………………………… コラム⑦

下川　和洋（特定非営利活動法人地域ケアさぽーと研究所）… 第4章第9節第3項

菅原　　弘（仙台青葉学院短期大学）………………………………… 第4章第2節

杉野　寿子（福岡県立大学）…………………………………………… 第8章第2節

杉山　敏夫（元首都大学東京）………………………………………… 第6章第3節

田中　　謙（日本大学）………………………………………………… 第8章第1節

時本　英知（新潟青陵大学短期大学部）……………………………… 第5章第4節

中野　聡子（群馬大学）……………………………………………… 第4章第9節第2項

中村　孝博（いなほガーデン星の子幼稚園）…………………………… コラム②

橋本　陽介（白梅学園大学）……………………………………… 第9章、コラム⑫

松浦　　淳（青森中央学院大学）………………………………………… コラム⑧

水野　　薫（Space Zero PDD 心理・教育研究所）………………… 第6章第2節

水野　利之（愛知県立名古屋盲学校）…………………………………… コラム⑥

安田　洋子（特定非営利活動法人郡山のびのび福祉会）……………… コラム⑪

山下　直樹（名古屋短期大学）…………………… 第1章第2節、第4章第4節

山田　将人（聖学院大学）……………………………………………… コラム⑩

山本　泰弘（太田こどものへや）……………………………………… コラム⑨

横畑　泰希（東京未来大学）…………………………………………… 第2章第2節

吉村　邦造（群馬県立二葉特別支援学校）…………………………… 第6章第4節

装丁：マサラタブラ
本文デザイン：エディット
イラスト：たきまゆみ

はじめに

　本書は2016年12月に発行された『ライフステージを見通した障害児の保育・教育』の改訂版です。「保育所保育指針」等の改訂や教職課程における「特別支援教育」の必修化を受けて大幅に加筆修正を行い、書名を『ライフステージを見通した障害児保育と特別支援教育』と改めました。新しい書名は、本書が保育士養成課程における「障害児保育」のテキストであると同時に、幼稚園教諭を含めた教職課程における「特別支援教育」のテキストであるという決意表明です。

　本書は、保育者や教師が子どもたちの最善の利益を考えて援助できるよう、実践の知をわかりやすく手渡すことを目的として、当事者や保護者をはじめさまざまな関係者の視点から執筆されました。編者2名は、ともに障害児の学校教育現場に身を置いた後に保育者養成に携わるようになった経歴の持ち主です。そんな2人がこの本を編集するにあたり、大切にしたいと考えた3つの願いがあります。

　1つ目の願いは、本書では障害児の成長に向けた営みを連続体でとらえたいということです。この世に誕生したすべての子どもは日々途切れることなく変化し続けます。その過程は一人一人似てはいても同じではありません。その成長のある期間だけを切り取るのでなく、連続体として考察したい。「障害児保育」というテーマは、「障害児・者の生涯発達」という流れのなかにどのように位置づくかを考えなければ、深く理解することができないのではないかと思うのです。この視点は、障害児・者を支援する施設で働く保育者にとっても大切だと考えます。

　2つ目の願いは、本書を障害児本人や保護者、さまざまな現場で障害児・者と関わる人々の経験の集合体にしたいということです。編者2名も現場で働き、多くの子どもたちや保護者、専門職の方々から教えていただいて今日があります。読者のみなさんには、こうした学びを可能な限り追体験していただきたいと考えているのです。編者や執筆者がお世話になった現場の方々に、コラムという形でできるだけ多く登場していただきました。

　3つ目の願いは、障害の特性を理解することの重要性です。障害の種類は同じでも子ども一人一人は決して同じではなく、その内面的な育ちをしっかりと読み取ることが大切です。これをみなさんにわかりやすく伝えたいのです。このことは、これからきっと出会うであろう障害児との関わりに必ず重要となる視点であると考えています。

　この願いに賛同した全国各地の専門家が本書の執筆に加わりました。本書があなたにとって、新たな学びの水先案内人となることを心から祈っています。

2020年1月

編者　小林徹・栗山宣夫

本書の使い方

・はじめにガイドのご紹介

わたしたちと一緒に
がんばりましょう！

このテキストの学びガイドの「ピー」と「ナナ」です。
2人はさまざまなところで登場します。
ひよこのピーはみなさんにいつも「子どもの声」が聞こえるように、
だるまのナナは学習でつまずいても「七転び八起き」してくれるようにと、
それぞれ願っています。2人をどうぞよろしく。

①イメージをもって学びをスタートしよう。

　章のはじまりの扉ページはウォーミングアップです。イメージを膨らませつつ、学びの内容の見通しをもって学習に入るとより効果的です。あなたならではの自由な連想を広げてみよう。

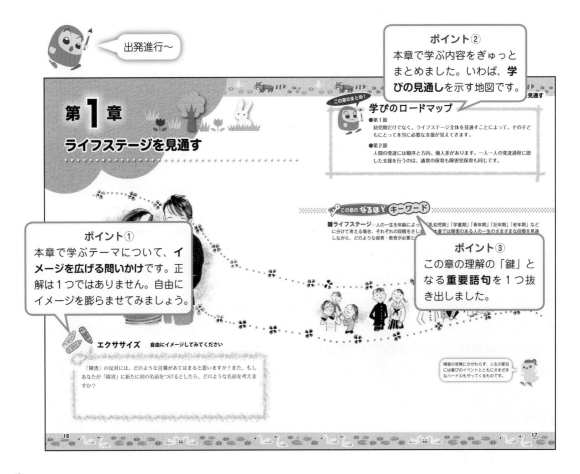

出発進行〜

ポイント②
本章で学ぶ内容をぎゅっとまとめました。いわば、**学びの見通し**を示す地図です。

第1章
ライフステージを見通す

学びのロードマップ

●第1節
幼児期だけでなく、ライフステージ全体を見通すことによって、その子どもにとって本当に必要な支援が見えてきます。

●第2節
人間の発達には順序と方向、個人差があります。一人一人の発達過程に即した支援を行うのは、通常の保育も障害児保育も同じです。

この章の なるほど キーワード

■ライフステージ…人の一生を年齢によって、「乳幼児期」「学童期」「青年期」「壮年期」「老年期」などに分けて考える場合、それぞれの段階をさします。本書では障害のある人の一生のさまざまな段階を見通しながら、どのような保育・教育が必要かを考えます。

ポイント①
本章で学ぶテーマについて、**イメージを広げる問いかけ**です。正解は1つではありません。自由にイメージを膨らませてみましょう。

ポイント③
この章の理解の「鍵」となる**重要語句**を1つ抜き出しました。

エクササイズ　自由にイメージしてみてください

「障害」の反対には、どのような言葉があてはまると思いますか？また、もしあなたが「障害」に新たに別の名前をつけるとしたら、どのような名前を考えますか？

障害の有無にかかわらず、人生の節目には喜びのイベントとともにさまざまなハードルもやってくるものです。

②ふりかえるクセをつけよう。

　紙面にメモ欄を設けています。
思うように活用してください。

大切だと思ったことや感じたことを書き込んでください。あなたの学びの足跡となります。

ふりかえりメモ：

③自分から働きかけるアクティブな学びを意識しよう。

　本書の演習課題は「ホップ→ステップ→ジャンプ」の3ステップ形式です。このスモールステップを繰り返すことによって、アクティブラーニング（「主体的な学び」「対話的な学び」「深い学び」）の充実を目指します。

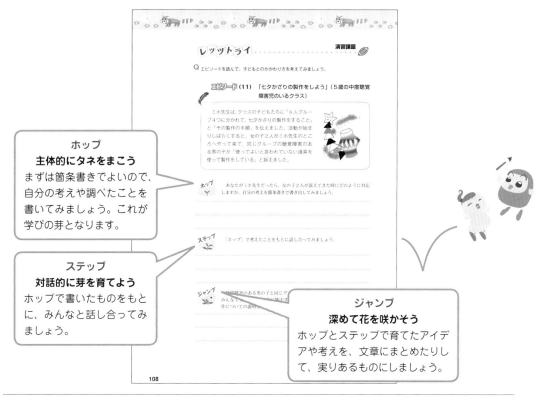

ホップ
主体的にタネをまこう
まずは箇条書きでよいので、自分の考えや調べたことを書いてみましょう。これが学びの芽となります。

ステップ
対話的に芽を育てよう
ホップで書いたものをもとに、みんなと話し合ってみましょう。

ジャンプ
深めて花を咲かそう
ホップとステップで育てたアイデアや考えを、文章にまとめたりして、実りあるものにしましょう。

●障害の表記について
　使われた本人が不快に感じる「害」の字を使わずに「障がい」とするなど、当事者の気持ちを考えて言葉を使うべきであるという議論があります。同様に、「病弱」も「病気療養児」にしてはという声があります。当事者の気持ちを大事に、今後検討すべき課題と考えますが本書はテキストであり、現行の法令の多くが「障害」という表記を使うことなどから漢字表記としています。

●エピソード（事例）について
　本書に登場するエピソード（事例）は、実際の例をもとに再構成したフィクションです。登場する人物もすべて仮名です。

目　次

本書の構成の特徴

わかりやすい具体的な例から説明を始めて、徐々に一般的な事柄を解説します。そのため、障害の概念や歴史を後半に掲載しています。

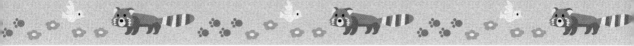

プロローグ － 「違い」と「同じ」を考える－

「僕は障害児を差別しません。同じ人間なんだから」。中学校の通常のクラスで特別支援学級を紹介する授業をした後、生徒たちに感想を書いてもらいました。そのなかで多く書かれていた言葉です。若者らしい率直で純粋な決意で「いいなあ」と思う人も多いのではないでしょうか。ところが、この言葉を書いてくれた人はみんな特別支援学級に遊びに来たことのない人でした。

特別支援学級とは小中学校に併設されている障害児のためのクラスです。みなさんのなかには母校に特別支援学級が設置されていた人もいるのではないでしょうか。通常のクラスと特別支援学級の子どもたちが一緒に活動したり学んだりする「交流及び共同学習」を経験した人もいるかもしれません。あなたは冒頭に示した文をどう考えますか？言葉自体は正しいし、語っている中学生もきっと本気でそう考えているのでしょう。しかし、彼らは実際に特別支援学級のなかに足を踏み入れたことのない人たちばかりです。それでは、実際に障害児とふれあった人はどんな感想をもつのでしょうか？

> わたしは、とても気持ちが悪かった。先生が『お話して友だちになろうね』と言いなったけど、手をつないでいる時もそんな気になれなかった。みんな小さな声で『いややな』『気持ちが悪いな』と言っていた。（中略）ほとんどの人がそんなことを思っているみたいやった。家に帰ってそのことを話したら『かわいそうやな』と言いなった。わたしもこわかったけど、『かわいそうやな』と思った。

今から30年以上も前に、小学2年の女の子が書いた文章です。彼女はこの日初めて障害児と行事で交流しました。初対面の印象はとても良いとは言えません。「気持ち悪い」「こわかった」という印象を率直に語っています。でも、おうちの人と話して落ち着いて考えると「かわいそうだな」と思うようになりました。

> 一、二年生の頃は、よだれに手をつけなって、その手で手をつなごうとしなるのでいややった。ごはんを食べる時も、ごはんをぼろぼろこぼしたり、はなをつけなるのでおえがでそうやった。今は、よだれが手についた手でも手をつなげるし、かたに手をおきなっても、ひざに乗ってきなっても、いやだと思わんようになりました。おんぶもできます。養護学校の人たちともっと心が通じ合うようにしたいです。

これは小学4年の男の子の作文です。低学年のころはさっきの女の子と同様に障害児に良い印象をもてなかった彼は、自分の変化をはっきり自覚しています。その言葉には

誇らしささえ感じられます。もちろん、感想は人それぞれ
で違うものですから、これと同じことを感じなくてはいけ
ないということではありません。大切なことは、人と人と
の関係を築くことができるかどうかだと思います。彼らは
障害児とふれあうことで「いやだ」「気持ち悪い」「こわい」
という体験をしました。まさに自分たちと障害児との「違
い」を痛いほど感じたのです。そして、その経験を繰り返すなかで「違い」を突き抜け
た向こう側にたどり着いたのではないでしょうか。「なあんだ、この子たちも同じ人間
なんだ」という境地です。冒頭の中学生が発した言葉と同じものですが、そこに感じら
れる真実の重さ、尊さはまったく違った温もりをもっています。

　この本はみなさんに多くの「違い」をお伝えします。それこそ最初から最後まで「違
い」のカタログのような本です。でも、もうおわかりでしょうが、みなさんに障害のあ
る人とない人の「違い」を教えることが目的ではありません。たくさん知ることによっ
て30数年前の男の子と同じように「違い」を突き抜けてほしいのです。その向こう側
にある境地に立ってほしいのです。

　特別支援教育の研究者である柘植雅義氏は、アメリカ滞在中に訪問した小学校に貼ら
れていた標語を見て新鮮な驚きを感じました。そこには「違いを見つけよう、違いを作
ろう、違いを大切にしよう」と書かれていました。「みんなと違わない」ことを良しと
する日本の教育の風潮との差異を感じたのです。彼はこう記しています。「"違い"は、
人類に課せられた課題であり、エネルギーの源のように思えてくる。けっしてマイナス
なものではない。"違い"は、まさに、人々の夢と希望と幸せの仕掛けなのである」[1]。

　今この本を手に取ってくれたみなさんはどんな方々なのでしょう。近い将来、保育者
や教師になる方でしょうか。障害児・者の支援を志している方もいるのでしょうか。す
でにさまざまな現場で障害児・者と関わっている方もいるのでしょうね。もしかしたら
ご自身に障害がある方もいるでしょうか。もっと言えば、将来障害のある家族と出会う
方もいるかもしれません。そんなすべてのみなさんとご一緒に「違い」をたっぷり味わ
う旅に出発しましょう。そして、読み進めながらたくさんの「違わない」を発見し、読
了するころには「同じなんだ」に到達することを心から願っています。

【引用文献】
1）柘植雅義『特別支援教育　多様なニーズへの挑戦』中央公論新社　2013年
【参考文献】
茂木俊彦『障害児と教育』岩波書店　1990年

第1章
ライフステージを見通す

エクササイズ　　　**自由にイメージしてみてください**

　「障害」の反対には、どのような言葉があてはまると思いますか？また、もしあなたが「障害」に新たに別の名前をつけるとしたら、どのような名前を考えますか？

この章のまとめ！

学びのロードマップ

●第1節
　幼児期だけでなく、ライフステージ全体を見通すことによって、その子どもにとって本当に必要な支援が見えてきます。

●第2節
　人間の発達には順序と方向、個人差があります。一人一人の発達過程に即した支援を行うのは、通常の保育も障害児保育も同じです。

この章の なるほど キーワード

■**ライフステージ**…人の一生を年齢によって「乳幼児期」「学童期」「青年期」「壮年期」「老年期」などに分けて考える場合、それぞれの段階をさします。本書では障害のある人の一生のさまざまな段階を見通しながら、どのような保育・教育が必要とされるのかを考えます。

障害の有無にかかわらず、人生の節目には喜びのイベントとともにさまざまなハードルもやってくるものです。

第1節　障害のある人の歩み

　自分自身のライフステージを思い浮かべてみてください。たとえば、生まれて3歳で幼稚園に入園し、6歳で小学校に入り15歳で高校を受験、18歳で大学に入学。そして卒業後は就職して、何歳で結婚しようか、歳をとったらどんな生活をしようかと、大まかなステージごとに、「おそらくこうかな」とか「こうしたいな」という推測や希望がみなさんにはあるのではないでしょうか。

　大学への進学前までは、自宅で生活をして小学校へ行って、中学校へ行ってというのがあたりまえで、特にどのようなコースを歩もうかということはそれほど考えずに、「あたりまえの」「普通の」流れにまかせて進んできたと感じている人もいると思います。しかし、障害のある人のライフコース（個人がたどる人生の道筋）は必ずしもそうではありません（図1-1）。

　本章に「ライフステージを見通す」というタイトルを掲げました。障害のある子どもの「現在」と「将来」の関係をどのようにとらえたらよいのかを一緒に考えていきましょう。

1. 障害のある子どもと親にとっての4つのハードル

　地域療育支援に詳しい研究者であり医師である宮田広善氏は、ライフステージ上の4つのハードルについて以下のようにあらわしています[1]。

障害のある子どもと親が越えなければならない「4つのハードル」
①1つめのハードルは、障害がわかったとき
②2つめのハードルは、就学のとき
③3つめのハードルは、学校卒業後の進路を考えるとき
④4つめのハードルは、親が歳をとって子どもの面倒が見られなくなったとき、親が死んだ後の子どものことを考えるとき

　親は、障害がわかった時に「何かの間違いではないか」という拒絶感、「なぜこのようなことになったのか」「自分が悪かったのか」という苦しみや罪悪感、「これからどうしたらよいのか」が見えない不安感をもつことがあります。そして就学時には、通常学級に行かせたいと思う一方で、子どもの状態と通常学級の現実とのギャップに不安を感じることは少なくありません。一部、「通級による指導」という選択肢はあるものの、基本的には「通常学級」「特別支援学級」「特別支援学校」から選択することとなっています。最近は

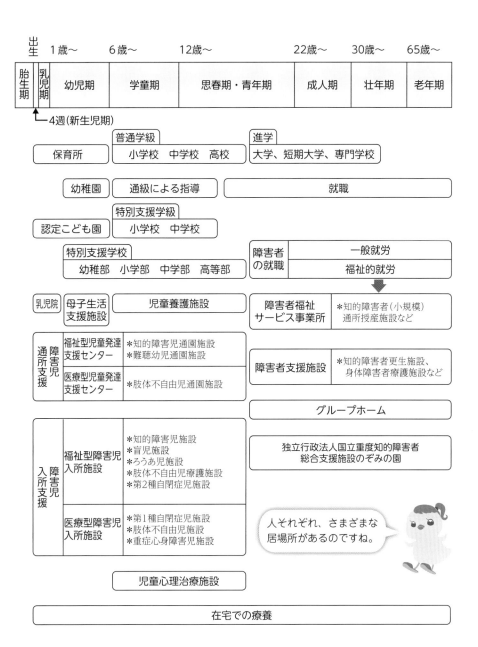

注1：施設によっては、実態として卒業後すぐにではなくある程度の年齢になった時や保護者の状況に変化が
　　生じた際に入所するというケースもあります。施設ごとに確認が必要です。
注2：＊は旧児童福祉法の施設名称です。

図1－1　ライフステージとさまざまなライフコース

出典：筆者作成

インクルーシブ保育・教育の必要性が謳われていますが、決して十分な状態
ではないというのが日本の現状です。

学校卒業後の進路について考える時に３つめのハードルがあります。特別支援学校の体制が十分かどうかという議論はあるものの、通常学級に比べると多くの教員配置がなされています。ところが社会に出た途端に、福祉的就労の場においても、人的支援は著しく低くなります。このハードルは本人と親だけに乗り越えられるようにがんばることを求めるべきものでしょうか。ハードルの高さを決めているのは誰か、ということを考えなければなりません。福祉や政治の問題であると同時に、世の人々の意識によってもハードルの高さは変わってきます[＊1]。つまり、みなさんがこの本の内容をしっかりと理解してくれることが、このハードルの高さにもかかわってくるということです。

＊1
248ページのエピローグのエピソード（2）を読んで考えてみてください。

４つめのハードルの親亡き後について、宮田氏は次のように語っています。「４つめのハードルにいたっては、越えるとか越えないというような問題ではありません。（中略）親亡き後というゾッとするような嫌な言葉が大手を振って登場するわが国の福祉の状況こそが最大のハードルなのだと言えるでしょう」。そこには"施設入所"という問題があります。

☞ 深めるワンポイント　施設入所の問題とは？

　高齢者や障害のある人に関する施設が、どこも定員いっぱいで入所するのが難しいという問題です。また、障害のある人の行き先が、やがては入所施設しかなくなるという問題もあります。さらに、親が中心となって行政に対する運動をしていかないとなかなか施設が設置されない（そのような社会でよいのか）という問題もあります。

　一方で、施設入所の問題は、必ずしも障害者だけの問題ではなくなっています。なぜなら高齢化によって当事者になる可能性が高まるからです。施設でどのように過ごすのか、施設の設置・運営をどうするのかということは社会全体のテーマといえます。みなさんもやがては自分のこととして直面する問題なのです。

---

② ．「現在」と「将来」の関係

（1）よい人間を逆算してつくるのではない

　保育者には、子どもが現在をもっともよく生きることができるよう援助していくことが求められます。「現在をもっともよく生きることができるように」と言うと、この本のタイトル「ライフステージを見通した」という文言と矛盾するのでは？と感じる読者もいるかもしれませんね。そこで少し説明を加えます。

　私たちの考える「ライフステージを見通す」ということと、将来の出来上

がりの「よい人間」像を決めてそれに向けて子どもをつくっていこうとすることは、まったく異なることです。成長とは、今の積み重ねによって成し得るものです。だから今、現在を大事にしなくてはなりません。そしてどのような「よい人間」を求めるかは、子どもに寄り添いながら一緒に探して進んでいくものです。誰かに決められた「よい人生」なんてどうですか？　つまらないですよね。

　ではなぜ、「ライフステージを見通した」というタイトルをこの本につけたのか。現在を大事にするということが、すぐに目に見える形での「よい子」の状態につながらなくとも結果的には将来の成長の礎となる、ということは保育・教育においては多々あることです。たとえば、2歳児が「イヤ！ヤダ！」と大人を困らせて、大人にとって「悪い子」になる。思春期・反抗期を迎えて大人を無視するようになる。これらはライフステージを見通せば、成長のプロセスとして必要なことなのです。これから保育者を目指すみなさんには、その場、その時の「よい子」づくりという保育者や教員がとらわれやすい落とし穴から解き放たれてほしい。そのような強い願いがあるということが、このタイトルをつけた大きな理由です。

（2）乳幼児期は土づくりをする時期

　本来、保育者は子どもの成長や保育の手応えにやりがいを感じるものです。しかし、障害のある子どもの保育では、成長や手応えを感じにくいことがあります。将来、目に見える形となってあらわれる成長の"土壌"を育てているような面がこの時期にはあるからです。土壌を育てて、芽が出てそれが花となって目に見える形になるのが小学校に入ってからだったとすると、保育者はちょっと損な役回りかもしれません。しかしそれでみなさんは、小学校の先生に手柄をとられたような気分になるでしょうか。自分が苦労したのだから自分の前で「よい子」になってくれる、そのような見返りを期待していたら、「ライフステージを見通した障害児の保育・教育」は語れません。また、愛情とは本来、そのような見返りを期待するようなものではないと思います。

ふりかえりメモ：

③. ハードルを乗り越えるために

　宮田氏は次のようにも述べています。「障害のある子どもと親の人生のハードルは、徐々に高くなり、そしてますます越えにくくなっていきます。しかし、僕は思います。最初のハードルを、どんなに時間をかけても、死ぬほど苦しまれたとしても、しっかりと越えることができれば、その後のハードルはもっと越えやすくなっていくのではないだろうか、と」。

　さらに、「障害があっても自立した人に育てるためには、親が子どもの障害に直面して、悩み、迷い、悲しみ、そしてその苦しみから立ち上がって、子どもとともに歩み出す、そのような心の過程がどうしても必要」（傍点は筆者）と述べています。しかしこれは、「障害」という文言を取り払って考え直してみると、誰にでもあてはまることではないでしょうか。「自立した人間になるには、悩み、迷いの過程が必要」ということです。人間が「学ぶ」「わかる」ということも同様です。迷いの過程を通して自分の「学び」「わかる」を見直し、新しい事実や知見とつないで新たな「わかる」を再構築していくのです*2。ですから、第一のハードル越えを支援する保育者は、親の悩みや迷いを否定するのではなく、その過程を大事に、必要なことと認識することが重要です。

＊2
「学ぶ」「わかる」という働きについては、以下の文献に詳しく記されています。
佐伯胖著『「学ぶ」ということの意味』岩波書店　1995年
佐伯胖著『「わかる」ということの意味』岩波書店　1995年

第2節　発達と障害と保育・教育 ・・・・・・・・・・

　続いて、子どもの発達のとらえ方について学びます。発達という言葉から、みなさんはどんなことをイメージするでしょうか。小さかった子どもが少しずつ大きくなるというイメージをもつ方もいるかもしれません。心理学的に発達を理解する時、それは年齢とともに行動や性格を変化させていく過程のことをいいます。乳幼児の育ちの目安として把握して、プロローグでみたように、育ちの「違い」と「同じ」を見きわめることが大切です。

1. 発達の順序性と方向性

（1）発達の順序性

　発達には一定の「順序性」と「方向性」があります。まずは生まれたばかりの子どもの身体的発達の順序性について見てみます。3か月ごろ：首がす

わる、6か月ごろ：寝返りを打つ、7〜8か月ごろ：ハイハイをする、12か月ごろ：つかまり立ち・歩く、などのようにその月齢を重ねるにしたがってできることが増えていきます（図1−2）。それは、まるで階段を一段一段登っていくように変化が起こる順序は決まっています。言葉の発達についても、はじめは「アーアー」「ウー」などの喃語から始まり、その後「マンマ」「ブーブー」などの一語文が出るようになり、次に二語文へ進むといった、一定の筋道をたどっていきます。

図1−2　発達の順序性

（2）発達の方向性

　また、発達には方向性があります。「頭部から下部へ」「中心部から末端部」へと発達していきます。

①「頭部から下部へ」

　まずは「頭部から下部へ」を見てみましょう（図1−3）。

　乳児はまず首を一生懸命にもち上げようとします。その後、首がすわります。首がすわると興味のあるものを首を動かして目で追い、それにともなって手をのばします。ほしいものに手をのばしていると次第に肩から背骨が安定してきますから、いつしか寝返りを打てるようになります。やがて腰が定まると、おすわり

図1−3　頭部から下部への発達

ができるようになり、次にひざのあたりまで安定して動かすことができるようになると、ハイハイが始まります。さらに何かにつかまって立ち上がることができるようになり、ひざから下の部分が安定するとついにはつかまることなしに、立ち、そして歩くようになります。

② 「中心部から末端部」へ

　次に「中心部から末端部」への発達を見
てみます（図1－4）。乳児は最初仰向け
に寝ながら無目的に手をバタバタと動かし
ています。首がすわって目で目的物を追え
るようになると、興味のあるものに対して
手をのばすようになります。さらに手先が
発達してくると、目的物を手でつかむこと
ができるようになり、次にスプーンをもつ、
クレヨンをもつなど、手先、指先による活
動ができるようになります。

　なお、言葉や心の発達については、図1
－5のようにまとめられます。

図1－4　中心部から末端部への発達

2. 発達の個人差

　発達には一定の順序と方向性がありますが、もう1つ大切なことは「個人
差」があるということです。保育現場で同じ年齢、月齢の子どもたちを見て
もみんなが一様に同じような発達をしているわけではなく、個人によって発
達の違いが見られます。特に乳幼児期の子どもは発達の個人差が大きく見ら
れる時期です。標準的な発達との差だけに目を向けて発達の遅れや偏りと取
り上げるのではなく、一人一人の子どもをていねいに見ていくことが必要で
す。

3. 発達と障害のある子どもの保育・教育

　何らかの障害のある子どもは、保育・教育現場でその子どもらしく生活で
きるように発達が保障されなければなりません。私たちは発達について学べ
ば学ぶほど、障害のある子どもや、「気になる子ども」について発達の違い
ばかりに目が向いてしまうことがあります。言葉の発達がゆっくりである子
どもに対して、「早く言葉を獲得できるように」急き立てたり、みんなと一
緒に行動できない子どもを強制的にほかの子どもと一緒に活動させたりして
しまうこともあります。

　ほかの子どもとの比較ではなく、一人一人の子どもが生き生きと充実した
生活を送ることができるように子どもたちを理解し、支援していくことが保
育者、教員の課題であるといえます。

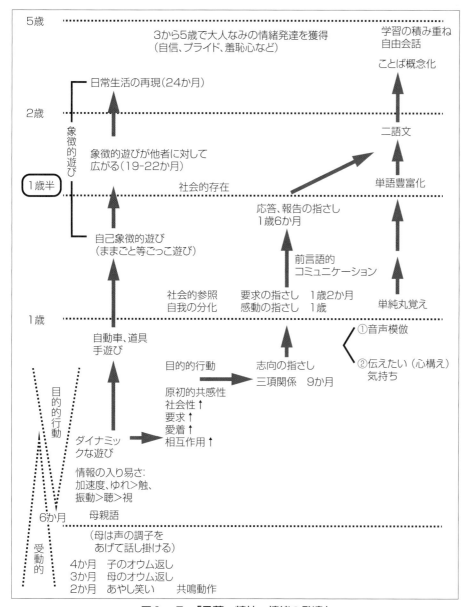

図1-5 「言葉・精神・情緒の発達」

出典:東條惠『発達障害ガイドブック』考古堂 2004年 p.29

【引用文献】
1)宮田広善著『子育てを支える療育―"医療モデル"から"生活モデル"への転換を』
  ぶどう社 2001年 pp.52-54

【参考文献】
宮田広善著『子育てを支える療育―"医療モデル"から"生活モデル"への転換を』ぶ
  どう社 2001年
伊藤健次編『新・障害のある子どもの保育 第3版』みらい 2016年

第2章
障害と出合う

 エクササイズ　　自由にイメージしてみてください

　ドラマや映画、小説、マンガなどに登場する「障害」で、あなたのイメージに残っているのはどのような作品ですか？

この章のまとめ！

学びのロードマップ

●第1節
　障害児の保育では、保育者として戸惑うことは多いかもしれません。でも、どの子どもも成長する力をもっていることを信じてください。

●第2節
　保護者がわが子の障害を受容することは容易ではありません。保育者が上に立つのではなく、保護者とともに歩んでいく姿勢が大切です。

この章の なるほど キーワード

■**障害受容**…1950年代にアメリカで提唱された考え方です。リハビリテーション医学の研究者である上田敏氏は「あきらめでも居直りでもなく、障害に対する価値の転換（後略）」と定義しています。

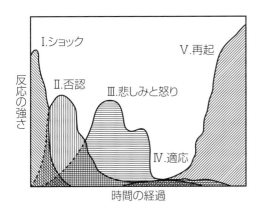

障害受容の段階モデルの例

出典：M.H. クラウス・J.H. ケネル著、竹内徹・柏木哲夫・横尾京子訳『親と子のきずな』医学書院　1985年　p.334

わが子の障害を知った時の保護者の気持ちをあらわしたモデル図の1つです。実際はこれほど単純ではなく、さまざまな紆余曲折があるようです。

第1節　保育者が障害と出合う時 ‥‥‥‥‥

　障害のある人と出会った時、私たちはどんな印象をもつでしょうか。障害を理解していくにあたり、まずはマンガ『光とともに…〜自閉症児を抱えて〜』から、障害をめぐるやり取りを見てみましょう。

　主人公の自閉症児・光くん（1歳半ごろ）が祖父の法事に参加するシーンがあります。ふだんとは違う環境、お寺の装飾、鐘や木魚の音や大人たちが話す声など刺激が多く、光くんにとっては落ち着いていることが難しい環境です。そしてついに光くんはパニックを起こします。その直後のシーンを紹介します。

 エピソード (1)　自閉症はしつけのせい？

> （マンガ『光とともに…〜自閉症児を抱えて〜』より）
>
> 光の祖母（幸子の義母）：「どうしてそうなの？　同じ年の乃彩ちゃんはお行儀良くしてるのに」
> 幸子（光の母）：「光、自閉症かもしれません。可能性があるって言われました」
> 光の祖母（幸子の義母）：「テレビにお守りさせて、しつけもしないで手抜きばかり考えてるからこんなわがままになってしまったのよ。子は育てたように育つって言うわ。全部あなたがいけないのよ!!」
>
>
>
> **『光とともに…〜自閉症児を抱えて〜』**
> 著者・戸部けいこ（2001〜2010年連載、秋田書店）。抱くと泣く、言葉が遅い、音に反応しない……。成長するにつれてほかの子どもと「違い」があらわれてきたわが子に、1歳半健診を経て下された診断は自閉症。綿密な取材にもとづいて当事者や家族の悩み、社会の無理解が描かれています。
>
>

　このマンガには、社会の自閉症についての無理解をあらわすシーンがいろいろと描かれていますが、この法事でのやり取りがもっとも露骨にあらわれているシーンだと思います。みなさんが、もし義母にこう言われたらどうし

ますか？

　子育てをするなかでは、失敗したと後から思うことや疲れを感じることはあるのが当然ですから、「私に落ち度はありません」とは言いにくいですよね。

　自閉症についてしっかりと勉強したみなさんだったらこう言い返せばいいと思います。「私の子育てが正しかったか間違っていたかということと、光が自閉症になったかどうかは一切関係ありません」。

　しかし、言い返す言葉が見つからず、世間から遠ざけられている、理解されていないと感じているケースは少なくありません。そのような保護者と出会った時、保育者はどのように接したらよいのでしょうか。『光とともに…』のなかに、次のようなシーンがあります。

エピソード (2)　「お母さんのせいじゃありません」

（マンガ『光とともに…〜自閉症児を抱えて〜』より）

大沢先生（臨床心理士）：「それは違うよ。確かに昔はそう言われてたけど…。長い間の研究で自閉症の原因は母親の性格や養育態度ではないっていうのが常識です。お母さんのせいじゃありません」

幸子：「よかった。一番聞きたかった言葉−!!」

（そしてこの後、大沢先生はこう続けます）

大沢先生（臨床心理士）：「親として**戸惑うことも多いかもしれないけれど、どの子も成長する力を持ってます。それは絶対に信じてください！**」

　大沢先生は母親にこのように述べていますが、太字の部分は、そのまま保育者にもあてはまると思います。「保育者として**戸惑うことは多いかもしれないけれど、どの子も成長する力をもっている。それは絶対に信じていこう！**」。保育者が障害と出合った時、まず基盤的な心構えとしてもつべきことは、どのような障害があったとしても、子どもは成長しようとする働きを内にもっているということへの信頼です。どんな子どもも「成長しようとする」「発達しようとする」「よく生きようとする」働きがあるという子ども観です[1]。

　そして、もう1つ気をつけないといけないことがあります。「どのような人間がよい人間か」「どのような人生がよい人生か」は外側から決めつけて押しつけるべきものではないということです（もちろん他者のよく生きようとする働きを奪ったり萎えさせたりする行為、たとえば殺人や脅迫その他身体の安全にかかわるような行為は「よくない」ことです）。外側で決めら

*1
「よう」に傍点を打って強調したのは、性善説との違いを強調したかったからです。性善説であれば放任でよいとなってしまいます。そうではなく、善に向かおうとする働きがあるということへの信頼です。〝性向善説〟という表現がありますが、その働きが活性化するような援助が必要ということです。

た「よさ」を身につけるかどうかだけで「よい子」かどうかを判断するのは非常に危険です。その場、その時の行動のみに目がいって、子どもの内面を見ようとしないと、やがて違う場面や時間に大きな問題としてあらわれることがあります。そのようなエピソードを紹介します。

✐ エピソード (3) 何でも食べるようになった「よい子」(?)のタカシくん (6歳)

　自閉症のタカシくんには偏食がありました。ある施設で、次のような方針の徹底した指導が行われた結果、何でも食べる「よい子」にタカシくんは変わりました。

① 食事の時にイスから離れようとした際には、動かないように押さえつける。

② 押さえつけながらなぜダメなのかを、同じ言葉で何度も何度も言う。

③ 食べさせると決めたものがすべて食べ終わるまでは、決して許さない。許してしまうと食べなくてもよいと思ってしまい、子どものなかに迷いが生じるから。迷わせたり悩ませたりすることは、正しいことを覚える際には邪魔になるので、子どもにとってわかりやすい（迷いや悩みが生じない）指導になるよう、全職員が同じように毅然と接する。

　このような指導が徹底され、タカシくんはしばらくすると何でも食べる子どもになりました。そしてある日、シジミの味噌汁が食卓に出た日のことです。タカシくんは、シジミの殻もバリバリと食べました。

　このエピソードは何が問題なのでしょうか。食べられないものを食卓に乗せてしまったことでしょうか。そういう次元の問題ではありません。タカシくんにとって「食べる」ということは、どんなに違和感があっても「とにかく口に入れてかみ砕いて飲み込む」ことが「食べる」という意味になっていたのです。そこが問題なのです。味わう、楽しむということはなかったのです。だからシジミの殻も食べてしまったのでしょう。

　自閉症の子どもは感覚（味覚、触覚、音の感じ方など）が私たちと違うことがあるということがわかってきました。子どもの内面（感じ方、わかり方、困り具合など）を理解するということから始めなければなりません。始めに出来上がりの形ありきではなく、「始めに子どもありき」です。

　大人が決めた「よい人間」をつくるのが保育者の役割ではありません。子どもの内面を見取りながら、内面の育ちを援助することが保育者の役割です。内面の育ちや変化があってこその行動の変化でなければ、シジミの殻を食べてしまったエピソードと同じになってしまいます。

　子どもと出会った時から、まずは上記のような子ども観と保育の役割を意識して、その子どもの内面に目を向けてみましょう。そこから具体的な実践の創造が始まります。

第2節　保護者が障害と出合う時

　保育者は、子どもと直接的に関わり合うことは得意でも、保護者と関わり合うことに難しさを感じてしまう人が多いようです。さらに、障害児の保護者となれば、余計に戸惑いを強く感じてしまうこともあります。本節では、障害児を育てる保護者と関わり合うために、障害児保育に携わる者として知っておきたいことについて学んでいきます。

　保護者が障害に気づくのはいつか。気づきのプロセスはいかなるものか。気づいた時の保護者の心性*2はいかなるものか。どのように関わればいいのかなどを考えていきましょう。

＊2
心性とは、発達臨床や心理臨床におけるクライエント（来談者）の心的状態をあらわす用語。人間の心一般ではなく、クライエント（来談者。この場合は保護者）のその時の心的状態をさします。

エピソード (4)　「ちがうわ 光は自閉症なんかじゃない」

（マンガ『光とともに…～自閉症児を抱えて～』より）

　1歳半を迎えてもなかなか言葉が出ない光くんは、1歳半健診を経て自閉症と診断されます。光くんのお母さんは、福祉センターで渡された自閉症の資料を読みながら、予想外の展開に大きなショックに襲われます。

障害の早期発見・早期支援のためにも乳幼児健康診査はとても大切です！149ページも見てね。

1. 子どもの誕生と障害の気づき

（1）出生時と障害

　出生時に障害と出合うケースから考えていきます。たとえば、口唇・口蓋裂*3や手足の先天異常*4など、身体の一部が奇形と呼ばれる状態で産まれてくる場合です。こういった障害は、超音波検査などが発達していない時代では、子どもが産まれて初めて発見される障害でした。また、健康診断などの精度が高くなり、胎児期に障害が発見されやすくなった現代であっても、いろいろな事情により告知がされないことも多くあります。その場合は同じく出生時に障害に気づかされるということになります。

　出生時と障害との関係で、もう１つ知っておきたいことがあります。それは、出生時の損傷により障害を抱えてしまう場合です。表２−１は、18歳未満の身体障害児のうち、出生時の損傷を原因とする児童数を示したものです。

＊3
くちびる（口唇）や口中の天井（口蓋）がつながっていない（裂けている）障害のこと。500〜700人に1人の頻度で産まれてくるとされます。

＊4
多指症（指の数が多い状態）、合指症（指と指が癒着している状態）、多合趾症（足の指の数が多く、さらに癒着している状態）などがあります。

表２−１　出生時損傷による身体障害児数（18歳未満）

単位：人（%）

	視覚障害	聴覚・言語障害	肢体不自由	内部障害	合計
全体数	4,900	17,300	50,100	20,700	93,100
出生時の損傷	600 (12.2)	1,500 (8.7)	14,200 (28.3)	1,500 (7.2)	17,900 (19.2)

出典：厚生労働省「身体障害児・者実態調査（平成18年）」をもとに筆者作成

　身体障害を抱えた18歳未満児の全体数は9万3千100人です。出生時の損傷を原因とするものは1万7千900人（19.2%）となっています。障害種別のうち肢体不自由を見てみると、全体数5万100人のうち約3割が出生時の損傷を原因としていることがわかります。出産は母親にとって命を懸けた一大事ですが、それは子どもにとっても同じです。狭い産道を通って産まれてくる時に、子どもがいろいろな外傷を負うことは珍しくありませんが、そのほとんどは出生後の一定期間で回復します。しかし、出生時損傷によって脳内に出血が起こったり、仮死状態で産まれてきたりした場合は、その限りではありません。どちらも脳にダメージを受けることになり、その影響によって肢体不自由などの身体障害を抱えることにもつながります。

　「五体満足で産まれてさえくれれば、それでいい…」とは、出産時の母親、その家族の偽らざる心境です。それを願って、あるいはそれを信じて、出産に臨むと言ってもいいでしょう。おそらく誰もが、「元気なお子さんですよ」と言われることだけを望んでいるでしょう。しかし、そういった願いや希望、自身のなかで描いていた子どもの姿を突然に失ってしまう出来事が、出生時

での障害との出合いです。臨床心理学では、このような出来事のことを「対象喪失（object loss）」＊5と呼び、心の問題を抱える要因の1つとして考えられています。

＊5
自分が愛する人や物などの対象を失うこと。その対象が現実であるか、架空であるかは問いません。人間にとってもっとも大きな対象喪失は、愛する人との死別であるといわれます。また、対象喪失が心的外傷体験となることもあります。

（2）乳幼児期以降と障害

次に、乳幼児期以降に障害に気づく場合について考えていきます。出生時に出合う障害は主に身体障害であり、知的障害や発達障害、言語障害などは、その後の子育てを経て気づかれることのほうが多いものです。表2－2は、2017（平成29）年度における義務教育段階（小・中）で特別支援教育を受けている児童数を、おおまかな障害種別でまとめたものです。

表2－2　義務教育段階での特別支援教育在籍児童数

単位：人

	身体障害・病弱など	知的障害	発達障害・情緒障害	言語障害	総数
特別支援学校在学者※1	41,989	64,869	—	—	71,802
特別支援学級在籍者	10,268	113,032	110,452	1,735	235,487
通級による指導を受けている者	2,546	—	68,839	37,561	108,946

※1　特別支援学校では複数の障害を抱える児童が多く在学しており、それぞれの障害種別ごとに重複してカウントしているため、総数より内訳の数が多くなっています。
出典：文部科学省「特別支援教育資料（平成29年度）」をもとに筆者作成

これを見ると、出生時に障害として発見されることが多い身体障害よりも、知的障害、発達障害・情緒障害、言語障害の児童数が圧倒的に多くなっています。つまり、このような障害児をもつ保護者の多くは、「乳幼児期から学童期にかけての子育てのなかで障害と出合う」ことが読み取れます。

（3）障害との出合いのプロセス

乳幼児期に保護者が障害と出合う時、どのような状況下で、どのような心性を抱くのか、図2－1をもとに考えてみます。

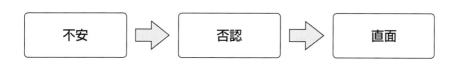

図2－1　障害との出合いのプロセス

出典：筆者作成

①不　安

　最初は、「障害があるかもしれない」という不安や疑念を抱く段階です。きっかけとして、他児や長子と比較したり、育児書などを読んだりすることで、「何かが違う」と思い始める場合があります。健診で指摘される、実父母や義父母に指摘される、保育者に指摘されるといった場合もあります。近年は早期発見への意識が高まり、こうした指摘を受けることも増加しています。早期療育に向けて必要なことですが、指摘を受けた保護者が大きな不安を抱えることも強く意識し、不安を受け止めることに心を砕く必要があります。

②否　認

　「子どもに障害があるかもしれない」という不安を抱えることで、次に否認の心性を抱く段階となります。それは、子どもに障害がないことを明らかにして「不安を払拭したい」「疑いを晴らしたい」という心性です。たとえば、育児書やネットを調べたり、さまざまな相談機関に出向いたり、友人などに相談をしたりするなど、自分自身が「動く」ことで不安を鎮めようとする保護者がいます。一方で、子どもが障害ではないことを信じこむようにして、あえて「動かない」という保護者もいます。いずれも「否認」の心性のあらわれであることに変わりありません。周囲から見て明らかに障害があるとしても、その保護者は否認したいのです。その保護者の心に寄り添い、応えていくことが何より大事であり、次の「直面」にも大きな影響を及ぼします。

③直　面

　「相談に行っても肯定もされないが、否定もされない」「調べれば調べるほど行動特徴があてはまる」といった声が聞かれるようになります。つまり、子どもに障害があるという事実と直面せざるを得ない段階が巡ってくるのです。否認は、障害がないことを願う願望です。障害との直面は、その願いがかなわなかったことを意味し、大きな無力感を抱えることは想像に難くありません。また、「あーやっぱりそうだったか…」というショック、自分が抱いていた子ども像を失う喪失感（「対象喪失」の側注を参照）を抱くこともあるでしょう。あるいは、直面してもなお障害を否認しようとする心性が強くなることもあります。子どもの障害という事実と直面するということは、保護者の心をより複雑なものにさせるのです。ここで何より大事なことは、他者から無理やり直面させられるのではなく、保護者自らが、自分の力で直面していくということです。そのために、最初の不安や否認の心性に十分に寄り添うことが大切となるのです。

2. 妊娠中に発見される障害

　出生前診断とは、本来は胎児の状態を検査・診断すること全般をさすものです。一般的には羊水検査（母親の腹部に針を刺し、羊水を採取する）などの特定な方法をさす意味で使われています。近年では「新型出生前診断」も一部実施されるようになりました。

　出生前に障害が発見されるということは、先ほどの図2−1を例にとれば、何の前ぶれも予告もなく、つまり「不安」や「否認」という段階を飛ばし、子どもの障害といきなり「直面」することを意味します。障害に直面する保護者の心の動きは先にふれましたが、それが突然にやってくるのですから、衝撃の大きさは想像に難くありません。そして、その衝撃のショックも癒えぬまま、大きな決断を迫られることになります。それは「産むか、産まないのか」の決断です。しかも、この決断までの期間はごくわずかしかありません。妊娠を継続して出産に向かうのか、胎児をあきらめて人工妊娠中絶をするのか。どちらの決断であったとしても、ごく短期間のなかで「短命だとわかっていて本当に産んでいいのか」「自分に育てていけるのか」「自分が先に死んだらどうなるのか」といった大きな葛藤、苦悩、迷いに直面したうえでの決断であるということを忘れてはなりません。

☞深めるワンポイント　「新型出生前診断」

　母体の血液を検査することで、胎児の異常を診断します。日本では2013（平成25）年より試験的な導入が始まりました。NHKのドキュメンタリー番組「クローズアップ現代」（2014年4月28日放送分）で、試験導入の1年後に特集番組が組まれ話題となりました。
http://www.nhk.or.jp/gendai/kiroku/detail02_3491_all.html
　新型出生前診断では、その導入から1年間で約8千人が検査を受け、そのうち陽性反応が確定した97%（約110名）が人工妊娠中絶をしていたと報道されました。（日本経済新聞2014年6月27日付）
※なお、この検査をめぐり、実施拡大について関係学会の意見が分かれていることから、厚生労働省が2019年秋に検討の場を設置することが発表されました。

ふりかえりメモ：
....

3. 障害の受容と家族のケア

（1）「子どもの障害を受容することなどあり得ない」という視点

　保護者が子どもの障害を受容することは、保護者支援の観点からも重要なテーマです。それゆえ、障害受容のプロセスについては、多くの研究が積み重ねられてきました[*6]。ただし、保育者は、「子どもの障害を受容することなどあり得ない」という視点から保護者支援を始めなければならないでしょう。繰り返される不安、否認、直面。自分を責める自責感、罪悪感、後悔。こういった心性がないまぜになることがあたりまえです。障害受容というゴールだけを考えていては、保護者のこういった複合的な心性を見落とすことになりかねません。

　たとえば、障害児をもつ母親は、障害のある子どもとして産んでしまった自分を責めます。思わず「私のせいで…」という言葉が口をつきます。それを聞いた保育者は、母親を慰め、励まそうとします。しかし、安易な言葉がけは逆効果になることもあります。

　これらを見ればわかるように、母親を慰め、励まそうとした言葉が、まったく逆効果になることがあります。保育者は良かれと思って口にした言葉であっても、自分の気持ちが否定されたとして受け取られてしまい、結果的にその母親を追い込むことにつながりかねません。保育者として、障害受容を強く意識し過ぎるあまり、保護者を障害受容のプロセスに向かわせようとする意識が強くなると、このような逆効果を生むことに留意してください。

＊6
もっとも知られているものに「段階モデル」と「螺旋形モデル」があります。段階モデルは、ショック・否認・悲しみと怒り・適応・再起の5段階を経て障害受容に到達するとするモデル（27ページを参照）。螺旋形モデルは、障害に対する肯定と否定の心性が繰り返され、障害受容のゴールに向けて螺旋状に緩やかに進むとするモデルです。そのほか、障害は受容できないものとする「慢性悲嘆説」もあります。

（2）「一緒に考え、一緒に歩む」という視点

　保護者や家族へのケアを考える時、保育者として大事なことは、「保護者と一緒に考え、一緒に歩む」という視点です。障害児の子育ては、特別なケアや対応が必要であることから、一般的な子育てよりも育児困難感を抱えやすいことが考えられます。そのような保護者が相談にやって来た時、日ごろから障害児の勉強をしている保育者であれば、その答えもすんなりと伝えることができるかもしれません。しかし、これでは真の保護者支援にはつながりません。真の保護者支援とは、保護者自身が答えを見つけていけるよう、そして保護者自身で動いていけるよう手伝うことだからです。

　これは、子どもの保育とまったく同じ視点だと言ってもよいでしょう。保育とは、保育者が一方向的に何かを教えたり、導いたりするような関わりではありません。子どもの心に応えていくことから始まるものであり、子どもと保育者との応答的・双方向的関係にもとづく概念です。保護者の支援でも、まず保護者の心に応えていくことから始め、一方向的に保育者が保護者に教えたり導いたりというスタンスではなく、保護者とともに考え、ともに歩んでいくという双方向的なスタンスが核となります。

☞深めるワンポイント　一緒に考え、歩むためのスキル　♥

　保護者とともに考え、ともに歩むという姿勢とは、具体的には「聴く」「待つ」がポイントとなります。保護者の悩み、不安などを、何の評価を加えずに、ひたすら聴くこと。これが保護者との信頼関係を構築し、保護者の主体性や自発性を生むことにつながり、保護者自身が問題解決していく力を引き出すことにつながります。保育者としていろいろと教えてあげたいと思う気持ちを抑え、とにかく聴いて、聴いて、待ちましょう。このことは、臨床心理学やカウンセリング、相談援助での講義や演習でしっかりと学びましょう。

 ・・・・・・・・・・・・・・・・・・**演習課題**

Q 保育者は、障害児を保育する役割だけではなく、その保護者も支援する役割も担っています。そこで、エピソードを通して支援の実際について、グループで話し合ってみましょう。

エピソード (5) 初めて会う母親からの相談

「うちのアキラは2歳8か月の男の子ですが、まだ言葉が単語で数語程度しか出ていないので心配で…。実母からは問題ないと言われ、義母からは早く病院に行ったほうがいいと言われます。友だちの子どもとよく遊ぶこともありますが、あっちはもうおしゃべりができるし…。主人に相談したいけど、仕事で忙しくしてるので、なんか悪くてできない。前から、視線が合いづらいとか、あまり寝ないとか、気になることは確かにあって、いろいろと調べても、障害の特徴にあてはまるので、怖くなってしまって…。やっぱり病院に行って診てもらったほうがいいでしょうか…」

ホップ 　保育者として、この母親に対してできることは何か、すべきことは何かを考えて箇条書きで書き出してみましょう。

....

....

....

ステップ 　考えたことをもとに話し合ってみましょう。すべての可能性を否定せず、できるだけ多くの事柄を出すよう心がけてください。

....

....

....

ジャンプ 　話し合いで出された事柄について、保育者として何がもっとも大事なのかを文章にしてみましょう。

....

....

....

....

エピソード (6)　ダウン症の園児の保護者（母親）からの相談

　「出生前にダウン症だとわかっていて、本当に、本当に迷いました。結局、主人とも話して産むことに決めたんですけど、やっぱり今もそれでよかったのかなぁって思うことがあって。この子がどこまで生きていられるかはわからないんですけど、私たちに何かあったら、この子はどうなるんだろうとか…。正直、普通の子だったら、もっといろんなことしてるのかなぁって思うし、人の目とかやっぱり気になるし、産まなきゃよかったかなって思う時もあって…」

ホップ　このお母さんに共感できるかどうかを考え、どういう点で共感できるのか、またはどういう点で共感できないのかを考え、箇条書きにしてみましょう。

ステップ　「ホップ」で考えたことをみんなで報告し合いましょう。

ジャンプ　このお母さんに対して「最善の支援」は何かをみんなで話し合ってみましょう。

【参考文献】
村井実著『新・教育学のすすめ』小学館　1988年
平野朝久『はじめに子どもありき−教育実践の基本−』学芸図書　1994年
伊藤正男・井村裕夫・高久史麿（総編集）『医学大辞典』医学書院　2003年
金子保・横畑泰希『乳児保育 演習と講義』クオリティケア　2013年
中田洋二郎「子どもの育ちを支える家族への支援」『臨床心理学』第14巻第1号　2014年

第3章

障害児保育の基本

 エクササイズ　　**自由にイメージしてみてください**

　「一人一人に合わせたていねいな保育」と「特別扱い」。似ているような感じも
しますが、この2つはどこが違うと思いますか？

この章のまとめ！

学びのロードマップ

● 障害児保育の基本を、「受け入れ」（第2節）、「関わり方」（第3節）、「環境構成」（第4節）、「計画」（第5節）の4つから見ていきます。

障害児保育の6つのポイント

① 障害児の受け入れの心構え

保護者との関わり方が重要です。時には自分の保育のあり方を見直すことも必要となります。

② 焦らない

成長や保育の手ごたえの見通しをもちにくいことがあります。焦らずに！

③ 保育所保育指針等を参考に

「第1章　総則」に障害児保育の基本が書かれています。

④ ユニバーサルデザインへ

環境構成では「構造化」「視覚支援」を通して「ユニバーサルデザイン」を目指します。

⑤ 合理的配慮

2013（平成25）年制定の「障害者差別解消法」にもとづく「合理的配慮」の実現が求められています。

⑥ はじめから包む

保育の計画を作成する時点から障害のある子どもが包まれていることが大切です。

この章の **なるほど キーワード**

■**ユニバーサルデザイン**…年齢や健康状態、障害の有無などにかかわらず、すべての人が快適に利用できるように環境やものをデザインすること。

たとえば、この公衆電話の足元には車いすが入るスペースが確保されています。このように、さり気ない配慮が暮らしやすさにつながります。

第1節　はじめに

＊1
この年、厚生省（現厚生労働省）によって「障害児保育事業実施要綱」が策定されました。212ページの表8－1を参照。

　1974（昭和49）年に保育所における障害児保育が制度化＊1されて以降、現在では全国の約75％以上の園で、障害児保育が実施されています。また、文部科学省の調査をもとにすると、幼稚園においても35人クラスでは2人くらいの割合で発達障害のある子どもが在籍していると考えられます。この章では、保育所・幼稚園・認定こども園などで、障害児保育を行うために必要とされる「受け入れ」「子ども理解」「関わり方や環境構成」「計画・記録・評価」について具体的に考えていきます。

☞ **注目データ**　**発達障害が疑われる子どもの割合**　　*6.5%*

　2012（平成24）年に文部科学省が実施した「通常の学級に在籍する発達障害の可能性のある特別な教育的支援を必要とする児童生徒に関する調査」により、通常の学級に、知的発達に遅れはないものの発達障害の可能性のある特別な教育的支援を必要としている児童生徒が、6.5％在籍していることがわかりました。

第2節　障害のある子どもの受け入れについて

　子どもの初めての集団生活が、円滑にスタートし、子どもや保護者にとって幸せなものとなることは、障害がある子どもだけでなく、どの子どもにとっても大切なことです。しかし、「特別な支援を必要とする子ども」の保育を行うためには、保育者のそれまでの経験や子どもへの愛情だけでは、十分ではありません。受け入れにあたって、人間の発達の多様なあり方を理解し、障害を科学的な視点から学ぶことや、保護者や仲間、主に療育を行っている医療機関、保健機関、相談機関、障害児支援機関、教育機関、障害者団体（親の会など）との交流によって、自身のこれまでもっていた「子ども観」や「保育観」を見直すことが求められます。つまり〝自身の保育の枠組みを変化させることをいとわない姿勢〟こそが、障害のある子どもを受け入れる心構えだといえます。

　ここでは、受け入れにあたって、入園前に障害が明らかになっているケースと、集団生活のなかで障害が疑われてきたケースについて考えていきます。

1．入園前に障害が明らかになっているケース

エピソード（1） 入園前の保護者との面談の場面から（2歳）

> 「お電話でお話ししましたように、タケルは二分脊椎[*2]という病気で、排泄の際に特別な援助が必要です。集団生活を送るうえでも、いくつか注意しなくてはいけないことがあると医師から言われています。それでも預かっていただけるでしょうか」

　保育所を訪れ、子どもの状態や入園の希望について話す母親の表情はとても不安げです。

（1）面談にあたって

　入園前に、疾病や障害が明らかになっている場合は、面談の場を設けて、子どもや家族の状況について把握し、必要とする配慮について話し合います。事前に病名や障害名、現在行っている治療や療育の内容を伝えられたら、あらかじめ調べておくこと[*3]が、状況の理解を進める助けとなります。乳児期に判明する障害の場合は、これまでに入退院を繰り返し、幾度となく生死の境を乗り越えるなど、大変な経験をされていることも珍しくありません。こうした保護者の背景に考えをめぐらせておくことは、面談者の聴く姿勢に少なからず影響を与えます。

（2）面談の実施

　面談者は、必要以上に構えず、しかし大切なことを聞き漏らすことのないようヒアリングシート[*4]などに沿って、保護者の入園への不安や希望についてていねいに聴いていきます。こうして、受け入れるための方法をともに考えていくのですが、入園の願いを受けて、規定を柔軟に適用しても、施設設備や人員配置の問題から、受け入れることが困難なケースもあります。「打つ手なし」とならないためにも、ふだんから関連機関と連携しておくことや、スーパーバイザー[*5]を得ておくことが必要となります。

（3）面談・記録をもとにした検討

　エピソード（1）のケースでは、園全体での検討の結果、看護師が常駐していないことから、保護者に排泄の援助をお願いすることで、入園へと結びつきました。保護者の職場が非常に近いことが受け入れの後押しとなったの

＊2
本来ならば脊椎の管のなかにあるべき脊髄が、脊椎の外に出て癒着や損傷しているために起こるさまざまな神経障害の状態をいいます。98ページを参照。

＊3
インターネットでも情報収集が可能です。「国立特別支援教育総合研究所」、福祉医療機構が運営する「ワムネット」、厚生労働省の「eヘルスネット」など公的なウェブサイトを選ぶようにしましょう。

＊4
園での生活場面（食事・排泄・睡眠場面だけでなく、室内・戸外での遊び場面等）を想定し、子どもの発達段階や生活習慣の自立の程度を確認します。苦手なことだけでなく「好きなこと」や「得意なこと」「できつつあること」を知ろうとする姿勢が大切です。

＊5
地域にある「保育者の支援」を行っている資源を調べておきましょう。障害児の通園施設（児童発達支援センター）では、保育所への巡回相談事業も行っています。第5章を参照。

です。安全を優先した保育を行うこと、そのうえで、安全と楽しさが両立する活動を考えていくことなどを確認しました。受け入れにあたって、常にタケルくんの背中や臀部に負荷がかからない配慮をするとともに、主治医や嘱託医との連携、万一の時の対応や複数の緊急連絡先などについて、全保育者が共有するなど、幾重もの対応が求められました。

　保育中に、保護者が来所し負担を担うことは、決して望ましいことではありません。しかし、保育者も保育施設も、初めて出合う病気や障害を学びながら経験を積んでいくことで、受け入れることのできる範囲を少しずつ広げ、援助技術を磨いていくほかないのが現状です。だからこそ、保育者は、職場の内外に相談の場をもち、学び続けることが重要となります。

2. 保育のなかで障害が疑われてきたケース

エピソード (2)　気になる子どものコウくん（3歳）

　コウくんには、まだ言葉がなく、絵本の読み聞かせなどではふらりとその場を離れていきます。また、顔を拭かれることが嫌いで、担任が拭こうとしたら逃げてしまいます。ようやく担任がつかまえて、「きれいにしようね」と拭こうとした時、コウくんは顔をしかめたと思うと「ワッ」と叫んで保育者の頬をたたき、逃げ出しました。保育者は、多くの子どもが手遊びや絵本を一緒に楽しめることと比較して、離席が多いことや、生活習慣が身についていかないこと、発語が遅れていることが気になりましたが、何より自分に心を開いてくれないことにやるせなさを抱えています。保護者に対しても、こんなに言葉が遅れているのに気づいてくれないという思いが先に立ち、コミュニケーションもうまくいっていないようです。

（1）障害を疑うことと保育を振り返ること

　保護者の就労にともない、低年齢から入園することも多い保育所では、年齢が進むにつれて徐々に障害が疑われてくることがあります。幼稚園でも、体験入園などではわからなかった課題が、集団生活のなかで浮かび上がってくるといったことが起こります。こうしたケースは、発達障害に類する障害に多く見られます。

一方で、保育者は自身の保育のありようを振り返る視点も必要とされます。その保育が統制された活動*6であればあるほど、離席や想定外の行動などに対して、保育者は「子ども」の側に問題があると強く感じてしまうものです。保育の計画や活動内容について、記録や保育カンファレンスを通して、自分の行っている保育が子どもにどのような影響を与えているかについて客観的な分析をすることが求められます。

* 6
クラスや園全体など「多人数」で、複雑な「ルール」があり、「一斉」に行うといった要素が含まれ、「長時間」行われる活動など。

（2）保育者のストレス

先に、「特別な支援を要する子ども」を受け入れるためには、それまでの経験や子どもへの愛情だけでは十分ではない、と述べました。学級経営を行いながら、発達障害などの外面からではわかりにくい障害を理解し、特別な支援を行うことは簡単なことではありません。本来、保育者は、子どもの成長や保育の手ごたえにやりがいを感じるものですが、障害のある子どもの保育では成長の手ごたえや見通しがもちにくいのが実状です。また、子どもが成長し、できることが増えることによって、逆に問題が大きくなることさえあります。障害児の予測できない行動によって、その子どもやクラスの子どもの「生命の保持」や「情緒の安定」といった保育の土台が揺らぐことは、保育者の心身の負担感を強めていきます。

さらには、多くの研究結果から、保育者が障害児保育に感じる困難として、「保護者との認識のズレ」があげられています*7。

こうした状況を踏まえて、臨床心理士等の専門家による園への巡回相談などが行われています。ある巡回指導の担当者は、現場の保育者に次のようなアドバイスを伝えているそうです。

* 7
たとえば、「保護者が指摘や助言を聞いてくれない」「保護者にどう説明したらよいかわからない」「保護者に話を切り出すことが難しい」などがあります。
（渡辺顕一郎・田中尚樹「発達障害児に対する〈気になる段階〉からの支援就学前施設における対応困難な実態と対応策の検討」『日本福祉大学子ども発達学論集』第 6 号 2014年）

（巡回相談にて、巡回相談担当者から気になる子どもの担任へ）
「先生方は、子どものプロなんです。だから、お母さんよりもずっとずっと早く（発達の遅れや違いに）気づいてしまう。気づく時期にズレがあることは当然のことかもしれません」

保育者は、保育を学び、日ごろから多くの子どもとふれあう経験をもっていますが、多くの保護者は初めて親となり子育ては始まったばかりです。それを考慮したうえで、接していく必要があります。

先のエピソード（2）では、いつもより早くお迎えに来たお母さんが、クラスでのコウくんの様子を見て、「なんでこうなんだろう」と涙を落としたことがありました。その姿に、保育者は、そのお母さんに「あるべき親の姿」を求め、寄り添うことができていなかったことに気づきました。その後、コウくんにとって楽しい活動をクラスの活動に取り入れるよう保育内容を見直したり、わかりやすい生活の流れや身辺自立の見通しなどについて保護者と話し合ったりするようになりました。

（3）保育者の役割とは

教育基本法の第10条[*8]にも定められているように、保育者と保護者の役割には明確な違いがあります。保育者に求められるのは、子どもの将来を先取りして案じることではありません。子どもが"現在をもっともよく生きる"ことができるよう、まずは保育の場を、その子どもを含むクラスのみんなにとって心地よい場所にしていくことが大切です。保護者もまた、子どもがクラスで受け入れられている様子を感じ取り、安心することができて初めて不安を言葉にすることができるようになります。わが子に向けられた温かなまなざしや専門性をもってかかわる保育者の姿が、わが子について語れる関係を少しずつつくり出していくのです。

現代社会において、保育者は多くの役割を求められています。子どもや保護者に寄り添うことができる余裕を生み出すためには、保育現場における保育者の苦労を踏まえた支援（支援者の支援）も大きな課題となっています。

3. 同じ「子ども」として

先に、"受け入れるための方法をともに考えていく"と述べましたが、なぜ、障害児の受け入れをあらためて"考えていく"必要があるのでしょうか。

周知のように、保育所・幼稚園・認定こども園などの保育施設は、はじめから施設設備も人員配置も「障害のある子ども」に合わせたものとなっているわけではありません。一方で、保育所・幼稚園・認定こども園は、「子ども」を養護し教育する場とされています。「児童の権利に関する条約（通称：子どもの権利条約）」[*9]や「障害者の権利に関する条約（通称：障害者権利条約）」[*10]に掲げられているように、障害があってもなくても、「子ども」は、等しく社会に包容されて育つ権利をもっています。つまり、現実と理念の間にまだまだ隙間があるのです。

障害のある子どもを、保育施設で受け入れることには、こうした矛盾と直面することになります。これらの矛盾を越えて、お互いをともに生かし合う

＊8
教育基本法第10条（家庭教育）「父母その他の保護者は、子の教育について第一義的責任を有するものであって、生活のために必要な習慣を身に付けさせるとともに、自立心を育成し、心身の調和のとれた発達を図るよう努めるものとする」。

＊9
18歳未満のすべての人の保護と基本的人権の尊重を促進することを目指して、国連で1989年に採択。わが国の批准は1994年。

＊10
障害者の人権及び基本的自由の享有の確保などを目的とした条約。2006年に国連で採択され、わが国は2014年に批准。232ページを参照。

場にするために必要なのが、「目前の子どもの最善の利益とはどのようなものであるのか？」という視点です。受け入れにおいても、「子ども」を中心に、「どの子どもにもうれしい保育」[11] を再構成していくことが求められます。

＊11
保育臨床相談の専門家・野本茂夫氏は、障害のある子どもが園に通う意味について、「園生活がその子にとって楽しくうれしいから通う」、「障害のある子が変わらなければ集団に参加できないような堅苦しい環境を作っていたのでは、子どものうれしい園生活は生まれてきません」と述べています。（野本茂夫監修『障害児保育入門』ミネルヴァ書房 2005年）

第3節　関わり方の基本
－保育所保育指針等を参考に－

　園における障害児への関わり方の大前提は、通常の保育と同じです。「子どもが現在を最も良く生き、望ましい未来をつくり出す力の基礎を培う」（保育所保育指針　第1章）ことを見すえながら、一人一人の育ちをていねいに支援していきます。そのうえで、保育所保育指針や幼稚園教育要領、幼保連携型認定こども園教育・保育要領に明記されている障害児保育の基本を見ていきましょう。

（1）保育所

　保育所における障害児保育については、2017（平成29）年に改訂された保育所保育指針の第1章 総則に記載されています。

保育所保育指針

第1章 総則　3 保育の計画及び評価　（2）指導計画の作成
キ　障害のある子どもの保育については、一人一人の子どもの発達過程や障害の状態を把握し、適切な環境の下で、障害のある子どもが他の子どもとの生活を通して共に成長できるよう、指導計画の中に位置付けること。また、子どもの状況に応じた保育を実施する観点から、家庭や関係機関と連携した支援のための計画を個別に作成するなど適切な対応を図ること。

　また、第4章 子育て支援 2の（2）のイには、①関係機関との連携を図ること、②保護者への個別の支援を行うことを努めることが明記されています。

ふりかえりメモ：

（2）幼稚園

　幼稚園における障害のある子どもの指導については、2017（平成29）年に改訂された幼稚園教育要領の第1章 総則に記載されています。今改訂から、外国につながる幼児への配慮も併記されました。

幼稚園教育要領

第1章 総則　第5 特別な配慮を必要とする幼児への指導

1　障害のある幼児などへの指導

　障害のある幼児などへの指導に当たっては、集団の中で生活することを通して全体的な発達を促していくことに配慮し、特別支援学校などの助言又は援助を活用しつつ、個々の幼児の障害の状態などに応じた指導内容や指導方法の工夫を組織的かつ計画的に行うものとする。また、家庭、地域及び医療や福祉、保健等の業務を行う関係機関との連携を図り、長期的な視点で幼児への教育的支援を行うために、個別の教育支援計画を作成し活用することに努めるとともに、個々の幼児の実態を的確に把握し、個別の指導計画を作成し活用することに努めるものとする。

2　海外から帰国した幼児や生活に必要な日本語の習得に困難のある幼児の幼稚園生活への適応

　海外から帰国した幼児や生活に必要な日本語の習得に困難のある幼児については、安心して自己を発揮できるよう配慮するなど個々の幼児の実態に応じ、指導内容や指導方法の工夫を組織的かつ計画的に行うものとする。

（3）幼保連携型認定こども園

　幼保連携型認定こども園においては、2017（平成29）年告示の幼保連携型認定こども園教育・保育要領の第1章 総則*12 に、幼稚園教育要領と同様の内容が記載されています。

　これらの保育の基準を踏まえながら、それぞれの保育施設で策定された全体的な計画や教育課程のもとに、<u>障害のある子どもを含むそのクラスの保育の目標・ねらい・内容を考えること</u>が、障害児保育を実践する基本となります。

　ちなみに、特別支援学校の幼稚部では、特別支援学校幼稚部教育要領に則って保育を行っています。

*12
「第2 教育及び保育の内容並びに子育ての支援等に関する全体的な計画等 3 特別な配慮を必要とする園児への指導」

現場からの声①

「まて～、まて～」遊びから生まれる笑顔

社会福祉法人育美会 生品保育園・栗原志津恵

トモくんの笑い声

ダウン症のトモくんは3歳児からの入園でした。とても色白でかわいらしい男の子ですが、当初は眉間にしわを寄せるように、いつもうつむいていて、おしゃべりも、笑い声もあまり聞けませんでした。手足の筋肉が柔らかくて、歩行はしていましたが、疲れるのかすぐにお座りをしていました。

そこで、「筋力をつけなくては」と相談し、トモくんに保育士が1人ついて山登りに出かけることになりました。クラスの子どもたちがどんどん走って登るなかで、トモくんは坂道がいやなのか、反対に下り始めてしまいます。

保育士が、坂道で転んでは大変と必死に追いかけても、ふり返っては坂道を下ってしまうので、「そうだ！」と思い「まて～まて～」と追いかけ遊びを始めました。すると、「きゃっきゃっ」と声をあげて笑い出したのです。トモくんの屈託のない笑顔は入園以来、初めてのようにも思いました。それから、背中を押して山を登りはじめたのですが、「もう登れるだろう」と思って手を離すと、またまたうれしそうに下ってしまうのです。その繰り返しを何度も何度もして、やっと頂上まで登り切りました。トモくんは汗をかいてとてもすがすがしい顔をしていました。

双子のヒロトくんとアヤトくん

脳性まひで動くのに不自由のある双子のヒロトくんとアヤトくん。どこの保育所に行っても「双子では」と断られ続けたということでした。コーディネーターからの紹介で来園したのですが、事情を聞けば聞くほどお預かりさせてもらいたい気持ちが強くなりました。敷居の高さも支えがなければ上がれないほどでしたが、年中になり、年長になると、クラスの友だちがしていることは必ず「やってみる」と言いました。その強い意志に保育士の方が勇気づけられ、2人の「やってみる」を実現するために、全職員で知恵を出し合いました。

第4節　環境を構成する

1. 一人一人を大切にする保育の延長線上にあること

　保育の特質は、環境を通して行うことにあり、乳幼児は、そこから総合的な学びを得ていきます。障害の有無にかかわらず、乳幼児期の発達にとって、子どもを取り巻く「環境」は、重要な要因の1つです。先に環境によって障害のありようも変化することを述べましたが、障害のある子どもにとっての環境は、健常児以上に意味をもっています。障害児保育においては、その子どものもつニーズに対応する環境への配慮が必要とされます。

　近年、こうした環境のあり方について、制度としての取り組みがなされるようになってきました。それが、「合理的配慮」の取り組みです。これは、わが国が障害者権利条約に批准するにあたり、2013（平成25）年に制定された「障害を理由とする差別の解消の推進に関する法律（通称：障害者差別解消法）」にもとづくものです[13]。

　合理的配慮とは、「障害者一人一人の必要を考えて、その状況に応じた変更や調整などを、お金や労力などの負担がかかりすぎない範囲で行うこと」[1]です。文章にすると難しく感じますが、"障害者"を取って読むと、通常の保育のなかで、特に乳児保育や異年齢保育において、あたりまえになされてきたことです。

　こうしてみると、障害児保育は、障害のある子ども用に別あつらえすることではなく、一人一人を大切にする保育の延長線上にあることがわかります。保育の本質に根ざし、クラスを構成する一人の子どもがもっている「特別なニーズ」にも対応できるような保育の広がりや柔軟性が、今日の障害児保育＝インクルーシブ保育[14]のあり方といえるのではないでしょうか。ここでは、子どもを取り巻く環境の構成を、「物的・空間的環境」と「人的環境」の側面から考えていきたいと思います。

2. 物的・空間的環境のポイント

（1）安全であること

　保育所保育指針の第1章 総則 （2）保育の目標（ア）には、生命の保持及び情緒の安定を図ることと書かれています。保育の目標には、養護の目標と教育の目標[15]とがありますが、年齢が低くなればなるほど養護に重きがおかれます。したがって、乳児の保育室では、手の届くところに危険なもの、たとえばハサミを置かないことなどは、当然のこととして配慮がなされます。

＊13
条約に批准するためには、障害者の権利に関する国内法制度を整備することが求められたのです。「合理的配慮」に関しては障害者差別解消法の第3章第7条、第8条に記されています。

＊14
詳しくは第8章の第2節、第9章の第1節を参照。

＊15
保育の目標（ア）は「養護」の目標であり、（イ）〜（カ）は「5領域」の目標となっています。

しかし、年齢が上がるごとにハサミに親しんでいき、ハサミが危険なものから便利な道具へと子どもとの関係を変えていきます。

 エピソード (3)　自閉症のサトシくん（2歳）

　サトシくんには、比較的重い自閉症があります
が、2歳になって、走ったりジャンプしたりする
など、運動の能力がめざましく発達してきました。
　梅雨時のことです。メグミ先生は、玄関の子ど
もたちの靴箱の匂いが気になり、靴箱の横にある
大人の目の高さほどの本棚の上に消臭剤を置きま
した。お散歩の時、ほかの子どもの靴を履かせ、「さ
あ、サトシくんもお靴を履こうか」と振り返った時、サトシくんが口をモ
グモグしていたので、口のなかを見ると、緑色の丸い粒がいくつか入って
いました。キラキラした緑の消臭ビーズに興味を抱いたサトシくんは、棚
板をはしごのようにして本棚を登ったのです。それが消臭剤であることに
気づいたメグミ先生は、すぐさま口のなかのものをかき出し、主任や園長
の手を借りて嘱託医への処置の確認を取るなどの対応を行いました。大事
には至りませんでしたが、安易な判断で子どもを危険にさらしてしまった
ことを深く反省しました。

　障害のある子どもは、感覚の発達に偏りがみられたり、危険から身を守ることに弱さをもっていたりすることがあります。「通常この年齢なら、食べられないものを口に入れたりしないだろう」といった保育者のこれまでの経験は、大切なものですが、それが思い込みとならないよう注意する必要があります。先回りして危険なものをすべて取り除くようなことは、かえって発達の妨げになりますが、子どもがその環境にどのような関わり方をするのか、ふだんの姿からイメージして適切な環境を整えるとともに、不安がある場合はすぐに対応できる範囲で見守る必要があります。

（2）保育室のユニバーサルデザイン化

　近年、自閉スペクトラム症の子どもへの支援として、「構造化」や「視覚支援」*16
があげられるようになりました。保育施設でも、自分の席やロッカーを顔写真で示すことや、写真1のようなスケジュール表を見かけることが珍しくなくなりました。また、写真2のように、モノをしまう場所がイラストで示されていることは、モノがいつもの場所に納められ整理されている状態を保つことにつながり、結果として子どもの自主的な活動を促します。こうした配

＊16
アメリカのE.ショプラーが中心となって研究・開発した自閉症のための「TEACCHプログラム」を適用した方法です。個人のニーズに応じて「時間の構造化：スケジュールを示す」・「物理的構造化：刺激を統制し場所の意味を明確にする」など、見てわかるさまざまな工夫（視覚支援）を行います。

●構造化と視覚支援の一例

写真1

写真2

構造化とは、その子どもが「自分が何をしたらよいか」をわかりやすくすることです。そのために、「見てわかる」ようにする視覚支援は効果的な方法です。

慮が、ユニバーサルデザインの保育室の創造につながり、障害の有無にかかわらずどの子どもにとっても過ごしやすい環境となります。

（3）合理的配慮について

　写真3は、発達障害の疑いがある子どもダイくんとエミちゃんを含むクラスの保育室です。窓際のソファは、自由な遊びの時間は、人形のベッドになったり絵本を読んだりする場所になっていますが、クラスみんなで楽しむ活動の時間には、ダイくんの退避場所となることがあります。活動の切り替えがうまくいかなかった時などは、ダイくんの気持ちが落ち着くまで一旦集団から離れ、ここで過ごします。担任保育者がソファに深く腰を掛け、向かい合って座るダイくんからは、外の景色が見えます。進級して9か月目の今では、切り替えがうまくいかない時は、ダイくん自ら集団を離れ、外の景色を眺めて気持ちをもち直すようになりました。文字通り、保育者が腰を据えてダイくんと向き合うなかで見出した手立てです。担任の座る位置からは、保育室全体が見渡せるなど、合理的な工夫があります。

写真3

　クラスのみんなが過ごしやすい環境は、お互いが負担なく過ごせることや、子どもの主体的な参加を促すものであることが基本となります。療育や特別支援教育の領域で培われた技法が、乳幼児期のすべての障害のある子どもへの切り札となるわけではありません。当事者のなかには、絵によるスケジュールの提示では刺激が強すぎて、負担になるケースもあるようです[2]。まずは、安全で、少しだけ支援的で配慮的な環境に整え、そこから、保育のねらいが達成できるような環境へと、子どもたちと一緒に生活をしながら、創っていくことがポイントです。

3. 人的環境のポイント

（1）子ども同士の関わり

　入園時に、障害のある子どもの保護者から、「まわりの子どもたちから刺激を受けてほしい」という声をよく聞きます。しかし、当の子どもは、刺激を受けたいと思っているでしょうか。なによりもまずは自分の居場所を見つけ、安心して過ごし、そのなかで、仲間に認められたいと思っているのではないでしょうか。保護者が求める「友だちと活動を楽しむ子どもの姿」は、新しい場所に戸惑う子どもにとっては、保護者が思う以上に高い目標です。

　しかし、クラスの子どもたちは、保育者が障害のある子どもを大切に思う姿や、試行錯誤しながら過不足のないサポートを追求していく姿を、毎日見て過ごしていきます。そのなかで、いつしか困っている友だちにどのように接していけばよいのか、体験的に理解をしていきます。

エピソード (4) 「いるっしょ？」

　ユウキくん（2歳）は、おままごとのシャモジをズボンの後ろのポケットに2本差しておくことがお気に入りです。ところが、その日はいつもの場所に、シャモジが1本しかありません。きょろきょろしているユウキくんの肩をトントンとヒヨリちゃんがたたきました。「いるっしょ？（要るでしょ？）」とヒヨリちゃんはシャモジをユウキくんに渡すと、ユウキくんはとてもうれしそうに受け取り、急いでズボンに差し込みました。

わずか２歳にして、このようなやり取りが子どもに見られたことに、担任の先生はとても驚いたということでした。しかし、これまでの担任の先生のユウキくんへのかかわりを見て過ごしてきたヒヨリちゃんは、あたりまえのこととして、ふるまったのだと考えられます。このエピソードからわかるように、障害のある子どもは、いつも支援を受ける側だけにいるのではありません。このように、周りの子どもを育てる存在でもあるのです。

☞ **注目ワード**　　いいなあ〜

　クラスの子どもたちが、「○○くん（障害児）ばかりいいなあ。（ぼくももっとかまってほしい）」という思いを募らせている状態では、自然とその子どもを見る目が厳しくなります。クラスの子ども一人一人が、先生に大切にされていると実感できることが、障害のある子どもにとって優しい環境につながります。

（2）保育者の関わり　―楽しく、ゴキゲンに―

　先に述べたように、保育者の姿勢は、子ども同士の関係性に強い影響を与えます。東京家政大学ナースリールームの主任保育士である井桁容子さんは、一人一人が共感されて育つことの大切さについて次の例[3]をあげています（下線は筆者）。

> 　例えば、食事のときになかなか食べに来ない子どもがいた時に、「来ないなら食べさせないよ」あるいは「あの子が来ないうちは食べられないからね」と保育者が言ったとします。すると空腹で食卓についた子どもたちには、どのような気持ちが湧くでしょうか？…（略）…空腹の子どもは、「あの子がいるから食べられないんだ」と思うでしょう。例えば、保育者が「おなかが空いた人は待ちきれないので先に食べましょう。遊んでいる人はご飯が冷めないうちに来た方がおいしいですよ」と言ったらどうでしょうか？お腹が空いた人も、まだ空かない人も尊重されて、そしておいしく食べる意味も伝わるのではないでしょうか？

　この例は、直接子どもに投げかける言葉がけが、子ども同士をつなげたり分断したりする可能性を示唆しています。後者のような言葉がけには、『健全な社会づくりには、乳幼児期から一人一人の最善の利益を保障されることが必要不可欠である』、『気になる子をどうするかではなく、周囲にいる大人や仲間のありようが大切なのではないか』、『「みんなと同じでないとダメ」という視点が、多様なものを受け止める力をどれだけ損ねているか』という井桁さんの思いが込められているように感じます。

保育は、がんばったらがんばっただけの成果が得られるものではありません。できないことばかり見つめていては、子どもも保育者も苦しくなるばかりです。子どもの困った行動についても、保育者が、「こんなことをして！」ととらえるのと、「そうきたか！」とユーモアをもって受け止めるのでは、その場に流れる空気も変わります。

保育の環境は、物的環境、人的環境、時間・空間、醸し出す雰囲気までをさします。日本の幼児教育の父と言われる倉橋惣三が、「不平不満の人ほど、子どもの傍にあって有毒なものはない」[4]と述べているように、先生が困った顔をしているうちは、どの子どもも安心して力を発揮することができません。視点やとらえ方を変え、子どもの良さや好きなことに目を向けて、保育者自身も楽しくゴキゲンに保育をしていくことが大切です[5]。

倉橋惣三（お茶の水女子大学所蔵）

第5節　指導計画の作成と記録・評価

障害児保育に関する取り組みは、保育所保育指針、幼稚園教育要領、幼保連携型認定こども園教育・保育要領のいずれにおいても総則に記されるとともに、保育の根幹となる「保育の計画」について書かれています。これらのことから、障害のある子どもが計画の時点から園やクラスに包容されることの大切さが読み取れます。

1.「個別の支援計画」（個別の教育支援計画）と「個別の指導計画」

（1）「個別の支援計画」と「個別の指導計画」の違い

「個別の支援計画」とは、乳幼児期から学校卒業後まで障害のある子やその保護者に対する一貫した相談・支援と、地域の教育、福祉、医療、労働等の関係機関が、連携・協力するための生涯発達を見すえた長期的な計画[6]です。これを教育機関が中心となって策定する場合は「個別の教育支援計画」と呼びます[*17]。

一方、「個別の指導計画」は、幼稚園や保育所などにおいて障害のある子ども一人一人の保育を充実させるために、担任が作成するものです[7]。内容としては、「個別の（教育）支援計画」を踏まえて、（1）障害の状態や発達過程、（2）個々の指導目標、（3）園の実情に応じた指導内容と方法、（4）配慮事項などが記載されます。

＊ 17
147 ページの図を参照。

（2）「個別の指導計画」の作成

　個別の指導計画の作成は、通常の保育計画の作成手順と同様に、「子どもの理解」から始まります（図3－1）。子どもの今（現実）を正確に把握するためには、保育者の視点だけではなく、保護者や同僚、必要に応じて専門家の視点を交えることが役立ちます。こうした多角的な検討は、計画の立案だけでなく、実践の記録や評価の過程にも必要とされます。

　目標の設定においては、子どもの実態を把握して、スモールステップを心がけます。高く目標を置くことで、達成できない日々が続くと、保育者も子どもも、自己肯定感がもてなくなってしまいます。

> **☞深めるワンポイント　スモールステップとは**
>
> 　たとえば、着替えができない場合、その理由に合わせます。ボタンがとめられないなら、最初はボタン1つからスタートです。上のボタンをかけておき、いちばん下のボタンだけかけさせます。次に何をしたらよいかわからない子には、着る順番に絵を描いて貼っておきます。ひとりでできたらほめます[8]。
>
>

（3）「個」と「集団」のバランス

　障害のある子どもの保育を進めるうえで、個別の指導計画が作成されることは重要なことですが、保育の実践においては、個別の指導計画とクラスの指導計画が関連をもちながら効果的に機能していくことが重要です。

　たとえば、クラス全体の指導計画には、「○○ちゃんも一緒に運動会を楽しむには？」という視点が盛り込まれ、一方、○○ちゃんの個別の指導計画では、「クラスのみんなと運動会に参加することによって何を育てるか」と検討されることが求められます。こうした"互いの育ち合い"が含まれることで、より内容が充実したものとなっていきます。

＼ここが計画の出発点！／

①子どもの姿 （実態） 入園時の情報収集や観察・記録から、保育者がとらえた子どもの姿を描写。さらに、保護者や医療・福祉関係などの専門機関からの情報もあれば、まとめておきます。	②目標 （願い・ねらい） 実態を受けて、保育者の「願い」や「ねらい」を整理します。	③手立て （配慮・支援） 子どもの姿と目標に対して、具体的な保育者の支援内容を記述します。	④評価 立てた計画は必ず振り返り、分析して次の計画につなげていきます。

保育を組み立てる横軸	①子どもの姿	②目標	③手立て	④評価
A. 生活習慣(食事、排泄、衣服の着脱など)				
B. あそび				
C. コミュニケーション				
D. 人との関わり				
E. 運動				
F. 集団への参加				
G. 知能発達(指示の理解や文字、数の理解など)				
H. 情緒の安定				

子どもの発達を見る縦軸

★この個別の指導計画の例では、保育者が自身の「保育を組み立てる横軸」と「子どもの発達を見る縦軸」との項目があり、この組み合わせで計画が構成されています。

★園によって項目の立て方はさまざまで、子どもによって、注意点も変わってきます。

図3-1　個別の指導計画の書式の一例

出典：酒井幸子・田中康雄『発達が気になる子の個別の指導計画』学研プラス　2013年　pp.34-35をもとに筆者作成

2. 保育の記録と評価

（1）記録について

　保育の「計画」と「記録」は、常に"対"になっています。日々の保育の計画や、障害児保育を進めるために策定した計画は、実践した後には記録として保育の振り返りに役立ちます。また、日誌などの日々の記録や、エピソード記録をつけることは、その行動のきっかけや背景に近づくことにつながります。たとえば、「どうしてこんなことをするのだろう」という子どもに原因を求める視点から、「どうしてこの行動が起こったのだろう」という、取り巻く状況や環境との相互性に視野を広げることができるようになります。

ふりかえりメモ：

（2）評価について

　障害のある子どもは、集団生活を送るなかでさまざまな課題が浮かび上がります。保育者は、つい、「できる」「できない」といった側面で評価してしまいますが、「次、どうするか」と検討するためには、その子どもが今できていることや興味に関心を寄せることが必要です。小児精神科医の田中康雄氏は、子どもの成長は次の「３つの世界」での変化を確認していくと、どこがどう変化したのかわかりやすいと述べています（表３-１）。

表３-１　子どもの成長の変化の目安の例

１人のなかでの変化	時計を見て気持ちを切り替える、苦手な野菜を食べる　など
2人の関係での変化	話を聞くようになる、一対一で遊べる　など
集団のなかでの変化	友だちと交流する、少人数グループで楽しめる、順番を守れる　など

出典：酒井幸子・田中康雄『発達が気になる子の個別の指導計画』学研　2013年　p.51をもとに筆者作成

　子どもの成長は、目標に向かうものではなく、"今"を評価して、結果を喜ぶことが大切です。上記のように、変化の評価を細かくしていくことは、子どものささやかな変化を喜ぶことにつながります[9]。

　"スモールステップで目標を設定して、成長を細かく評価していく"。つまり、障害児保育とは、なにも特別なことではなく、通常の保育をていねいに行っていくことであるともいえます。

レッツトライ　・・・・・・・・・・・・・・・・・・・・・・・・　演習課題

Q 次のエピソードを読んで子どもとのかかわり方を考えてみましょう。

エピソード（5）　水が大好きなアキトくん（3歳）

　自由な遊びの時間を終えたクラスの子どもたちは、手洗いやトイレをすませて着席し、お集まりの準備をしています。そのなかでアキトくんだけは、まだ園庭の手洗い場で洋服の袖をびしょびしょにして遊んでいます。「アキトくん。もうお集まりの時間だよ！」担任のユミ先生は厳しい表情で呼びますが、アキトくんは知らん顔です。外遊びのあとはいつもこんな調子です。

ホップ　ユミ先生は、今どんな気持ちだと思いますか。想像して、箇条書きで書いてみましょう。

....

....

....

ステップ　アキトくんが、クラスの友だちと集まりに参加するために、どのような援助が考えられるでしょう。グループで話し合ってみましょう。

....

....

....

ジャンプ　話し合いで出たアイデアを文章にまとめてみましょう。

....

....

....

エピソード (6)　「先生の髪いや！」（4歳）

　サヤカちゃんは、中等度の自閉スペクトラム症と診断されていますが、幼稚園の生活にも慣れて毎日元気に通っています。進級して1か月、新しく担任になったリエ先生が大好きで、リエ先生のエプロンやソックスがとても気になる様子です。ある日サヤカちゃんは、リエ先生を見るなり、「せんせい、かみ、かみいや！」と怒っています。リエ先生は、髪を少し短くしたので、いつも1つに束ねている髪を下して出勤したのでした。

 サヤカちゃんは、なぜこんなに怒っているのでしょう。あなたが思う理由を書き出してみましょう。

....

....

 あなたがリエ先生なら、サヤカちゃんにどんな言葉をかけますか。グループで話し合ってみましょう。

....

....

....

ジャンプ 話し合いで出てきた「よい言葉がけ」を文章にまとめてみましょう。

....

....

....

【引用文献】

1）日本障害フォーラム発行『みんなちがってみんな一緒！障害者権利条約』日本障害フォーラム　2015年

2）東田直樹『自閉症の僕が跳びはねる理由　会話のできない中学生がつづる内なる心』エスコアール　2007年　pp.136-137

3）井桁容子「発達障害児である前に、ひとりの子どもである」『発達障害の再考』風鳴舎　2014年　pp.26-42

4）倉橋惣三『育ての心（上）』フレーベル館　2008年　p.29

5）久保山茂樹『気になる子の視点から保育を見直す！』学事出版　2015年　pp.13-14

6）玉村公二彦・清水貞夫・黒田学・向井啓二 編『キーワードブック特別支援教育 インクルーシブ教育時代の障害児教育』クリエイツかもがわ　2015年　pp.72-73

7）同上　pp.74-75

8）黒澤礼子『幼児期の発達障害に気づいて・育てる完全ガイド』2008年　p.52

9）酒井幸子・田中康雄『発達が気になる子の個別の指導計画』学研　2013年　p.51

【参考文献】

加藤正仁・宮田広善 監修 全国児童発達支援協議会（CDS JAPAN）『発達支援学その理論と実践育ちが気になる子の子育て支援体系』協同医書出版社　2011年

原仁責任編集『最新子どもの発達障害事典 DSM- 5 対応』合同出版　2014年

福島大学附属幼稚園・大宮勇雄・白石昌子・原野明子『子どもの心が見えてきた 学びの物語で保育は変わる』ひとなる書房　2011年

現場からの声②

ともに生き、ともに育つ —障害児保育の意味—

いなほガーデン星の子幼稚園・中村孝博

　幼稚園・保育所は一人一人の特性の応じた発達の課題に即した指導を行い、自発的な遊びを通して行われることが基本となります。それは障害があろうがなかろうが一緒です。しかし、障害のある子どもは興味・関心が独創的で行動面も個性的です。そうした子どもが一緒に生活し、ともに育ち合うとはどういうことでしょうか。それは、一人一人の違いを互いに認め合い、一人一人の個性を輝かせることだと思います。

　水の流れが大好きなヨウタくんには自閉症という診断がありました。バケツやペットボトルなど水が入っている容器を見つけると必ず水を流します。当然周りの子どもは自分の遊びが邪魔されたと思い不満が募ります。人への関心の薄いヨウタくんは周りの困惑には気がつきません。そこで、先生は水が流れる大きな装置を作りました。ヨウタくんは毎日その

水を流す装置で遊ぶヨウタくんと順番を待つ友だち

装置の前で水の流れを見て、周りの子どもがヨウタくんのために交替で水を汲んでは流してくれます。徐々に周りの子どもも水を汲んだり流したりする遊びを楽しむようになりました。流れた水はビニールプールで溜め、いっぱいになるとプール遊びが始まりました。こうした遊びを通してヨウタくんは自分の興味を満足いくまで味わい、周りの子どももヨウタくんの興味や行動の意味を知ることでヨウタくんの水への興味を認めるようになりました。

　このように強い興味・関心や個性的な行動は園生活の豊かさにつながります。漢字を読める子は出席簿の名前を読む、数字の得意な子は欠席調べで男女の合計を出す、記憶力がいい子は劇のセリフを周りの子に教える、リズム感のいい子には大太鼓をたたかせる、鉄道が好きな子には駅名を書いてもらい電車ごっこに使うなど、先生の工夫次第で彼らの興味・関心や行動は園やクラスの中心になることも可能です。そのために保育者は「子どもをよく見ること」と「遊びへの柔軟性をもつこと」が大切だと考えております。

第4章

障害の理解と支援

みんなちがって、みんないい

エクササイズ　　自由にイメージしてみてください

　　ヘレン・ケラー（1880 – 1968年）といえば、障害を克服し、障害児教育に尽力した偉人です。彼女にはどのような障害があったか知っていますか？

★「みんなちがって、みんないい」は、金子みすゞの詩「私と小鳥と鈴と」の言葉です（『金子みすゞ童謡集』JULA出版局　1984年）。

この章のまとめ！

学びのロードマップ

● 第1〜9節では、障害を大きく8つに分けて説明します。

● 第10節では、法律や制度がどのように障害を分類し、支援しているか
を確認します。

発達障害（第1・2節）　　　　　　　　知的障害（第3節）

言語障害（第4節）　　　　　　　　　　肢体不自由（第5節）

聴覚障害（第6節）　　　　　　　　　　視覚障害（第7節）

病弱（第8節）　　　　　　　　　　　　重症心身障害や
医療的ケア（第9節）

なお、障害には「先天性の障害」と「後天性の障害」があります。生まれる前から障害があるもの
は先天性、出生した後にけがや病気で障害を有することになった場合は後天性です。

この章の なるほど キーワード

■発達障害…発達障害には、2つの意味があります（下図）。人のあらゆる発達過程を阻害する意味で使
う広義の発達障害と、発達障害者支援法が定義している狭義の発達障害です。

「広義」の発達障害

・知的障害

・生得的な運動発達障害（身体障害）…例）脳性まひなど

・自閉スペクトラム症
・学習障害
・注意欠陥多動性障害（ADHD）及び関連障害
・協調運動の障害
・言語の障害　　　　　　　　　　など

→ 「狭義」の発達障害

・てんかん
上記を主体として、視覚障害、聴覚障害及び種々
の健康障害（慢性疾患）の発達期における諸問題
の一部も含む

2005（平成17）年に
日本で施行された
「発達障害者支援法」の対象

最近では発達障害とい
えば狭義の意味で使う
場合が多いようです。

出典：東京都多摩府中保健所『支援者のための地域連携ハンドブック −発達障害のある子供への
対応』2013年　p.1 を一部改変

第1節　発達障害①　「自閉症」

1. 発達障害とは

 エピソード (1)　ソウタくんの遊び

　ソウタくんは、いつも1人で遊んでいます。積み木を一列に並べて遊ぶのが大好きです。車のおもちゃも大好きで、いつもタイヤを回して遊んでいます。友だちが「ソウタくん一緒に遊ぼう」と誘っても、視線を合わせることなく「ソウタくん一緒に遊ぼう」と同じ言葉を繰り返します。

　発達障害や自閉症という言葉を耳にしたことがありますか？　テレビでもドラマやドキュメンタリーが放送されたり、関係する書籍もたくさん出たりしています。映画もつくられています。自閉症は、狭義の発達障害の1つです(以下、本節でいう発達障害とは、狭義の発達障害をさします)。エピソードのソウタくんの様子は、実は自閉症という障害の特徴の1つをあらわしたものです。

　発達障害という名称がよく聞かれるようになったのは、2005（平成17）年4月に「発達障害者支援法」が施行されてからです。発達障害は、脳の認知機能の障害です。それまでも支援が必要な状態は存在していましたが、障害の程度が比較的軽いことから、育て方や母親の愛情不足の問題、情緒的な問題とされ、長らく支援の対象とはなってきませんでした。発達障害者支援法は、それらの障害を早期から切れ目なく支援する必要があることを提起しています。

　発達障害といっても症状はさまざまです。発達障害者支援法第2条では、次のように定義しています。

発達障害者支援法

第2条　この法律において「発達障害」とは、自閉症、アスペルガー症候群その他の広汎性発達障害、学習障害、注意欠陥多動性障害その他これに類する脳機能の障害であってその症状が通常低年齢において発現するものとして政令で定めるものをいう。

　発達障害は、これから子どもたちとかかわる仕事に就くのであれば、必ず出合うことになる障害といえます。本章の第1節と第2節では、発達障害のなかでも代表的な障害として「自閉症」「注意欠陥多動性障害」「学習障害」を学習します。

2. 過渡期にある発達障害の研究

（1）診断基準は ICD-10 と DSM-5

　エピソードのソウタくんは自閉症の特徴を示していますが、障害ではなく、単にひとり遊びが好きな性格なのではないか？一緒に遊びたくない気分だったのではないか？とも思えないでしょうか。その可能性もあります。そこで、障害かどうかを診断するための"基準"が定められています。

　世界保健機構（WHO）が身体・精神疾患に関する世界共通の分類確立を目指して作成した「ICD-10（国際疾病分類第10版）」[*1]や、アメリカ精神医学会（APA）の「DSM-5（精神疾患の診断と統計のためのマニュアル第5版）」などです。これらをもとに医師が診断することになっています。保育士や教師、心理士は診断することはできません。

　これまでに ICD-10 は10回の改訂を、DSM-5 は5回の改訂を重ねています。障害の概念や定義は改訂のたびに少しずつ変わっており、本質的な特徴や原因は、いまだ研究の途中にあります。ICD-10 と DSM-5、発達障害者支援法では、診断名や定義がそれぞれ少しずつ異なっています。

*1
2018年6月に世界保健機関（WHO）が、ICD-10に続く新たな改訂版のICD-11（国際疾病分類第11版）を公表しました。約30年ぶりの改訂です。日本においても今後国内にICD-11が適用できるように、和訳などの作業や調整を進めているところです。

（2）診断名をめぐるあれこれ

　DSM-5 の改訂を受けて、2014（平成26）年に「DSM-5 病名・用語翻訳ガイドライン」（日本精神神経学会 精神科病名検討連絡会）が作成されました。下記に診断名の一例をあげます。

○自閉スペクトラム症／自閉スペクトラム障害
○注意欠如・多動症／注意欠如・多動性障害
○限局性学習症／限局性学習障害
○言語症／言語障害
○知的能力障害（知的発達症／知的発達障害）

・スラッシュ（／）で名称が並んで書かれています。
・名前の最後が「症」と「障害」という点が異なります。
・「障害」という言葉を使わず、今後は「症」にしようという意図があります。

　このうち、上から3つの名称が、「自閉症」「注意欠陥多動性障害」「学習障害」に相当するものとなりますが、前に述べた通り定義や概念が揺れ動いているため単純にイコールとはなりません。

将来的には、診断名はこのガイドラインに沿うことが予想されています。しかし、現時点では ICD-10 や発達障害者支援法で使用されている名称と異なることや、すでに定着している言葉を急激に変更して支援の現場に混乱が起こらないようにするため、様子を見ながら使われているのが実際です。

　このことを踏まえて、さらに、みなさんが知っておいたほうがよい知識を考慮して、自閉症は DSM-5 に則り「自閉スペクトラム症」として説明します。なお、注意欠陥多動性障害と学習障害は、発達障害者支援法の表記や文部科学省の定義を用いながら解説していきます。

③. 自閉スペクトラム症の特性と支援のポイント

（1）定義

　自閉スペクトラム症とはどのような障害なのか、DSM-5 の定義にしたがってまとめると以下のようになります。

自閉スペクトラム症の定義
①社会的コミュニケーション及び対人的相互反応における欠陥がある。
②行動、興味、または活動の限定された反復的な様式がある。

　つまり、「人との関わりがスムーズにいかない」「強いこだわりをもっている」ということです。この2つの特徴をもち、それによって社会生活に何らかの問題が生じ、他の障害では説明がつかず、幼い時からそのような状態が見られる（大人になってから問題が明らかになる場合もあるが、それも含める）場合に診断されるのです。

（2）特性

①「人との関わりがスムーズにいかない」

　言語・非言語どちらのコミュニケーションも、うまく取ることが苦手です。会話のやり取りができない、気持ちを共有することが少ない、距離感や身ぶりが適切でない、状況に合わせた行動が取れないといった様子を示します。

②「強いこだわりをもっている」

　同じ行動を何度も繰り返したり、同じ食べ物を食べ続けたり、変化に対して苦痛を感じたりしてしまいます。「いつもと違う」ことを想像することが難しく、強い不安を感じてしまうのです。専門的な言葉で言えば、身体や物、言語の常同的・反復的な使用、同一性保持への固執、儀式的行動様式、限定された

興味、感覚刺激に対する過敏さまたは鈍感さがあるということです。

（3）当事者が困っていること

　自閉スペクトラム症の特性を、保育場面において、考えてみましょう。

　1人で遊ぶことが多く、友だちとルールのある遊びやごっこ遊びをすることは難しいかもしれません。会話もやり取りができず、相手の言った言葉を繰り返す「おうむ返し」になってしまいます。曖昧で感情的な指示（「年長さんなんだからちゃんとしてください」など）が理解できず、戸惑ってしまうかもしれません。大きな音や騒がしい場所が苦手なので、一緒に活動に参加できないかもしれません。予定が変更されることに強い恐怖を感じるので、席が変わったり、担任の保育者が変わったり、いつもと違う予定や、遠足、運動会などの行事はみんなと一緒に参加できないかもしれません。給食も食べられないものが多くあるかもしれません。

　困ってしまうことの一部をあげました。一人一人の性格や得意不得意、障害の程度の差がありますから、困っていることにも違いはあります。障害の特性を理解することはもちろん大切ですが、そればかりにとらわれず、子どもたち一人一人を大切に見てほしいと思います。

（4）接し方のポイントや環境構成

　上記にあげた「困っていること」の反対を心がけるとよいでしょう。

①見通しをもちやすくする

　1日の予定を前もって知らせることが大切です。運動会などの行事は、なおさら前もって話しておくことが大事です。実際にその場所に行き、予定することをやってみることも必要でしょう。

②視覚的に見てわかりやすい環境に

　生活しやすい環境を整えることも大切です。言葉だけで指示を出すのではなく、視覚的に見てわかりやすいように表示することがとても重要です。絵を用いて1日の予定を示すことや、トイレや水道、ロッカーや片づけの場所、生活のルールなどを絵で示すことも有効です。運動会の予定などを話す時にも、絵や写真を示しながら話すとよいでしょう。

見てわかりやすいデイリープログラムの一例

③具体的な指示を出す

わかりやすい指示を出すことが大切です。たとえば、「ちゃんと並ぼうね」という言葉は曖昧で、場に応じて意味が変わります。そこで、「〇〇くんの後ろに並びます」というように、具体的な指示を出しましょう。

「ちょっと待ってね」
↓
「5分待ってね」

指示を出す際は、「本人の立場からの理解」にも気を配るとよいでしょう。たとえば、「みんな、明日はクレヨンをもってきてね」と言っても、自閉スペクトラム症の子どものなかには、「"みんな"のなかには自分は入っていない」と理解している場合があります。こうした時は、「〇〇くんも明日はクレヨンもってきてね」とさりげないフォローが必要です。

④「こだわり」にこだわらない

自閉スペクトラム症は強いこだわりをもつ特性があることを先に述べました。たとえば、「同じ色の服しか着ない」「お菓子しか食べない」「いつも同じ道しか歩かない」といった具合です。そうした行動が気になってやめさせようとする保育者もいます。しかし、当事者にとってこだわりとは"安心毛布"のようなものと言えます。不安な気持ちを落ち着かせるために、いつもと同じ行動をして安心感を得ようとしている場合が多くあります。無理やりやめさせる前に、こだわりの背後にある不安の正体を考えてみましょう（71ページのコラム③を参照）。

⑤保育者が仲立ちする

友だちとの関わりでは、保育者が仲立ちとなって、子どもの気持ちを代弁してわかりやすく伝えることが大切です。1人で遊ぶことが多くても、それは友だちと遊びたくないわけではありません。遊び方に馴染めず、戸惑っているのかもしれません。友だちと関わることで育っていくことがたくさんあります。

⑥感覚の過敏さを理解する

感覚的に敏感なため、どうしても耐えられない音や感触などがあることを知っておいてください。無理強いせず、その場から離れることができるようにしてあげましょう（71ページのコラム③を参照）。

⑦落ち着ける場所を用意する

上記のこととも関連しますが、その子が1人になって落ち着ける場所を用

意しておくことが重要です。大勢の子どもたちが生活する騒がしい場所は、それだけでストレスとなることがあります。保育室のなかの少しのスペースで構いませんので、1人になれる場所があるとよいでしょう。

⑧しっかりと観察し、記録を残す

日ごろから子どもの様子をしっかりと観察し、記録に残しておいてください。子どもの体調や興味・関心、好き嫌い、友だちとのやり取り、パニックを起こしてしまった状況などです。記録を取る際は、前後の文脈も把握してください。そうすることで、子どもの言葉や行動にあらわれないことを理解することができます。

⑨保護者との情報交換を密にしておく

子どものことは保護者の方がよく知っています。昨日の家での様子が今日の行動と関係していることもあります。保護者から教えてもらう気持ちで、保護者とのコミュニケーションを大切にしてほしいと思います。

4. 自閉症の歴史

自閉スペクトラム症という言葉は、DSM-5から用いられるようになりました。これまでは自閉性障害、アスペルガー障害、小児期崩壊性障害、レット障害、特定不能の広汎性発達障害の総称として「広汎性発達障害」と呼ばれていましたが、研究が進み概念が整理されたのです。スペクトラムという言葉は「連続性」を意味します。程度やあらわれ方に違いはあっても、同じ特徴をもつ障害という意味です。示される状態像はとても幅広くなりました。

自閉スペクトラム症のそもそもは、1943年にカナー（Kanner,L.）という児童精神科医が発見し、「早期小児自閉症」と名づけて報告したのが始まりです。愛情のない育て方をされたため、心を閉ざしてしまい、人との関わりに問題をもつ情緒障害であるとされていました。しかし、研究が進むにつれ、育て方の問題ではなく、脳の認知機能に何らかの問題があることが明らかになりました。原因はまだよくわかっていません。

ふりかえりメモ：

5. 検査について

　認知機能や知的水準を明らかにする一般的な検査法として、ウェクスラー式知能検査（WISC、WPPSI等）、K-ABC-Ⅱ、DN-CASなどがあります。そのほかにも、それぞれの障害に特化したスクリーニングテストがあります。さまざまなテストを組み合わせて検査を行うことで、一人一人の困難さを明確にし、支援の方法を探っていくことが大切です。検査だけでなく、日ごろの子どもたちの様子を観察し記録しておくことも重要です。

レッツトライ ＊＊＊＊＊＊＊＊＊＊＊＊＊＊＊＊＊＊＊＊ **演習課題**

Q 冒頭に紹介したソウタくんの支援について考えてみましょう。

ホップ
　保育場面における自閉スペクトラム症の困難さを、箇条書きで書き出してみましょう。ソウタくんにとっての困難さと、保育者にとっての課題の両面から考えてみてください。

....

....

....

ステップ
　どのように支援したらよいのかを話し合ってみましょう。

....

....

....

ジャンプ
　話し合った内容を文章にまとめてみましょう。

....

....

....

現場からの声③

外からは見えない「感覚」に目を向けてみよう

名古屋柳城短期大学・荻原はるみ

　自閉スペクトラム症のアラタくんは、幼稚園に入園して初めての制作活動の時間に教室から出ていってしまいました。画用紙に糊づけする活動がいやだったようです。アラタくんは触覚刺激に対する過敏さをもっており、手に何かがつくことをとても嫌がります。そこで担任の先生は直接指に糊をつけなくてもよい方法を考えました。スティック糊、または絵の具の筆を使って糊づけする方法を提案したところ、アラタくんも制作活動に参加することができるようになりました。

　また、アラタくんは自宅ではご飯を食べているのに幼稚園では一口も食べません。場所が変わると食べられないのかと思い、食べる場所をいろいろ工夫しましたが改善しません。ある冬の日、お弁当をヒーターの近くに置いて温かくしておいたところ完食することができました。アラタくんは感覚の過敏性から冷たいご飯を受けつけないことがわかりました。自宅では炊き上げ後30分以内のご飯を食べているとのことでした。

　自閉スペクトラム症の子どもたちの多くは感覚刺激に対する過敏さまたは鈍感さを抱えています。当事者にとっては耐え難い感覚であり、その場から逃げだしたりパニックになったりすることがあります。しかし、感覚は外からは見えないため周囲の者は気づいてあげられません。原因がわからないパニックなどの背景にはこの感覚の問題が隠れていることがありますので、そんな時は感覚の過敏性に目を向け対応を工夫してみてください。苦手なことを無理にやらせるのではなく、特性を理解し環境を調整していくことが大切です。アラタくんは、安心できる先生と一緒に糊づけに挑戦していくなかで、指に糊がつくことにも慣れてきました。お弁当も友だちと一緒に楽しい雰囲気でいただいているうちに、卒園するまでには温めなくても食べられるようになりました。このように、感覚の問題も安心できる環境のなかで少しずつ緩和していきます。楽しい雰囲気のなかでやれることを増やしてく支援を工夫していってみてください。

第2節　発達障害②　「ADHD」「LD」

1. 注意欠陥多動性障害（ADHD）の特性と支援のポイント

次のような特性のある子どもと出会ったことはありませんか？

・外を眺めていたり、別のことに夢中になっていたりして、保育者に声を掛けられ、慌てて応じる子。

・いつもどこか動いていて、話を聞いていないように見える子。

・興味を持ったものにまっしぐらに駆け寄り、次々にいろんな場所に顔を出しては去っていく子。

・本の読み聞かせの最中や保育者の話を聞いている時に、思いついたことを次々と尋ねたり、順番を待たずに話し始めたりする子。

これらの子どもたちが友達とのトラブルが多くなったり、ルールを守れなかったりすることが続くと、保育者は個別に声をかける回数が増え、心配が膨らみます。

子どもたちが、自尊感情を損なって「どうせ私なんか」とふさぎ込んだり、ことあるごとに相手を責めて乱暴したりしないために、彼らの生活のしにくさを減らし、孤立を防ぐ配慮が必要です。個への配慮とともに周囲の友達への配慮や園全体での協力も欠かせません。専門家等の意見も参考にしながら、本人と保護者を応援する体制づくりが求められます。

（1）ADHD の定義

文部科学省が示した 2003（平成 15）年 3 月の「今後の特別支援教育の在り方について（最終報告）参考資料」より抜粋した定義を以下に示します。

注意欠陥多動性障害（ADHD）の定義
Attention-Deficit/Hyperactivity Disorder

ADHD とは、年齢あるいは発達に不釣り合いな注意力、及び／又は衝動性、多動性を特徴とする行動の障害で、社会的な活動や学業の機能に支障をきたすものである。

また、7 歳以前に現れ、その状態が継続し、中枢神経系に何らかの要因による機能不全があると推定される。

（2）特性

注意が散漫だったり、必要な部分に注意を向けられなかったりすることは誰でも経験します。また、言葉より先に手が出る子も見かけます。しかし、

多くは、年齢や発達に応じて、場面に即した言動ができるようになります。

　ADHD児は、その年齢での生活に支障が出るほど、必要な部分に集中できなかったり、順序を考えて行動できなかったり、衝動的な行動をとってしまったりすることが続きます。ADHDは脳の機能障害であり、DSM-5やICD-10により医師が診断します。しつけの問題ではありません。ただし、虐待等によって脳の機能障害が生じた場合に類似の症状が見られることがあります。また、自閉スペクトラム症が合併していたり、チックや不器用などの運動症状が見られたりすることもあります。

　小学校に入学する頃から、医学的な治療として補助的に薬[*2]が処方されることがあります。また、カウンセリングを受けながら認知行動療法的な介入を受ける場合もあります。

エピソード (2)　活発で人気者だけど怒ると怖いサツキちゃん（5歳）

　サツキちゃんはとても活発です。興味のある物にすぐに触ってしまいます。デパートで迷子になったこともあります。そして、お家でも園でも片付けが苦手です。遊んだ後はおもちゃが散らかっています。何でも一つの箱に投げ入れて片付けます。積み木や砂場で遊んでいると友達とおもちゃの取り合いが始まります。つい手が出てしまいます。おもちゃや砂を投げつけることもあります。でも、友達からは人気があります。おもしろい遊び方を発見する才能が認められているようです。

（3）支援のポイント

　支援のポイントは自尊感情の低下によって引き起こされる二次障害[*3]を防ぐことです。そのためには得意なことを認めて伸ばす視点が大切です。また、自尊感情の低下につながる疎外感や孤立感を抱き続けないように、情報を適切に把握できないことから生じる誤解を減らす工夫や、活動についていけず友達とうまく遊べない孤立感を弱める工夫が必要になります。

　保育所・幼稚園及び学校等では、①必要な部分への集中を助ける工夫、②見通しを持たせる工夫と進行状況を確認できる工夫、③自分の行動をコントロールする力を養う工夫が考えられます。

①必要な部分への集中を助ける工夫

　短い言葉かけを工夫し、文節を意識してはっきり明確な発音で話します。

*2
中枢神経刺激剤や非中枢神経刺激剤、漢方薬があります。脳内の神経伝達機能を改善し、注意力の散漫や衝動的で落ち着かないなどの症状が改善することを目的として処方される薬に「コンサータ」「ストラテラ」「インチュニブ」（日経メディカル処方薬辞典）等があります。

*3
子どもが抱えている困難さが理解されず、周囲から否定的な評価や叱責が続くと、情緒の不安定や反抗的な態度など不適応な状態になる場合があります。このように、環境や経験によって後天的に生じる問題を二次障害といいます。

座席は聞き取りやすく集中しやすい位置にします。必要に応じて、刺激を制限する工夫（つい立の活用、壁面装飾や掲示物の後方への移動等）も考えます。それにより指示内容や要点を示した絵や文字が、他の視覚刺激・情報に惑わされにくくなり、集中力の維持を助けることになります。

②見通しを持たせる工夫と進行状況を確認できる工夫

活動の手順及びグループ分けや使用する道具と扱い方等を写真やイラスト、文字で示しておくことが、次に何をどうするかわからなくなったときの混乱や不安を減らすことにつながります（52、67ページを参照）。

③自分の行動をコントロールする力を養う工夫

本人が直したいところ（生活習慣や感情のコントロール等）に気づいて自ら改善しようとする気持ちを持つことが大切です。「仲良くしたい」「嫌な気持になることを減らしたい」という本人の気持ちを受け止め、応援団として支える姿勢を持って、十分に子どもの話を聞くことが、困り感の把握と対処の必要性への気づきを引き出します。そのうえで、具体的な対策を一緒に考えます。手洗いや歯磨きのチェック表、忘れ物のチェック表、イライラしたときに落ち着く方法を具体化した表などを作り、活用することも有効でしょう。

「約束を守る（守れない約束はしない）」ことは支援の軸となる態度です。この態度を徹底することは、注意される（叱られる）ことが多くなりがちなADHD児と信頼関係を作り、それを維持するために特に必要です。約束の範囲で好きな活動に没頭できる環境を整え、ADHD児自身と周囲の子どもの努力にお互いが気づき認め合えるように仲立ちします。しかしそれでもトラブルが起きることもあるでしょう。その時は「許し・許される経験」を積み重ねます。

周囲の子どもと保育者や教師、そして保護者にとっても、「互いに認め合えた経験」、「許し・許される経験」は、「寛容さ」の大切さに気付く貴重な経験となります。「寛容さ」は共生社会の実現には欠かせないものです。

2. 学習障害（LD）の特性と支援のポイント

LD児は外見的には特に問題は感じられないのに、読み書きや計算等に著しい困難さがあります。「外からわかりにくい」ために、学力不振が本人の努力不足が原因だと誤解されて、LD児はますますつらい状況に追い込まれることになります。どれだけがんばっても努力が報われない状態が続くので、LD児の自尊感情は大きく低下する傾向があります。

　LD児の困難さは、学習活動と結びつくために学齢期に顕著に表れますが、就学前の時期でもその予兆を察知できます。保育者は日常的な関わりを通して、LD児の早期発見・早期対応が求められます。医師や心理師、特別支援教育関係者などの専門家と連携して認知特性を把握し、理解の程度とやる気に合わせて、本人にわかるような伝え方を工夫する必要があります。

 エピソード (3)　苦手なことにもまじめに取り組むハルくん（小学2年生）

　ハルくんは、友達との外遊び（野球や鬼ごっこなど）が大好きです。机の周りには物が落ちていることが多く、友達が拾ってくれて助かっています。静かに前を向いて授業に参加していますが、国語と算数は難しいと感じています。音読は一文字ずつ読み進めます。九九がなかなか覚えられません。作文や筆算では、文字や数字が枠からはみ出てしまいます。図工でハサミを使うといつも線を外れて困ります。宿題は母親と一緒に毎日がんばってしているのに、なかなか理解できません。学校での様子を母親に伝えると、「そういえば、小さいときから不器用でした。よくけがをしました。医師に相談した方がよいでしょうか」と話されました。

（1）定義

　文部科学省が示した1999（平成11年）の「学習障害児に対する指導について（報告）」より抜粋した定義を下記に示します。

学習障害（LD）の定義
Learning Disabilities

　学習障害とは、基本的には全般的な知的発達に遅れはないが、聞く、話す、読む、書く、計算する又は推論する能力のうち特定のものの習得と使用に著しい困難を示す様々な状態を指すものである。

　学習障害は、その原因として、中枢神経系に何らかの機能障害があると推定されるが、視覚障害、聴覚障害、知的障害、情緒障害などの障害や、環境的な要因が直接の原因となるものではない。

（2）特性

　私たちは、視覚・聴覚・嗅覚・味覚・触覚・温度覚・平衡覚といった感覚情報を分析・統合し、蓄えた知識と照合して、「○○だ」と認知します。LD

児の困難の背景には、入力された感覚を分析したり、つなぎ合わせたりする際の不具合や、短時間覚えておいたり、情報を整理して収納したり、必要な情報を引き出したりする際の不具合があると考えられます。不具合の種類と程度は一人一人異なることから、感覚入力と分析・統合・出力（運動：粗大運動、微細運動、物の操作、読む、書くなど）のどの部分に、不具合から生じる困難があるのかを確かめながら、一人一人の認知特性に応じた支援を工夫することが求められます。また、ADHD や自閉スペクトラム症、てんかんやアレルギー、チックなどが併存している場合もあります。

　LD 児には、字が重なって見えたり、鏡文字に見えたりしていることがあります。また、聞きながらメモをとる、書き順を確認しながら書き写す、音読するなど、2 つ以上の感覚をあわせて使うことが難しい傾向があります。運動が苦手で不器用な子もいます。保育所・幼稚園等では、ぎこちない身のこなしが目立ったり、物や人にぶつかったり転んだりして、怪我をしやすいこともあるでしょう。粗暴さや言葉遣いの悪さが目立つ場合もあります。一人遊びが多く、話し手よりは聞き手でいる姿を見かけます。それでも、本人に困った様子は見られず、保護者と保育者・教師は、子どもの言葉の発達や興味の持ち方、動作や体の動きに漠然とした疑問や不安を抱きつつ見守っている場合も少なくありません。

エピソード (4)　がんばるマオちゃん（5歳児）

　マオちゃんは折り紙が苦手です。ハサミは 1 回ずつ広げなければならないし、のり付けすると紙とのりが手にべたべた貼り付きます。紙芝居は、前で絵をよく見せながら、ゆっくりはっきり読み聞かせないと内容が分からなくなってしまうようです。仲良しのリオちゃんといつも一緒にいます。二人でままごとをしているときが一番楽しそうです。

☞ **注目コラム** 「あの人も発達障害？！」（応援団になろう）

スティーブ・ジョブズ（アップル社の共同設立者）、トム・クルーズ（俳優）、マイケル・フェルプス（水泳選手）など、発達障害であることを公表している有名人はたくさんいます。道を極めて活躍する彼らの姿には励まされます。きっとある時は孤独に努力し、またある時は仲間に励まされて達成した偉業でしょう。彼らのそのような過程を想像すると、今この時、私たちのすぐ近くで、困り感を抱えながらも自分の可能性を広げようと苦戦している子どもたちがいること、そして、そんな子どもたちを応援する保育士や教師の役割を考えさせられます。

あのアインシュタインも

（3）支援のポイント

努力しているのに「わからない」「できない」といった苦手なことがあるLD児への支援にあたっては、「できるように工夫して不安を解消し、できることを伸ばす」という方針が柱になります。そのために、苦手な課題を少なくし、適切な量と内容で達成感を味わわせることを繰り返します。苦手なことに対しては、本人の認知特性に応じた具体的な工夫を施し、成果を確認し合うことで自信をもたせていきます。

全員に静かに話に耳を傾けさせることは、LD児にも聞き取りやすい環境を作ることになります。「文節を意識して区切って話す」「重要な語句や言葉を強調する」などの話し方の工夫が大切です。特に重要な指示は、名前を呼ぶなどして注意を喚起してから話し始めるようにします。絵や文字を書いて示すなどの工夫で複雑な内容も理解しやすくなります。LD児にわかりやすいように工夫された話は、誰にとってもわかりやすい話になり、静かに集中して聞こうとする態度を培うことにもつながります。

読み書きの際には、読みやすくなるように1行ずつ線を引いてあげたり、大きめのマス目を活用して文字や数字を書きやすくしたりします。「もちやすく書きやすい筆記用具」「姿勢を保ちやすい椅子や敷物」「操作しやすい道具」などを探したり作ったりする視点でも支援方法を考えます。読む行を明確にするための枠を用意したり、読み上げソフトを補助的に使ったりすることもあります。

ふりかえりメモ：

　メモを活用させるなどの工夫を行っても忘れ物が多い場合、持ち物等の確認の声がけを友達に頼んだり、活動場所に予備を用意したりすることもあります。互いに助け合う雰囲気が培われると、誰にとっても生活しやすいクラスになるでしょう。「ありがとう」「お互いさま」と言い合える関係作りのきっかけになる特別な支援でありたいと思います。

 ・・・・・・・・・・・・・・・・・・・・・・・・ 演習課題

Q サツキちゃんのエピソードをもとに、ADHD のある子どもについて考えてみましょう。

ホップ　　保育場面のどのような時に、どのような言動が生じることが予想されるでしょうか。まずは自分の考えを箇条書きで書き出してみましょう。

....

....

....

ステップ　　予想される言動の背景と、本人および周囲の子どもや保育者の受け止め方を、それぞれの視点から考え、話し合ってみましょう。

....

....

....

ジャンプ　　サツキちゃんのような子どもには、どのような環境構成や支援が考えられるかを話し合い、文章にまとめてみましょう。

....

....

....

コラム　現場からの声④

「こだわり」をやめさせることにこだわらない
－やらされる発表会から子どもが主体の発表会へ－

育英短期大学・栗山宣夫

　ユウくんは劇の発表会が大の苦手です。体をよじらせて嫌がるユウくんを先生が抱きかかえながら舞台に上がり、セリフを言わせようとして数秒待っても、ユウくんは言いません。そこで代わりに先生がセリフを言うことで、何とか「ユウくんも舞台発表に参加した」という形をつくっていました。

　苦手なことに挑戦する際の援助のポイントは、「挑戦することはできるだけ絞る」ということです。つまり「挑戦すること」以外はできるだけ、安心感がもてることで固めておくということ。ユウくんにとっては「いつもと違う雰囲気の体育館にいて、しかも舞台の上で大勢の人の視線を浴びる」ということだけでも大きな挑戦です。そのうえ、「いつもとまったく違う服を着る」「意味がよくわからないセリフを言う」など、挑戦することは盛りだくさんです。

　ユウくんはいつも緑の服ばかり着ています。服への "こだわり" です。また、不安になってくるとピョンピョンと飛び跳ねたくなります。そこで台本を工夫して、元気なカエルくんの役をつくりました。緑の落ち着く服で大好きな会話をして、それでもちょっと不安になってきたら飛び跳ねてもいい――。そんな状況で舞台に挑戦したところ、見事に落ち着いて取り組むことができました。

　不安に挑戦する時、1つずつ挑戦する時、こだわりは「やめさせるべきやっかいなこと」ではなく「安心するための大きな支え」になり得ることがあります。

第3節　知的障害

1. 知的障害とは

（1）知的障害の定義

 エピソード (5)　知的発達障害と診断されたハルトくん（5歳）

> 　ハルトくんは、出生時に大きなトラブルはありませんでしたが、1歳6か月の乳幼児健診で言葉の遅れがあることがわかりました。3歳で保育所に入所しました。言葉の遅れが顕著であり、5歳4か月で医師から「知的発達障害」の診断を受けました。5歳4か月時の新版K式発達検査の結果はDQ64（発達年齢：3歳5か月）でした。

　知的発達障害やDQなど、見慣れない言葉が出てきました。知的障害とは、いったいどういうことをさすのかを学んでいきましょう。

　知的障害についてはこれまで「精神薄弱」という言葉が用いられてきました。「精神薄弱」は差別や偏見につながることから、現在では「知的障害」が使われるようになっています。また、医学や心理学などの分野では「精神発達遅滞」や「知的能力障害」などという用語が用いられています。これらの用語はこれからもあわせて用いられます。

　知的障害の定義は、国によってもさまざまです。知的障害の定義として広く用いられているものに、世界保健機構（WHO）、アメリカ精神医学会（APA）、アメリカ知的発達・障害協会（AAIDD）の定義があります[*4]。

＊4
65ページも参照。

　それらには、おおよそ以下の3項目が含まれています[1]。

> ①明らかに平均以下の知的機能である（個別の知能検査の測定結果による）
> ②社会適応行動に制約があり、支援を要する
> ③発達期（18歳以前）から上記の状態である

　①の「知的機能」は、知能検査を個別に実施することにより、判断されます。②の「社会適応行動に制約」とは、障害により社会に適応できず、支援や配慮がないと生活に支障があることをさします。

　ちなみに、わが国の知的障害者福祉法は人権に配慮して知的障害を明確に定義していません。厚生労働省「平成17年度知的障害児（者）基礎調査」では、「知的機能の障害が発達期（おおむね18歳まで）にあらわれ、日常生活に支

障が生じているため、何らかの特別な援助を必要とする状態にあるもの」と
定義しています。

（2）DSM- 5による知的障害の定義と診断基準

　　自閉スペクトラム症と同様に、医療・保健・福祉の多くの専門家は、アメ
リカ精神医学会（APA）のDSM-5[*5]を知的障害の診断や伝える手助けに用
いています。DSM-5では、知的障害を「知的能力障害（知的発達症／知的
発達障害」としています[2)]。「知的能力障害」とは、知能の問題だけでは知
的障害としません。日常生活や社会生活における適応機能の状況により判断
することが必要です。保育の場においてとらえ直してみると、「保育活動に
参加するうえで支障があり、特別な配慮や個別的な保育が必要となる状態」
が知的障害といえます。

＊5
「精神疾患の診断・
統計マニュアル
第 5 版 」（DSM-5：
the Fifth Edition of
the Diagnostic and
Statistical Manual of
Mental disorders）。65
ページを参照。

①診断基準

　　知的障害の診断基準は、表４－１の基準A、B、Cをすべて満たす場合に
診断されます。なお、小児期早期（5歳未満）には評価が難しいので、「全
般的発達遅延」として、一定の期間をおいて再度評価するようにしています。

表４－１　DSM-5 による知能障害の診断基準

基準Ａ	標準化された知能検査によって確かめられる「論理的思考」「問題解決」「計画」「抽象的思考」「判断」「学校での学習」「経験からの学習」などの知的機能が欠如していること。
基準Ｂ	適応機能の欠如により、学校、職場、家庭、地域社会のなかの一つ以上の生活状況において、適切な行動をとるために継続的な支援を必要とすること。
基準Ｃ	知的及び適応の欠如が、幼少期から青年期にかけて発症していること。

出典：日本精神神経学会監修、高橋三郎・大野裕監訳、染矢俊幸・神庭重信・尾崎紀夫・三村將・村井俊
　　　哉訳『DSM-5 精神疾患の診断・統計マニュアル』医学書院　2014 年をもとに筆者作成

②重症度

　　知的能力障害の重症度は、これまでは知能検査によるIＱ（知能指数）に
より判断されてきました。しかし、知能検査だけでは把握できない「生活上
の困難さ」を総合的に把握して、判断することが重要視されています。そこ
で、重症度について、次の3つの領域（表４－2）の適応状況により、「軽度」
「中等度」「重度」「最重度」の四段階に分類しています。

表4－2　DSM-5による適応状況の基準

概念的領域	読み、書き、計算、記憶、実用的な知識、新しい場面状況での課題の解決等。
社会的領域	対人的コミュニケーション技能、言語理解、言語表出、他者との共有。
実用的領域	買い物、食事、金銭管理、健康管理、移動、子育て等。

出典：表4－1と同じ

（3）知的障害児に実施される発達検査・知能検査

　子どもの発達を把握するために、発達検査や知能検査が用いられることがあります（表4－3）。

表4－3　主な発達検査と知能検査

	発達検査	知能検査
概要	・乳幼児期に用いられ、子ども一人一人の全体的な発達の様子をとらえることができます。 ・運動、適応行動、言語などの領域に分け、年齢ごとに通過率が50〜90%となる検査項目があります。	・1905年にフランスのビネーとシモンが「知能測定尺度（ビネー‐シモン法）」を作成したのが始まりです。 ・就学前には、ウエクスラーが開発した知能検査WISC-Ⅳがよく用いられます。
主な検査（一例）	・「新版K式発達検査2001」 　（0歳から実施可能） 　姿勢－運動、認知－適応、言語－社会領域と全領域の発達年齢、発達指数を求めることができます。 ・「遠城寺式発達検査」 　（0歳から実施可能）	・「WISC-Ⅳ知能検査」 　（5歳0か月から実施可能） 　10の基本検査から全検査IQ（FSIQ）と言語理解、知覚推理、ワーキングメモリー、処理速度の4つの指標得点が求められます。 ・「K-ABC-Ⅱ」 　（2歳6か月から実施可能） ・「田中ビネー知能検査Ⅴ」 　（2歳0か月から実施可能）

出典：筆者作成

☞深めるワンポイント　**IQとは？　DQとは？**

Intelligence Quotient
Developmental Quotient

　IQ（知能指数）は知能テストによって得られた精神年齢を生活年齢で割って100をかけて算出します。発達検査によるDQ（発達指数）も同様に算出します。以下のような式になります。

$$IQ（知能指数）=\frac{精神年齢}{生活年齢}\times 100 \qquad DQ（発達指数）=\frac{発達年齢}{生活年齢}\times 100$$

例）生活年齢が5歳2か月(62か月)で精神年齢が3歳6か月(42か月)の子どもの知能指数

$$IQ（知能指数）=\frac{42か月}{62か月}\times 100 \quad →IQは68となります。$$

　また、日常生活の適応機能の状態を把握する尺度として「日本版 Vineland-Ⅱ適応行動尺度」[*6]があります。

　これらの検査の実施にあたっては、保護者の承諾が必要です。また、検査を受ける本人にとっても不利益にならないような配慮が必要となります。検査結果をどのように生かしていくのかを心理職などの専門家と相談し、検査結果と日常の保育の様子を照らし合わせながら、十分な説明を受けてください。検査結果と日々の保育の様子を踏まえて、効果的な保育内容を検討していくことが保育者の重要な役割となります。

2. 保育の場で出会う知的障害のある乳幼児

　保育の場では、さまざまな知的障害の子どもたちに出会います。ここでは、「ダウン症候群」（以下、ダウン症）をはじめとする知的障害をともなう先天異常について、その特徴と配慮すべき点を解説します。

　知的障害をともなう先天異常の子どもたちは、乳児期に医療機関で発見されます。したがって、保護者の同意を得たうえで、関係機関から情報を収集し、その子どもに適切な保育環境を構成していくことが必要になります。また、保護者の障害に対する受容や子どもの養育に対する意向についても、理解と配慮が必要となります。

（1）ダウン症とは

　染色体異常[*7]のうち、もっとも多いのがダウン症[*8]です（出生約 1,000 人に 1 人）。出生前の母親の血液から、ダウン症の診断が可能です（35 ページを参照）。人間の 23 組 46 本の染色体のうち、受精の際に突然変異で 21 番目の染色体の過剰（21 トリソミーといいます）により、特徴的な顔貌、知的障害、内臓の奇形などが生じます。心臓の疾患がもっとも高い合併症です。また、消化器系の疾患、眼科・耳鼻科的異常などが合併しており医療による治療が必要な場合があります。

　運動発達は、ゆっくりで筋緊張が低く、歩行の獲得までに時間がかかります。頸椎の脱臼がある場合もありますので、マットでの前転運動などには注意が必要です。また手先の不器用さ、言語の不明瞭さが見られることから、早期に療育が必要なことがあります。

　このようにダウン症にはさまざまな特徴が見られますが、一方で、表情が豊かで人との関わりを好んだり、目で見て他者を模倣したりすることが比較的得意です。また、音楽が好きでリズムにあわせて体を動かすことが得意な子どももいます。いずれにしても、保育を行う際には、合併症の有無に加え、

［欄外注］

＊6
「個別の支援計画」や「個別の指導計画」を作成する際に有効です。保護者からの聞き取りや本人との面接を行い、知的障害や発達障害等の適応行動を評価して支援内容を明確にすることができます。

＊7
染色体とは、細胞のなかにあり遺伝情報が書き込まれている DNA が束になったもの。染色体の数や構造の異常が、正常な発達をさまたげることを染色体異常といいます。

＊8
1866 年にイギリスのダウン医師が最初に報告したのが名前の由来です。

本人の特技や長所なども保護者から聞き取り、正確な情報交換が必要です。

（2）その他の知的障害をともなう先天異常

　「プラダーウィリー症候群」は、新生児期から乳児期の筋緊張の低下、肥満、低身長、性器の形成や性腺機能に異常が生じます。小さな手足や特徴的な顔貌、異常な食行動や過剰なこだわり、気持ちのコントロールが困難等の障害が見られます。そのほかにも、妖精のような特徴的な顔貌の「ウィリアムズ症候群」、重度の知的障害とてんかんが生じる「アンジェルマン症候群」など、さまざまな知的障害のある子どもたちが保育所で生活をしています。

３. 知的障害の特性と支援のポイント

（1）知的障害の心理的な特徴

　知的障害をもつ人の心理的な特徴として、次の４つの困難さを抱えていることがあげられます。

> ①物事の理解や判断、思考力・課題解決力、抽象的な事物の理解における困難さ。
> ②言語や身振りによる表現、理解する力、文章を読んで理解する力、文章を書く力といったコミュニケーション全般の困難さ。
> ③対人関係の困難さ。
> ④運動や感覚面における困難さ。

　自閉スペクトラム症に比べると対人関係は良好ですが、コミュニケーションの困難さから適切な関わりがうまくもてなかったり、ボディイメージの弱さや動きのぎこちなさがあったりすることもあります。また、痛み、暑さ・寒さ、見え方、聞こえ方などの感覚・知覚での困難さを抱えることがしばしばあります。

（2）知的障害の行動の特性と子どもの理解

　日常経験や学習経験が積み重ならず、生活の場で自身をうまく発揮できないことがあります。その結果、周囲から見ると不適切と思われる形でコミュニケーションを図ろうとしたり、主体的に活動に参加することが困難であったりします。

　保育所保育指針解説では、「個別の指導計画」において、「特別な配慮を必要とする子どもの個別の指導計画を作成する際には、日常の様子を踏まえて、

その子どもにとって課題となっていることが生じやすい場面や状況、その理由などを適切に分析する。その上で、場面に適した行動等の具体的な目標を、その子どもの特性や能力に応じて1週間から2週間程度を目安に少しずつ達成していけるよう細やかに設定し、そのための援助の内容を計画に盛り込む」[3]と記述されています。

　上記のように、知的障害のある子どもが示す気になる行動を、場面や状況を客観的に理解することで、子どもの力を生かした適切な行動を「育む」ための配慮や工夫がしやすくなります[4]。その方法論として行動理論が用いられています。行動理論から発展した応用行動分析学による「機能分析」にもとづく支援は、さまざまな生活上の困難さをもつ障害児の発達を助長するとしています。機能分析は、「ABC分析」ともいいます（ABCは「Antecedent：先行条件」―「Behavior：行動」―「Consequence：結果」の頭文字）。その行動が起こる条件や結果的に行動が周りに及ぼす影響やそこから生じる結果を分析します。

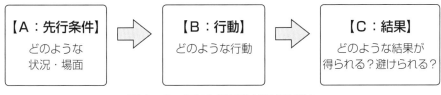

☞深めるワンポイント　**行動理論？　ABC分析？　応用行動分析学？**

　　行動理論は、学習理論とも呼ばれ、「行動はすべて学習の結果である」ととらえます。応用行動分析学とは、行動理論をさらに発展させ、教育、福祉、医療等のさまざまな分野に応用した学問です。人の行動の原理について説明し、行動の改善の原因を明らかにするために役立ちます。

（3）気になる行動の意味から支援の方法を考える

　知的障害のある子どもの行動から支援の方法を検討してみましょう。まずは、気になる行動が起きる理由を整理します（図4－1）。「どのような状況

【A：先行条件】		【B：行動】		【C：結果】
どのような 状況・場面	⇒	どのような行動	⇒	どのような結果が 得られる？避けられる？

図4－1　気になる行動が起きる理由

出典：藤原義博監修、平澤紀子・山根正夫・北九州市保育士会編『保育士のための気になる行動から読み解く子ども支援ガイド』学苑社　2005年　p.24を一部改変

ふりかえりメモ：
....

や場面」において、子どもは「どのような行動」を起こし、それに対して「どのような結果」が得られる、あるいは避けられているのかを考えます。

　行動を観察してみると、気になる行動の意味はたとえば表4-4のように整理することができます。

表4-4　気になる行動の意味

	気になる行動の具体例	気になる行動の働き	気になる行動にあてはまる言葉
注目の獲得	「奇声を発する」など	注目やかかわりが少ない状況で、その行動を起こすと、周囲の人の注目やかかわりを得る。	・「みてみて」 ・「先生」
嫌悪事態からの逃避	「保育室から出て行く」など	嫌なことがある状況で、その行動を起こすと、嫌な状況が無くなったり、避けられたりする。	・「いや」 ・「しない」 ・「わかりません」
物や活動の獲得	「物を投げる」など	欲しい物が手に入らなかったり、したいことができなかったりする状況でその行動を起こすと、欲しい物が得られる。	・「ほしい」 ・「やりたい」
感覚刺激の獲得	「砂をなめる」など	その行動をすることで感覚や刺激を楽しむ。	・「気持ちがいい」

出典：藤原義博監修、平澤紀子・山根正夫・北九州市保育士会編『保育士のための気になる行動から読み解く子ども支援ガイド』学苑社　2005年　p.27 を一部改変

　次に、気になる行動によって伝えようとしている意味を、適切な行動によって表現することができるように、その場に合ったふさわしい方法を考えます（図4-2）。

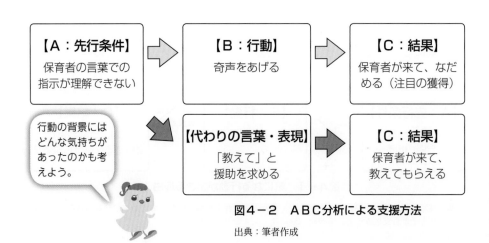

図4-2　ABC分析による支援方法

出典：筆者作成

　このような流れで、知的障害の子どもの行動を理解し、適切な保育を検討すれば、気になる行動は少なくなります。結果的に、子どもの適切な行動は促進され、以前よりも保育活動にスムーズに参加できたり、コミュニケーションの発達を促したりすることにつながります。

　発達がゆっくりである知的障害の子どもには、個々の発達段階に合わせた保育が必要です。発達障害療育医の東條惠氏は、乳幼児期の精神・情緒の発達について、①遊びの内容変化（遊びにどのような意味があるか）、②社会的相互作用（人への関心ややり取り、どのような関わりをもっているか）、③言葉の発達（言葉のまねや話し方、言葉をどのように理解しているか）の観点からの観察が必要であるとしています[5]。本書の25ページの図1-5は言葉・精神・情緒の発達を大まかにまとめて示したものです。個人差や経験によりその現れ方は異なりますが、子どもの発達段階についての指標を知ることによって保育目標を立案することに役立ちます。

　本節では応用行動分析学による子どもの障害特性に焦点を当てて、子どもの姿をとらえました。一方、保育では「遊び」の本質を生かした方法論を考慮すべきでしょう。したがって、障害特性の理解だけではなく、子どもの「遊び」や「学びの構え」[6]にも着目し、包括的な視点による子ども理解が求められます。

 レッツトライ 演習課題

Q 冒頭で紹介したハルトくんの以下のエピソードを通して、知的障害のある子どもの保育目標と具体的な保育実践の内容を考えてみましょう。保育目標と実践内容は、ABC分析を用いて立案をしてみましょう。

エピソード (6)　保育室を歩き回るハルトくん（5歳）

　ハルトくんは、クラスの友だちとの発達の差が顕著であったため、クラスにはハルトくんをサポートする保育者が配置されていました。最近では、保育活動中に急に落ち着きがなくなり、特に制作などの初めての活動で保育者の説明が長くなると席を立ち、部屋から出て行ってしまいます。それを見た加配の保育者は、必ず部屋の外に追いかけていき、ハルトくんを抱きかかえて連れ戻します。その後、ハルトくんは保育者に抱きつきながら活動には参加せずにその時間が終了してしまいます。保育者は担当者同士で今後の保育について相談し、今後の対応を協議しました。

 ハルトくんの行動について、ABC分析を行い、ハルトくんの行動にはどのような意味があるのかを考えてみましょう。

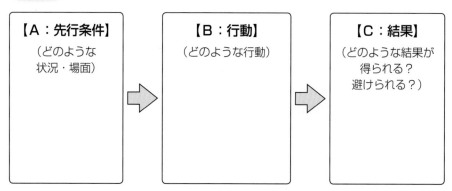

【A：先行条件】
（どのような
状況・場面）

【B：行動】
（どのような行動）

【C：結果】
（どのような結果が
得られる？
避けられる？）

 ハルトくんの今後の保育について、どのような対応が必要かを話し合ってみましょう。

....

....

....

図4-2を参考に、効果があると思う【B：行動】の代わりの行動を考え、そのうえで、保育目標と実践内容を具体的に書いてみましょう。

....

....

....

コラム　　現場からの声⑤

"伝わる" 糸口を探す

社会福祉法人太田松翠会 ひまわり学園・大野謙治

　大好きなスベリ台の上から、昼食の時間になっても降りてこないユウマくん。職員が顔を真っ赤にして「ごはんだよ」と呼んでも聞いているのかいないのかまったく降りてくる気配がありません。そこで職員は思います。「こんなに大声で伝えているのに」「何回呼んだらいいのよ」「いい加減にしなさいよ」。そういうことはよくあることです。

　では、子どもに伝わるにはどうしたらよいのでしょうか？　答えのヒントは、子どもの側に立つことで見えてきます。たとえば、大好きなスプーンを見ることで、昼食を意識できるかもしれません。メニューを絵カードにしたらわかるかもしれません。大好きなおかずを手前にもっていくことが、「昼食」を実感する手がかりになるかもしれません。「わかる」「実感する」ための手がかりとして、子どもの興味をひく実物、写真やカード、文字などがあると考えてみてはどうでしょうか。まだまだほかにもあるでしょう。

　何が子どもの興味を引くものなのか？　さらにそのなかのどのようなことに興味があるのか？　職員は子どもの一つ一つの声、目の動き、手や足の動きなどよく見て子どもの内面を探っていく必要があります。

　知的障害のある子どもの場合、興味の幅が狭かったり、興味をもてる時間が短かったりするケースがあります。ですが、もしその興味の糸口を見つけることができれば、「伝わる」「わかる」経験は、格段に増します。その糸口から入っていけばよいのですから。糸口を手がかりとして「伝わった」という経験は、子どもの側にも職員の側にもしっかりと残ります。

　子どもの変化や成長は、とても小さくゆっくりかもしれませんが、そのようにして「伝わった」経験による成長は着実なものです。生涯という観点からはそのような成長こそが重要なのではないでしょうか。子どもの成長に出会うことができればきっとヤミツキになります。私のように。

第4節　言語障害

1. 言語障害とは

（1）言語障害は「ことばの鎖」のほつれ

エピソード（7）　ケンジくんは恥ずかしがり屋？

　　2歳になったばかりのケンジくん。保育所ではニコニコと楽しそうに遊ぶのですが、保育者が話しかけてもあまり反応がありません。「アー」「ウー」などの発音はあるけれどもそれ以上の言葉がないようです。

　保育現場ではケンジくんのような子どもにときおり出会います。

　言葉の発達に遅れがあったり、または発音に何らかの異常があることなどで、人とのコミュニケーションがうまくいかず、社会生活に何らかの支障がでることを言語障害といいます。DSM-5では「言語症」という名称になっています。一言で言語障害といっても複雑で多岐にわたった要因から障害が生じています。

　デニシュとピンソン（Peter.B.Denes & Elliot.N.Pinson）は、言葉の発語から認知過程までを「ことばの鎖」として示しました（図4-3）。ここでは、話し相手の伝えたいことが、話し言葉として聞き手に理解されるまでの流れが図式化されて示されています。この一連の流れのどこかにさしさわりがあると言語障害が生じます。

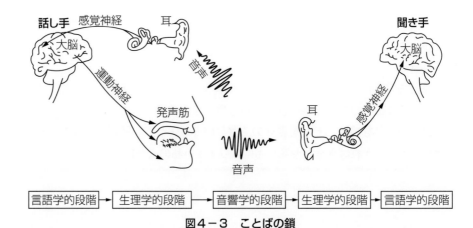

図4-3　ことばの鎖

出典：ピーター・B. デニシュ，エリオット・N. ピンソン著（切替一郎・藤村靖監訳、神山五郎・戸塚元吉共訳）
『話しことばの科学』東京大学出版会　p.4 を一部改変

☞深めるワンポイント **電話の誕生の秘密**

「ことばの鎖」を示したデニシュとピンソンはアメリカのベル研究所に勤めていました。電話の発明家として知られるグラハム・ベルがつくった研究所です。実は、ベルの母と妻は耳が不自由でした。そこでベルは聴覚の研究や聾者教育に取り組みます。電話の発明には、こうした背景があったのです。ちなみに、ヘレン・ケラーにサリヴァン先生を紹介したのもベルでした（133 ページを参照）。

（2）脳と発声・発音器官

　考えや思いなど表現したいことは脳のなかで生成されます。これは主に大脳が担っていますが、大脳のなかでも部位によって役割が異なります（図4－4）。大脳から発せられた信号は、運動神経に伝えられます。その信号にしたがって、呼吸器、口腔にある筋肉の動きがコントロールされます。肺から呼気として咽頭に送られる量や圧が調整されます。その後、咽頭では声帯が適度に閉じられ、呼気がここを通過する時に声帯が振動して音になります。この音に口腔の舌や口唇、咽頭、鼻腔などがかかわることによって声となるのです（図4－5）。

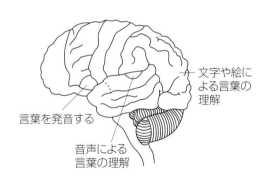

文字や絵による言葉の理解

言葉を発音する

音声による言葉の理解

図4－4　大脳の働き

出典：牧野泰美監修、阿部厚仁編『ふしぎだね!? 言語障害のおともだち』ミネルヴァ書房　2007 年　p.40 より筆者作成

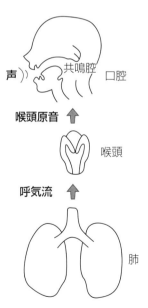

声)) 共鳴腔　口腔

喉頭原音 ⬆

喉頭

呼気流 ⬆

肺

図4－5　発声・発音器官

出典：国立特別支援教育総合研究所『特別支援教育の基礎・基本 ――人一人のニーズに応じた教育の推進―』ジアース教育新社　2009 年　p.222

（3）言語障害の特性

　言語障害は、外見にあらわれにくい、目に見えないものです。そのため周囲の人からは理解されにくく、誤解されやすいという特性があります。また、話を聞く人の態度や受け止め方によって言語障害の人の社会生活の困難さは変わってきます。つまり、言語障害はコミュニケーションの障害でもあるということができます。ここでは、言語障害のなかでも、「構音障害」「吃音」「言語発達の遅れ」を主に取り上げます。いずれも保育現場でみられる言語障害ですので、整理して理解できるようにしましょう。

①構音障害（発音がうまくいかない）

　構音障害とは、話し言葉を使うなかで「さかな」を「たかな」、「はなび」を「あなび」などと、一定の音を習慣的に誤って発音する状態をいいます。構音障害は、口唇や舌、歯などの発音器官の構造や機能に異常があって生じる「器質的構音障害」と、これらの器官に異常がみられない「機能的構音障害」があります。

②吃音（なめらかに話すことが難しい）

　吃音とは、話す時に詰まってしまったり、同じ音を繰り返してしまったりしてなめらかに話すことが難しい状態をいいます。「ぼ、ぼ、ぼ、ぼぼ、ぼくは……」というように、話す時の最初の音や文の始めの音を何回も繰り返し話す状態（連発性）や、「ぼぉ————くは・・・」などと長く引き伸ばして話すこと（伸発性）もあります。また、文の始めだけでなく途中でも生じることがあります（難発性）。声が出にくい状態や表情をゆがめたり、手足を必要以上に動かしたりするなど随伴性をともなうこともあります。

③言語発達の遅れ（言葉の理解や使い方に遅れがある）

　言葉の理解や使い方に遅れが生じる原因は、さまざまにあります。知的な遅れがあったり、発達のかたよりによるものなどです。ほかに問題がなくても言語面にだけ遅れが生じる場合もあります。

　保育場面では、言葉が少なくて話せる言葉がなかなか増えない、文法的にわかりにくい話し方をするなどがみられます。また行動面では、言葉でのやり取りができない、友だちと遊ぶことが難しい、保育者の話を聞いて行動できないことがあります。

　このほかにも言語障害には、聴覚障害による言語障害、運動まひによる言語障害、脳血管の損傷による失語症などさまざまな症状があります。

2. 言語障害に対する支援のポイント

　言語障害は先述したように、さまざまな症状がみられます。ここではそれぞれに共通する支援のポイントについて示します。

（1）言葉が育つ土台（鏡もちの原理）

　子どもの言葉の発達は目立ちますから、保育者や保護者などの大人にとって心配なことが多いでしょう。言葉に何らかの気になることがあったとしても、すぐに言葉を修正するのではなく、そのほかの要素を気にかける必要があります。言葉が育っていくには土台があります。ここでは「鏡もちの原理」（図4-6）を取り上げながら言葉の発達について考えます。

　「鏡もちの原理」とは、子どもの言葉の発達を鏡もちにたとえたものです。人は「体」という大きな土台があるからこそ、次に「心」という土台を重ねることができ、それがあって初めて「頭」を載せることができます。「頭」とは、考える、判断すること、言葉の発達やコミュニケーションの部分ととらえられます。子どもは、「体」→「心」→「頭（言葉）」という順序で育っていきます。

　しかし、大人は言葉の発達が気になると、「しっかりと話しなさい」などと「頭（言葉）」の方から働きかけがちです。土台ができていないのに大きなみかんを載せようとしてかえって不安定な状態になってしまいます。特に幼児期の子どもには遊びを通して体を育てるという方向性が大切です。

図4-6　鏡もちの原理

出典：山下直樹『「気になる子」のわらべうた』クレヨンハウス　2018年をもとに作成

（2）言い間違いを指摘せず、さりげなくフォローする

　うまく発音できない、緊張するなど言語障害のある子どもは正しく話そうと思ってもできなくて困っています。間違いを指摘したり、言い直させたりを繰り返していると、話すこと自体が嫌になってしまいます。コミュニケーションとは正しく話すことだけではなく、思いを伝え合うことができるかどうかが重要です。「伝えたい」「伝わった！」と思えるような支援が必要です。

　特に幼児期の子どもは模倣性が強いため、保育者の態度がほかの子どもたちに大きく影響します。もしも言語障害のある子どもの話していることがほ

かの子どもたちにうまく伝わらなかったとしても、保育者は発音の間違いや不明瞭さなどにとらわれてはいけません。そうではなく、言語障害のある子どもが何を伝えたいのかをくみ取って、ほかの子どもに伝えていく必要があります。発音を間違った場合も「そう、○○くんは昨日さかなを食べたんだね、おいしかったね」とさりげなく正しい発音を繰り返すようにします。

（3）ほかの子どもには、「練習中」であることを伝える

　言語障害のある子どもをほかの子どもが見て「どうして○○くんは、変な話し方するの？」と保育者に言うことがあります。時にはからかったり、馬鹿にした口調で言う場合もあるでしょう。そんな時は保育者が毅然とした態度で、「練習中」ということをほかの子どもに伝えることが必要です。幼児期の子どもに、言語障害の詳細を伝える必要はありませんが、「○○くんは今、上手にお話しできるように練習しているんだよ」と伝えます。だから笑ったりからかったりしてはいけないということを毅然とした態度で伝えることが大切です。

（4）自信がもてるように配慮する

　言語障害のある子どもは、1人でみんなの前で話すということが苦手であることが多いようです。その場合でも、みんなと一緒に、あるいは誰かと一緒であれば緊張が和らぎ、すらすらと話せることがあります。そこで、発表会の時なども、ほかの子どもたちや保育者と一緒に話すことでリラックスできるように配慮します。このように、「うまく話せた」「できた」という体験を繰り返すことが自信につながっていきます。

☞ 注目スペシャリスト　言葉の問題を助ける言語聴覚士

　言葉の訓練を行う専門家に「言語聴覚士（ST：Speech Therapist）」がいます。国家資格で、医療機関（主にはリハビリテーションセンター）や福祉施設、老人保健施設や特別養護老人ホームなどに勤めています。言語障害だけでなく、肢体不自由、聴覚障害、さらには嚥下障害（上手に食べ物をかめない、飲み込めない）などを支援します。このほかにも支援の専門家はたくさんいます。154ページの表5-1を見てみましょう。

 .... 演習課題

Q エピソードを読んで支援について考えてみましょう。

エピソード (8)　うまく発音できないリカちゃん（5歳）

　　リカちゃんには構音障害があり、「力行」「サ行」をうまく発音すること
ができません。知的な遅れはなく、言葉の理解も表現も問題がないのです
が、サ行とタ行だけがうまく言えません。リカちゃんの言葉の言い間違い
が目立ち、両親も気づいているのですが、「言葉のことは心配ない」として、
特に専門機関とはつながっていません。来年4月の就学に備えて担任保育
士（マユミ先生）はどのようにしていけばいいかと心配しています。
　　5月のある朝、リカちゃんとマユミ先生がほかの子どもたちを交えて園
庭でままごとをしていたところ、リカちゃんが「トーノ、トゥーショトゥ
ハ、タカナダヨ」と言いました。「今日の、給食は魚だよ」ということが
すぐには理解できず、みんなはポカンとしていました。マユミ先生もはじ
めはわからなかったのですがやがて理解し、「そうだね、今日の給食は魚
だね、おいしそうだね」と言いました。ところが、一緒に遊んでいた子ど
もが「リカちゃんの言葉、ヘンだね」と言い、ほかの子たちと一緒に笑っ
ています。リカちゃんを見ると、うつむいています。

ホップ
　　ほかの子どもたちがリカちゃんの発音を聞いて笑っている時、あなたが
担任だとしたらどのように関わるかを自分なりに考え、箇条書きで書き出
してみましょう。

ステップ
　　リカちゃんの就学に向けて、卒園前までにどのようなことができるか、
専門機関・小学校との連携、保護者との関わりそれぞれについて話し合って
みましょう。

ジャンプ
　　「専門機関・小学校との連携」と「保護者との関わり」について文章にま
とめてみましょう。

第5節　肢体不自由

1. 肢体不自由とは

 エピソード (9)　「リハビリに行きたくない」

> 　ユウトくん（5歳）は保育所が大好きです。ユウトくんは毎日保育所に行きたいのですが、生まれつき脚にまひがあり、リハビリで週1回保育所をお休みしています。リハビリでは脚のマッサージをして曲げ伸ばししやすくしたり、いすから立ち上がる練習をしたりしています。
> 　ある朝、ユウトくんが泣きながら登園してきました。リハビリに行きたくなくて、お母さんとけんかしたそうです。

＊9
整形外科医であった高木憲次はドイツで肢体不自由児施設を見学し、身体障害者の保護事業に感銘を受けました。帰国後、身体障害児の教育と自立を訴えて「肢体不自由」「療育」の用語を提唱し、肢体不自由児の療育の発展に貢献しました。246ページも参照。

　ユウトくんのように運動機能に障害がある状態を「肢体不自由」といいます。日本では1928（昭和3）年に高木憲次[＊9]が自ら動かすことができない状態を「肢体不自由」として提唱しました。身体障害者基本法で示されている肢体不自由は「上肢」「下肢」「体幹」の機能の障害と「脳原性」の運動機能障害です。「脳原性」とは「脳性まひ」をさします。

　肢体不自由の原因となる疾患を表4－5に示しました。本節では主な疾患として、脳性まひ、二分脊椎症、筋ジストロフィーについて説明します。

表4－5　主な肢体不自由の分類と原因疾患

分類	疾患名・障害名
中枢神経性疾患	頭部：脳性まひ、頭部外傷後遺症、水頭症など
	小脳・脊髄性疾患：小脳変性症、二分脊椎症など
末梢神経性疾患	シャルコーマリートゥース症候群、ギランバレー症候群など
筋疾患	筋ジストロフィー、先天性ミオパチーなど
骨系統疾患	骨形成不全、軟骨無形成症など
代謝性疾患	フェニルケトン尿症、ムコ多糖症など

出典：筆者作成

2. 脳性まひ

　脳性まひは出生前や出生時などに何らかの要因で脳が損傷を受け、運動機能、姿勢保持機能、筋緊張などが障害された状態をさします。脳の障害された部位によって、身体機能のまひの状態は異なります。私たちが座ったり、立ったり、歩いたりする時は筋肉の緊張を入れたり、緩めたりしています。この緊張がコントロールしにくく、過緊張や低緊張になることを「筋緊張の異常」といいます。また、脳性まひはてんかんなどの疾患や、知的障害、聴覚障害、視覚障害、構音障害、摂食・嚥下障害などの障害が生じることもあります。一人一人の障害の状態や程度は異なりますので、どのような支援・指導が必要かを個別に考えていきましょう。

　脳性まひには「痙直型」「アテトーゼ型」「失調型」などのタイプがあります。このうち、もっとも多い痙直型とアテトーゼ型について解説します。

（1）痙直型脳性まひ

　図4-7に示すように、痙直型の脳性まひは「四肢まひ」「両まひ」「片まひ」があります。タイプにより運動機能の発達が異なります。また、身体の使い方もタイプによって異なります。痙直型に共通する特徴として、主に次の3つがあります。

　①筋緊張が高い（筋緊張の亢進）。
　②身体の一部を動かそうと努力すると他の部位も動く（連合反応）。
　③座位や立位などの姿勢を保つことが難しい（姿勢反射の遅れや欠如）。

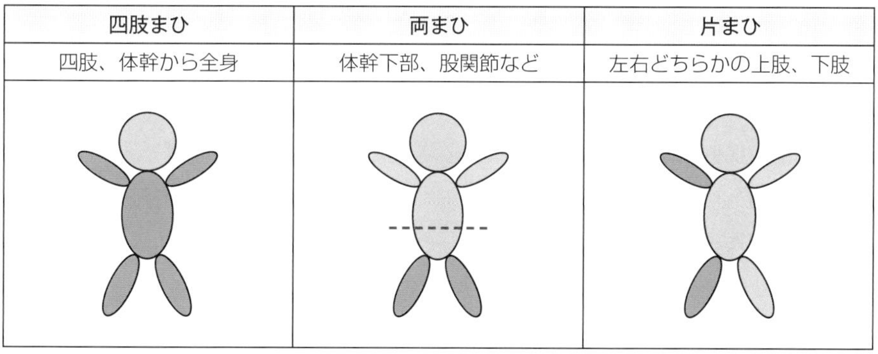

四肢まひ	両まひ	片まひ
四肢、体幹から全身	体幹下部、股関節など	左右どちらかの上肢、下肢

図4-7　痙直型の脳性まひのタイプ

出典：筆者作成

（2）アテトーゼ型脳性まひ

アテトーゼ型のほとんどは四肢まひで、下肢よりも上肢の障害が強いことが多く、さらに身体・運動機能に非対称性の障害があらわれます。非対称性の障害とは上肢・下肢・体幹の障害状況が左右で異なる状態をいいます。アテトーゼ型の特徴としては、次の３つがあげられます。

①筋緊張が高まったり、低くなったりする（筋緊張の動揺）。

②動かそうと思っていないのに手や脚が動く（不随意運動）。

③体をまっすぐに保つことが難しい（非対称性）。

こうした特徴から、動かそうと思ってもすぐには身体部位を動かせない場合があり、話したいことがあるのに言葉が出るまでに時間がかかったり、食べる時に口に食べ物をもっていくスピードや位置がコントロールしにくかったりすることがあります。

３．二分脊椎症

「二分脊椎」とは、脊椎の一部が形成されなかった状態をさし、何らかの神経症状が伴います。脊椎の障害部位にもよりますが、ほとんどが腰から下の障害です。二分脊椎症の症状は表４−６の通りです。

表4−6　二分脊椎症の主な症状

水頭症	頭蓋内に水が溜まり、脳を圧迫する。
運動まひ	脚にまひがあり、歩きにくい。
感覚まひ	下肢の触感や痛み、熱さなどを感じない。
膀胱障害	おしっこを出したり、我慢したりできない。
直腸障害	うんちを出したり、我慢したりできない。

出典：筆者作成

膀胱障害に対しては、導尿を行う必要がある場合があります。導尿とは尿管に管を通して、おしっこを出す方法で、医療的ケアの１つです。この他、てんかん発作、視覚障害、知的障害をともなうことがあります。

４．筋ジストロフィー

筋ジストロフィーは、進行性の筋力低下を起こす病気です。歩行の障害から、次第に手の障害、嚥下障害などを併発します。現在、遺伝子治療の研究が進められており、iPS細胞[10]による治療薬の開発が待たれています。

主な筋ジストロフィーは次の通りです（表４−７）。

＊10
「万能細胞」とも呼ばれます。髪の毛や皮膚から摂取した細胞をiPS細胞に変化させることで、さまざまな臓器がつくり出せるとして研究が進められています。

表4－7　主な筋ジストロフィー

①デュシャンヌ型 筋ジストロフィー	進行性筋ジストロフィーの多くはデュシャンヌ型で、男の子にだけあらわれます。歩けるようになりますが、歩き方がぎこちなく、徐々に転びやすくなり、10歳くらいで車いす生活になることが多いのが特徴です。予後不良な病気の1つです。
②ベッカー型 筋ジストロフィー	デュシャンヌ型と同じ病態ですが、発症時期が遅く、進行がゆっくりです。関節が固まってしまう「拘縮」が少なく、一般に予後は良好です。
③先天性 筋ジストロフィー 「福山型」	日本でだけ出現する筋ジストロフィーで、男女ともにあらわれます。歩けるようになることはなく、知的障害をともないます。予後不良な病気の一つです。

出典：筆者作成

5．肢体不自由児に対する支援のポイント

 エピソード（10）　どちらへ進む？

　アカリちゃんは手足に障害があり、車いすを使っています。4歳児クラスで友だちとおしゃべりしたり、おままごとをしたりするのが大好きです。アカリちゃんは話したり、食べたりする口の動きに少しまひがあるので、お母さんは通常の学校で友だちと一緒に勉強するか、特別支援学校で障害に応じた教育を受けるかで、迷っています。

　肢体不自由の子どもたちは運動障害があるため、定型発達の子どもたちと成長が異なって見えます。支援のポイントを説明します。

（1）身体の動きへの支援
①教室環境
　運動機能に障害があっても、生活年齢に応じた生活の場が必要です。「自分でできる」ことを増やすためには、教室配置やユニバーサルデザインの導入などが有効です。たとえば、杖や車いすで保育室を移動しやすいよう、机や棚の配置に工夫が必要です。また、棚から物を出し入れする時に手が届く範囲が狭いことがあります。個人の棚は前に行って自分で物を出し入れできる場所に配置し、手が届く高さにしましょう。手を洗う時のシンクや蛇口などは、車いすで使いやすいものが販売されています。

②姿　勢

　車いすに座っていると身体の動きが少なく、疲れてしまうことがあります。同じ姿勢を続けると側弯（背骨が曲がること）などが起こる可能性もありますので、いすに座り替えたり、床に降りてリラックスしたりする時間をつくりましょう。車いすから降りた時は、身体に痛みが出たり、呼吸が苦しくなったりしないよう、適切な姿勢を取ることが大切です。保護者やリハビリスタッフと連携して、リラックスできる姿勢を知っておきましょう。クッションやタオルを膝の下に入れたり、枕を使ったりすると筋緊張が高まるのを防ぐことができます。

③身体の取り組み

　運動の時間にほかの子どもと同じ運動をすることが難しい場合があります。介助することでできる運動もありますので、できるだけ同じ経験ができるよう工夫しましょう。

（2）コミュニケーションの支援

　アカリちゃんのように構音障害や摂食・嚥下障害がある場合、言語聴覚士（ST）による言語指導や摂食指導を受けることがあります。幼児期の言語指導では遊びながら言葉の練習をします。どのような指導を受けているかを保護者から聞き取り、保育のなかに生かしていきましょう。

　言葉が聞き取りにくいと認知機能（理解、判断、論理などの知的な機能）の発達に遅れがあるのでは？と思うことがあるかもしれません。伝えたことを理解しているか、言葉を聞いて実物を見られるかなどで言葉の理解の状況を知っておくとよいでしょう。

図4−8　コミュニケーションボードの一例

　言葉でのコミュニケーションでは通じにくい場合は、代替コミュニケーションの導入を検討します。代替コミュニケーションとは、自分の声で話す代わりに写真やイラスト、文字、サイン、ICT機器などを活用してコミュニケーションを取る方法です。写真やイラストなど活用したコミュニケーションボードでは、指さしでコミュニケーションができます（図4−8）。また、音声を再生する機器であるVoice Output Communication Aids（通称：VOCA）では、写真やイラストのボタンを押すと、そこに録音されている音声を再生したり、文字キーボードで文を入力して読み上げたりすることができます。

　コミュニケーション方法は認知や操作性、家庭や保育所などでの使いやすさなどを考慮して、探っていきましょう。

（3）食事への支援

　手にまひがあると、スプーンや箸などを使ったり、コップをもって飲んだりすることが難しい場合があります。保護者に使いやすい食具を用意してもらうとよいでしょう（図4−9）。また、皿を押さえることが難しい場合には滑り止めマットを使うと、楽に食べられるようになります。

　脳性まひなどで食機能の発達に時間がかかる子どもたちがいます。舌を使って押しつぶすことはできるけれど、歯でかむことは難しかったり、食べ物や飲み物を飲みこもうとするとむせたりすることがあります。このような場合は、今の食機能で食べられる食形態を提供するようにします。年長になっても離乳食が適していることがありますので、保護者と相談しながら、安全で楽しく食べられるようにしましょう。

握りやすいはし	手首を反らさなくてもいいスプーン、フォーク	握りやすい取っ手のコップ	すくいやすい皿や茶碗
バネがついていて、それぞれがバラバラにならない。バネの力で自然に開き、ものをつまみやすい。	先を曲げておくことで、皿などから食べ物をすくって口に運ぶ際、手首を反らさなくてもよい。	取っ手が持ちやすいかたちになっている。握力が弱くても、握りやすい。	スプーンを入れやすく、すくいやすい形状。底には滑り止めを施してある。

図4−9　ユニバーサルデザインの食具の一例

ふりかえりメモ：
....

☞ 注目メッセージ 障害を伝える「障害の告知」

　5歳くらいになると、友だちと自分が違うことがわかり、違いについて考えるようになります。本人から聞かれた時はできるだけわかりやすく、本人の気持ちを尊重しながら伝えることが大切です。自我の発達に伴い、ユウトくんのように、自分だけ保育所をお休みすることが納得できなくなることもあります。ユウトくんの気持ちを受け止めながら、ユウトくんが少しでも歩きやすくなることを、お母さんも先生も願っていることを伝えましょう。

　保護者が障害の告知をしていない場合、「ぼくの足はどうして動かないの？」と聞かれた時の答え方について、保護者と確認しておきましょう。

　他者と自分の違いに気づくことは自我の発達に不可欠です。自我が育ってくるころの子どもたちは、障害について興味が出てきたり、自分なりの解釈をしようとしたりします。障害に対する偏った考えが育つことを気にして、話さないようにと教えるのではなく、身体の動きや話し方、食べ方などが自分とは違っても、相手も自分も大切な存在であることを伝えていきましょう。

レッツトライ ・・・・・・・・・・・・・・・・・・・・・・・・・・・・ 演習課題

Q 肢体不自由児を担当する時のポイントを整理しておきましょう。また、クラスに肢体不自由児がいる場合、保護者への対応やクラスの子どもたちへの障害の伝え方も考えておきましょう。

✒ エピソード（11）　車いすのハルカちゃん（5歳）

　ハルカちゃんは脳性まひで車いすを使っています。自分では車いすを動かすことができません。また、少し言葉が出にくく、自分から友だちに話しかけることはないのですが、友だちの話を聞いてニコニコしています。

　「ぷ・ー・る」で水遊びができることがわかっているようなので、「ぷ・ー・た」と言ってみました。「ぷ・ー」までは笑っていたハルカちゃんが、「た」を聞いて首を横に振りました。

ホップ　脳性まひの運動機能の特徴を調べてみましょう。

ステップ　ある日、同じクラスのトモミちゃんが「ハルカちゃんは赤ちゃんだから歩けないんだよね」と言ってきました。クラス担任としてどのように答えたらよいでしょうか。話し合ってみましょう。

ジャンプ　ハルカちゃんの言葉の理解力や生活年齢に合った言葉がけの仕方について文章にまとめてみましょう。

第6節　聴覚障害

1. 聴覚障害とは

エピソード（12） 人工内耳をつけている重度聴覚障害幼児（4歳）を担任することになった保育士アユミ先生のつぶやき

「重度の聴覚障害のある4歳児さんを担任することになった。話すスピードをゆっくりにしたり、伴奏のオルガンもボリュームが大きくなるように工夫したりした。重度って聞いて心配していたけど、一斉に指示をしてもみんなと一緒に動けているし、補聴器をつけているから聞こえているみたいで安心した。」

（1）定義と説明

　「重度」の聴覚障害と聞くと、どのような聞こえ方をイメージするでしょうか。呼びかけてもまったく気づかない？　大きな太鼓をドーンと強く鳴らせば振り向くくらい？　確かに、「重度」の聴覚障害のある子どもが補聴器や人工内耳などの補聴機器をつけていなければ、そのような状態です。しかし、みなさんが保育の現場で会う聴覚障害のある子どもは、中度や重度であればほとんどが補聴器や人工内耳などをつけています。ですから、まったく聞こえないというわけではありません。

　ところが「そうか、補聴器や人工内耳をつけていれば、聞こえるようになるんだ」と思ってしまうと、それも少し違います。補聴器をつけていれば、聞こえなかった音が聞こえるようになったりしますが、「音」として聞こえていたとしても、人の話している「言葉」がはっきりと聞こえるようになっているわけではありません。

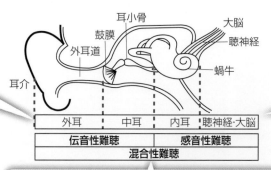

図4-10　難聴の種類と障害部位

出典：大沼直紀『教師と親のための補聴器活用ガイド』コレール社　1997年　p.11 を一部改変

①2種類の聴覚障害　－伝音性難聴と感音性難聴－

　聴覚障害には、大きくは2つの種類があります。「伝音性難聴」と「感音性難聴」[11] です（図4－10）。

　伝音性難聴は、いわば「音のボリューム」の問題です。これは補聴器[12] が得意とする音を大きくする機能を使うことによって、かなり改善されます。しかし、感音性難聴は音がゆがんで聞こえたり、低い音は聞こえるけれど高い音は聞こえないといったように、いわば「音の質」が問題になります。これを補聴器でうまく調整しようとしても、人の話し言葉を聞き分けるほどには補聴ができないことも多くあります。なぜなら、人の「音声」はいろんな高さの音で形作られているからです。

　たとえば、「さ」（sa）という音のSの音は高い音です。つまり、高い音が聞こえにくい人が「さ」を聞くと、Sの部分が聞こえません。するとどう聞こえますか？　そうです、「あ」(a) です。実際はこんなに単純ではありませんが、Sが聞こえない子どもに先生が「坂（さか saka）」と言っても「赤（あか aka）」と聞こえたりします。補聴器は聞こえにくい高さの音のボリュームをピンポイントで大きくしてあげることはできますが、感音性難聴の特徴である「ゆがんでいる」音を補正するわけではないので、ゆがんだまま大きくするだけです。

　だから、「補聴器をつけていても人の言葉がはっきり聞こえるようになるわけではない」のです。聴覚障害のある子どものうち、多くは感音性難聴の子どもです。また、こうした不完全な音声を聞いて言葉が習得されるので、個人差はありますが、重度の聴覚障害のある子どもの発音は、一般に、健聴児とは違った独特な話し方をするということになるわけです。

②人工内耳の普及

　人工内耳という新たな補聴機器が普及してきました（図4－11）。人工内耳は、耳のなかに伝わってきた音を電気信号に変換する「内耳」の働きをそっくり肩代わりする機械です。

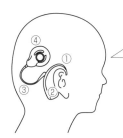

・体外装置（マイク①、音声処理部：スピーチプロセッサー②）
・ケーブル③で送信コイル④と接続。
・送信コイルは、皮膚の下に埋め込んだ受信装置と磁石でくっつく。
・マイクから入った音は、電気信号に変わり、送信コイルから無線で受信装置へと送られる。

人工内耳は1990年代ごろから普及しました。手術で頭皮内部の内耳にその機械を埋め込みます。現在では適用基準を満たせば1歳から手術可能です。

図4－11　人工内耳のしくみ

出典：一般財団法人日本耳鼻咽喉科学会ホームページをもとに作成
http://www.jibika.or.jp/citizens/hochouki/naiji.html

＊11
保育上、先天性か後天性か、後天性であれば失聴した時期がいつかを把握することも重要です。

＊12
補聴器には、ポケット形、耳かけ形、耳あな形などがありますが、幼児の場合、多くは耳かけ形です。1～2週間で交換が必要な電池を使用するため、電池切れにも配慮が必要です。聞こえにくい音域の音を増幅する機械ですが、音が大きすぎれば不快に感じるため、子どもたちが騒ぎすぎたり、椅子を引く音が出る場合などは配慮が必要です（大沼直紀『教師と親のための補聴器活用ガイド』コレール社　1997年　p.37）。

ポケット形

耳かけ形

耳あな形

感音性難聴は、内耳の働きが障害されている場合が多いのですが、これまで補聴器で「音のボリューム」を調節するしかなかった重度の聴覚障害のある子どもも、「音の質」の部分を担ってくれる人工内耳によって飛躍的に補聴効果が上がるようになりました。これまでは、補聴器をつけていても人の言葉が聞き取れなかった重度の聴覚障害の子どもも聞こえる音が増え、言葉の発達も発音も健聴児と「一見すると」同じように見えるほど、改善されるようになりました。アユミ先生が「重度だけどほかの子どもと同じように聞こえるみたい」と思ったのは、そのせいだったのです。ちなみに、アユミ先生は「人工内耳」と「補聴器」を間違えています！　こうした補聴機器の特徴の違いを考慮することも、子どもの理解にとって重要です。

③最適なコミュニケーション手段とは

　わが国では、聴覚障害を聞こえの程度によって4つに分けています（表4-8）。

表4-8　聴覚障害の程度

聴覚障害の程度	聴力レベル	聞こえ方の目安
軽度難聴	25～50dB 未満	1対1での会話は可能だが、小さな声だと聞き間違いなどが起こる程度。
中等度難聴	50～70dB 未満	近い距離の声は聞こえても、会議など話者が離れていたり会話が入り乱れたりするような場面では聞き取りが難しい程度。
高度難聴	70～90dB 未満	大声なら聞こえるが言葉としての聞き取りは困難な程度。
重度難聴	90dB 以上	大きな音がすれば反応する程度。

※ dB（デシベル）は音の単位で、数値が大きいほど音も大きくなります。
出典：筆者作成

　聴覚障害のある子どもを理解する時に、聴覚障害の種類・程度と補聴の方法（補聴器か人工内耳か）と同様に考慮してほしいのが、その子に最適なコミュニケーション手段は何かということです。就学前のコミュニケーション手段には、現在の日本においては、大きく3つの方法があります。

> ⑦音声言語を基本とする。
> ⑦音声言語に視覚的手がかりをつける。
> ⑦手話言語を母語として習得させる（実践の場は少数）。

　ここでは、みなさんが出会いそうな最初の2つについて説明します。

　㋐は、音情報は補聴機器を利用して取り入れ、人の会話については話す人の口の形もあわせて見て理解し、自分が発信する時は自分の声を使って表出する方法です。聴覚障害教育分野では、「口話法」といっています。一方、㋑は㋐と同様に「耳で聞き口で話す」わけですが、聴覚障害のある子どもはその聴覚障害の種類・程度や特徴によって正確に音情報が入ってくるわけではありませんし、子ども自身の発音も他者が正確に聞き取れるほど明瞭ではないことがあります。ですから、その不確実さ・不明瞭さの度合いによって、身ぶり、キュード・スピーチ*¹³、手話単語などの視覚的手がかりを音声言語につけ足して利用するのがこの方法です。これは、口話法に対し、「同時法」「併用法」「手話法」といったりします。

*13
読話の手がかりとなる手指サインをつけながら話すことによって、読み取り・聞き取りを助ける方法。日本では、子音を示すサインを出す方法があります。

> **☞深めるワンポイント　これまでの聴覚障害教育**
>
> 　過去に聴覚障害教育の分野では、どんな聞こえ方の子どもに対しても、㋐の方法（音声言語を基本とする）のみをあてはめてきました。音声で聞き取ること、音声で話をすることの習得が、教育の目的として重視されてきたからです。しかし、みなさんは保育所や幼稚園で子どもの言葉の発達だけを目的に子どもとかかわるでしょうか？　違いますよね。情緒や社会性や知的な発達などを総合的に目指すはずです。そのような総合的な発達は、不完全で不安定なコミュニケーションでは十分に成し得ません。聴覚障害のある子どもが少数派であっても、みんなが十分にコミュニケーションでき発達できる保育環境づくりが求められます。

（2）特性

　基本的には、聴覚障害のある子どもは「音を聞く」という機能以外、何か特有のできないことや苦手なことはありません（もちろん知的障害や発達障害などを併せもつ場合はそこに由来する障害特性を併せもつことになります）。ですから、保育者は、ほかの子どもたちと同じように、年齢相応の言語発達、知的発達、情緒発達、社会性発達、人間関係の充実といった就学前に目指されるべき総合的な発達が促されるよう聴覚障害児を支援していきます。

　しかし、「聴覚の障害を考慮しないで、ほかの子どもと同じようにかかわればいい」ということではありません。聴覚障害のある子どもが「正確な情報を質・量ともに可能な限り受け取れる」という環境整備が中途半端にしかな

ふりかえりメモ：
....

されなければ、本来はできるはずだった年齢相応の発達ができなくなります。

　重要なのは、保育環境に存在するあらゆる音情報が、聴覚障害のある子どもに届くように保育者が配慮することです。時に、聴覚障害のある子どもは、「友だちの会話に積極的に入らない」とか「人の話を聞かないで自己中心的なパーソナリティをもっている」といったことが特性として取り上げられることがあります。それは音環境が保障されなかったことによってつくられてしまった二次的障害なのです。

　それよりも、聴覚障害の子どもの特性といえば、聴覚障害のある子どもは「視覚の人」であると認識することの方がずっと重要です。彼らは耳だけで情報を得ようとしているのではなく、目からの情報で不完全な音情報を必死で補おうとしています。よって、保育者は、彼らが視覚的な情報を得られる物理的環境を整えることが重要です。

2. 聴覚障害児に対する支援のポイント

（1）当事者が困っていること

①高度・重度の聴覚障害の場合

　高度・重度の聴覚障害のある子どもや補聴機器を使用しても完全に人の言葉が聞き取れないような子どもの場合、次のような困りごとが生じやすくなります。

・先生の指示の声や不意の声かけが不完全にしか聞こえなくて動作が遅れる。
・健聴の友だちの発話やつぶやきが聞き取れないために、協同的な遊びに参加しにくい。
・ピアノやオルガンの音、CD の音が聞こえず 1 人だけ固まっている。
・活動の不意な変更の合図に気づかず反応が遅れ、それが友だちとのトラブルに発展する。

　また、友だちに間違いなどを指摘された時に、聴覚障害のある子どもが自分の言い分を言いたくても「発音が不明瞭で伝わらない」ことも多くあります。幼児期は健聴幼児でも「自分のペースで話す」発達段階なので、やり取りがうまく成り立たないこともしばしばです[7]。

②軽度・中等度の聴覚障害の場合

　軽度・中等度の聴覚障害のある子どもや補聴機器による音の聞き取りが比較的良い子ども、特に最近急増している人工内耳をつけた子どもの場合、周

囲の大人は「この子は聞こえている」と勘違いしやすいものです。保育者や友だちの話を難なく聞き取っている様子だったり、聴覚障害のある子ども自身の発音もきれいなことが多かったりします。しかし、人工内耳は「内耳」の働きを代行していますが、人間の耳と同じように音が聞き取れるわけではありません。つまり、うまく変換しきれない音もあり、人工内耳をつけている子どもも、聞こえていない音があったり、聞き間違っている音があったりするものです。

　また、子ども本人も、発達段階からいって、自分の聞こえなさに気づいていません*14。そこで保育者は、「困っていることに気づけてないかも」という前提で接していく必要があります。

*14
実際、高度・重度の聴覚障害のある子どもであっても、就学前の子どもはもちろん、小学校中学年くらいまでは、聞こえなくて困った経験があるのに、自分だけが耳が聞こえなくて周りの子どもは耳が聞こえることや、自分が困っていることは聞こえないことから生じていることなどについて、明確に自己認識することはできません。

（2）接し方のポイントや環境構成

①配慮すべき3つのポイント

　保育者が聴覚障害のある子どもやその子どもも含めた子ども集団に発信する時は、次の3点に配慮するとよいでしょう。

> ⑦聴覚的に聞き取りやすい話し方をすること。
> ⑦視覚的情報を付加すること。
> ⑦聴覚的視覚的情報が受け取りやすい環境になっているかを常に意識すること。

　⑦は、わかりやすい表現や言葉を選ぶこと、1つの文章を長くし過ぎないこと、文節で一呼吸おきながらゆっくりめに話すこと、（聴覚障害児は知らない言葉があることも多いので）同じことを少し言い換えて繰り返すこと、その際には必ず保育者の口元が見えるようにすることなどが有効でしょう。

明日は保育参観の日だから、お父さんやお母さんが来るので、特別な感じがするかもしれないけど、緊張しなくても大丈夫だからふだんどおりに遊んで過ごそうね。

明日は　保育参観の日　です。みんなの　お父さん、お母さんたちが　みんなを　見に来てくれます。人が　多くて　最初は　びっくりするかもしれないけど、大丈夫だよ。　いつものように　楽しく遊ぼうね。

「どちらの言葉が伝わりやすい？」

　⑦については、よく使う言葉については簡単な手話単語を使うのもよいでしょうが、対象物を指さしたり、絵カードや写真カード、文字カードを使ったり、3歳以上児であれば指文字を適宜使ったりしながら話すことができる

と、聴覚障害のある子どもの理解度は音声のみに比べて格段に上がるでしょう。しかし、⑦や④が常に受け取れる状態になっているかがきわめて重要です。絵本で口元が隠れていたり、マスクをつけていたりして、子どもが口の形を読み取れなくなっていたり、子どもの背後から話しかけていて子どもが気づいていなかったり、時間がないから大事な場面で視覚的情報を省いたり、早口になっていたり……。⑰保育者同士で声をかけあって、「無意識の」無配慮を防ぐようにしたいものです。

☞深めるワンポイント **手話と指文字の違い**

　手話は、音声言語とは異なる一個の独立した言語です。手であらわされる手話単語だけで会話ができるわけではなく、うなずき、眉あげ等の非手指要素（NMs）をともなうことにより、主語を示したり、能動態・受動態等を示したりして、文章が成立します。ただ、教育現場では、音声言語を補うために非手指要素をつけず手話単語だけを取り出す形で手話を利用することが多く、こういう手話を「日本語対応手話」と言ったりします。一方、指文字は、日本語の50音、長音・濁音・促音・拗音・撥音を、片手の手指の形によってあらわすものです。人の名前、外来語など手話にない単語の表現などによく使われます。

〈手話の一例〉　　　　　　　　　　　　　〈指文字の一例〉

あそぶ【遊ぶ】
顔の横で立てた両手人さし指を交互に前後に動かす。

すき【好き】
あごの下あたりで、手の甲を前に向けた状態で親指と人さし指を広げ、手を下方向に動かしながら両方の指をすぼめて指先をつける。

け

一
（長音）

き

---

②保育者の仲立ちは重要

　聴覚障害のある子どもとない子どもの不完全になりがちなコミュニケーションやそこから生じるトラブルの仲立ちをすることも、保育者の重要な役割です。トラブルが生じても、保育者が、前述したような聴覚的・視覚的情報を用いてこじれたやり取りをほぐしていけば、子どもたちは次も思いっきり一緒に遊ぶことができます。また、就学前の子どもたちは、生活年齢の成長にしたがって、より良い関係をつくれるようになっていくものです。ですから、周りの大人は発達段階を意識しながら双方の関わりのサポートをしたり、周りの大人のふるまいをモデルとして健聴の子どもが聴覚障害のある子どもへのかかわり方を学べるようにしたりできるとよいでしょう[8]。

　また、保育者はトラブルが起きていないからよい、ではなく、聴覚障害のある子どもがその発達段階に応じた発達の高まりを果たせているかも意識します。

③専門機関の支援を生かす

　とはいえ、聴覚障害のある子どもの発達が平均的な発達より遅れていた場合、個人差の問題なのか、聴覚障害ゆえの言語発達の問題なのか、といった判断は聴覚障害療育の専門家でなければ難しいところです。この点については、専門機関の支援を受けるとよいでしょう。みなさんが保育の現場で出会う子どもの多くは、入園前に、聾学校（聴覚特別支援学校）の幼稚部[*15]やいわゆる難聴幼児通園施設[*16]で療育などを受けています。入園後も、週の一部はそれら専門機関での療育・教育を受けながら地域の幼稚園や保育所に通うこともあります[*17]。つまり、みなさんが出会う子どもたちはすでに専門機関とつながりのある場合がほとんどです。

　聾学校の先生、通園施設の専門職員、医療機関の言語聴覚士などに、園への訪問を依頼して、子どものアセスメントをしてもらったり、聴覚障害の発見時期、補聴機器装用開始時期、これまでのコミュニケーション手段、教育歴はどのようであったかなどを把握します。そのうえで、子どもへのかかわり方の方針（個別の支援計画等）を立て、その後も適宜、保育者が専門機関へ意見を仰ぎながら実践の改善をしていくとよいでしょう。

④園全体でしっかりと連携する

　ここまで述べてきたような支援を、担当の保育者だけで行うのは困難です。新たな教材の準備、一斉指示後の個別的フォロー、子どもたちのコミュニケーションの仲立ちといった支援は、保育者の時間的・人的余裕があって初めて成り立つものです。特に3歳以上児クラスでは、担任1名で1学級を担当することも多く、個別的な支援が困難になります。担当保育者が孤立しないよう、ほかの保育者や職員からのサポートを受けられるよう、園全体でしっかりと連携しなければなりません。

　最後に、保護者への援助も重要です。聴覚障害に関しては保護者の方がよく知っており教えてもらうことも多いのですが、就学前の保育・教育については保育者が専門家です。保護者は園で友だちとうまくやっていけるかなど不安も大きいので[9)]、保育者は保護者の不安に寄り添い、乳幼児期の発達の特徴や生活年齢による成長の見通しなどを伝えるとよいでしょう。

＊15
現在、聾学校幼稚部では、手話を取り入れながら幼児期に合わせた遊びなどを通して言語発達を促すことに力を入れた活動を行っています。家庭での言語指導に生かしてもらうために、毎日保護者の付き添いと見学を行っていることが多いのですが、近年は保護者の同伴が不要な場合も増えてきました。

＊16
難聴幼児通園施設は、難聴児の療育を担っていますが、すべての都道府県に設置されているわけではありません。

＊17
最近は、新生児聴覚スクリーニングの普及により、出生後間もなく聴覚障害が発見されるようになりました。そして、高度・重度難聴が確定した場合、その多くが人工内耳手術を受けるようになっています。療育機関ではなく耳鼻咽喉科などの医療機関等で指導を受け、幼稚園や保育所に入園後は専門機関を日常的には利用しない子どももいます。

レッツトライ ・・・・・・・・・・・・・・・・・・・・・・・・・・ 演習課題

Q エピソードを読んで、子どもとの関わり方を考えてみましょう。

エピソード (13)　「七夕かざりの製作をしよう」（5歳の中等度難聴の聴覚障害児のいるクラス）

> 　ミホ先生は、クラスの子どもたちに「6人グループ4つに分かれて、七夕かざりの製作をすること」と「その製作の手順」を伝えました。活動が始まりしばらくすると、女の子2人がミホ先生のところへやって来て、同じグループの聴覚障害のある男の子が「使ってよいと言われていない道具を使って製作をしている」と訴えました。

ホップ　あなたがミホ先生だったら、女の子2人が訴えてきた時にどのように対応しますか。自分の考えを箇条書きで書き出してみましょう。

....

....

....

ステップ　「ホップ」で考えたことをもとに話し合ってみましょう。

....

....

....

ジャンプ　聴覚障害のある男の子と同じグループの女の子たちがトラブルにならず、みんなで気持ちよく製作に集中するためには、ミホ先生はどんなふうに製作についての説明をすればよかったでしょうか。文章にまとめてみましょう。

....

....

....

第7節　視覚障害

　「視覚障害」という言葉から連想する言葉を3つあげてみてください。もし、このように問われたら、みなさんはどのように答えますか？　一般的には「点字」「白杖(白い杖)」「点字ブロック」「盲導犬」「音響式信号機」などが思い浮かぶのではないでしょ

うか。この時の「視覚障害」は「目が見えない」状態がイメージされていることと思います。そのイメージは誤りではありませんが、本節を通してそのイメージがさらに膨らむことを期待しています。

1. 視覚障害とは

（1）定義と説明

　視力や視野、色覚などの視機能の永続的低下を視覚障害といいます。視機能に低下がみられても、治療により短期間に回復する場合、または片眼は正常な場合は視覚障害とはいいません。学校教育法施行令第22条の3に示される視覚障害の程度は次の通りです。

> 　両眼の視力がおおむね0.3未満のもの又は視力以外の視機能障害が高度のもののうち、拡大鏡等の使用によっても通常の文字、図形等の視覚による認識が不可能又は著しく困難な程度のもの

　条文からもわかるように、視覚障害は「まったく見えない」ばかりではありません。そのため、学習手段にもとづいて教育的な視点から「盲」と「弱視」に分類されます（表4-9）。

表4-9　視覚障害の分類

盲	主として触覚や聴覚などの視覚以外の感覚を活用して、学習や生活をする程度の視覚障害。
弱視	文字の拡大や視覚補助具を活用するなどして普通の文字*18を使って学習や生活をする程度の視覚障害。

出典：筆者作成

＊18
視覚障害教育では普通の文字のことを「墨字(すみじ)」と呼ぶことがよくあります。墨で書いた文字をさすわけではなく、手書きであれ印刷であれ普通の文字のことです。『広辞苑』や『大辞林』などの見出し語にもなっています。

＊ 19
医療・福祉関係者を中心に、ここで用いている「弱視」とほぼ同義語として「ロービジョン（low vision）」が用いられることもあります。

　ただし、盲と弱視[19]は明確に分けることが難しかったり、あるいは画一的に分けるべきではないという側面もあります。たとえば、矯正した視力が0.02であっても、視覚補助具を活用して普通の文字で生活・学習している人もいますし、一方で、使用文字は点字を用いつつ、生活場面では保有している視力を最大限に活用している人もいます。実際に使用文字を点字とするのか普通の文字とするのかは、本人や保護者の意向、読み書きに関する教育的評価により慎重に判断されることになります。

（2）視力とは

　先の学校教育法施行令のなかに視力 0.3 という値がでてきました。視機能の永続的低下が視覚障害ですが、ここでは視力について補足します。視力とは、対象の細部構造を見分ける能力です。国際眼科学会ではその測定にランドルト環を用い、識別できる最小視角（分）の逆数をもって視力とする小数視力が採用されています（図4－12）。

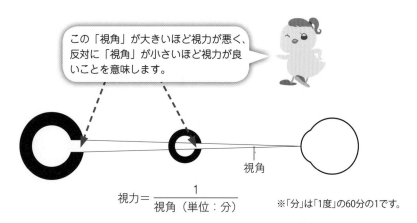

この「視角」が大きいほど視力が悪く、反対に「視角」が小さいほど視力が良いことを意味します。

$$視力 = \frac{1}{視角（単位：分）}$$

※「分」は「1度」の60分の1です。

図4－12 「ランドルト環」及び「視角」と「視力」

出典：大川原潔・香川邦生・瀬尾政雄・鈴木篤・千田耕基編『視力の弱い子どもの理解と支援』教育出版 1990年　p.42 を一部改変

表4－10　視力と最小視角（分）の関係

視力	最小視角	視力	最小視角
1.0	1.0	0.06	16.7
0.7	1.4	0.05	20.0
0.3	3.3	0.04	25.0
0.2	5.0	0.03	33.3
0.1	10.0	0.02	50.0

視角が小さいと視力が良い

視角が大きいと視力が悪い

出典：筆者作成

　視力と最小視角の関係を表4－10に示しました。この表から弱視児の見えにくさや対応の一部を読み取ることができます。たとえば、視力1.0の最小視角は1.0であるのに対して、視力0.1では10.0となっています。このことは、視力が0.1の人は視力1.0の人と比較すると10倍の大きさがないと見えないということを示しています。見る対象をなんでも大きくできるとは限りません。その場合は、見る距離を視力1.0の人がギリギリ見える距離の10分の1の距離まで近づくことを認めれば同じ情報を得ることができます。

（3）視覚障害が発達に及ぼす影響

　子どもの発達において外界の対象物に手を伸ばす「リーチング」といわれる行動の出現は生後4～5か月といわれていますが、盲乳児での出現は生後10か月ごろであることが指摘されています（Fraiberg, 1997）。リーチングの遅れは、盲乳幼児の外界に向かう重要な誘因となる視覚情報が得られない状況におかれているからであると解されています。見えない・見えにくい状況が発達に影響を及ぼす4つの要因を視覚障害の研究者である五十嵐信敬氏が整理しています。

①行動の制限

　先に示したリーチングの例もこのなかに入りますし、乳幼児にみられる接近・接触行動や後追い行動といわれている行動の出現や頻度が、視覚障害幼児では少ないことが報告されています。

②視覚的情報の欠如

　人間は情報の80％を視覚から得ているといわれます。視覚からの情報なしに事物の具体的な概念を形成するなかでは、知識の全体量が少なくなったり、偏った知識や誤った知識を多くもつことになってしまいがちです。

③視覚的模倣の欠如

　視覚障害幼児は、保護者やきょうだい、周囲の人々との関わりを通して、見様見まねでさまざまな動作や技術を身につけていくことが困難になります。

ふりかえりメモ：
....

このことから、視覚障害幼児は、一つ一つの動作を周囲から教えられなければならないために、自主性や自発性が育ちにくいという側面をあわせもってしまう点が指摘されています。

④視覚障害児に対する社会の態度

見えないことで周囲の大人が過保護になり過ぎて、その年齢その年齢で経験してもよいことが経験されぬまま大きくなっていくことが指摘されます。また、弱視児は「目でさわる」[20] と表現されるくらい極端に対象に目を近づけて物を見ています。この行動が弱視児の見る意欲を育てますが、「これ以上目が悪くなってしまったら」と不安に感じ、目を近づけることが禁止されている場合もあります。見ようとしているからこそ目を近づけているのだと理解し、積極的に認めるべき行動です。弱視児に対する「目を離しなさい」という指示は、「見てはいけない」という意味の指示に置き換わってしまいます。

なお、五十嵐氏はこの4つの要因については、養育や教育上での工夫や配慮によって、影響を最小限に抑えられることを示唆しています。

2. 視覚障害児に対する支援のポイント

「視覚障害者である児童生徒に対する教育を行う特別支援学校」[21] では、幼稚園、小学校、中学校、高等学校と同じ教育目標を掲げ、指導上で特別な配慮を行い障害のない子どもと同等の教育を行っています。「特別支援学校学習指導要領」の小学部においては、次の5点の配慮事項が示されています。

（1）体験的学習を通し、言葉だけの理解にならないようにすること。
（2）点字及び漢字の読み書きの系統的指導を行うこと。
（3）指導内容を精選し、基礎的・基本的な事項から着実に習得できるようにすること。
（4）視覚補助具や情報機器、触覚教材、拡大教材等の有効活用と指導上の工夫を行うこと。
（5）環境認知、状況の判断がスムーズにできるように空間、時間の概念を養い、見通しをもって学習活動が展開できるようにすること。

これは各教科をはじめとして、教育課程全般を通して配慮されていきます。特に（1）や（5）などは、生活指導等のなかでも重要な視点となります。

それでは、「特別支援学校幼稚部教育要領」における配慮事項はどうでしょ

＊20
弱視児が、わずか2～3cmの視距離で物を見ている姿からこのように表現されます。目を近づけてどの程度の細かいものまで視認できるのかを視覚障害教育では「最大視認力」としてアセスメントされています。

＊21
わが国では2007（平成19）年度から、従来の盲学校、聾学校、養護学校は「特別支援学校」に変わりました。ただし、校名として「盲学校」を用いることは認められています。また、地域支援として籍をおいていない視覚障害児の支援も行っています。

うか。「第1章 総則　第6　特に留意する事項」の4の（1）に次のように記されています[10]。

特別支援学校幼稚部教育要領

第1章 総則　第6

4　幼児の障害の状態や特性及び発達の程度に応じた適切な指導を行うため、次の事項に留意すること。

　視覚障害者である幼児に対する教育を行う特別支援学校においては、早期からの教育相談との関連を図り、幼児が聴覚、触覚及び保有する視覚などを十分に活用して周囲の状況を把握できるように配慮することで、安心して活発な活動が展開できるようにすること。また、身の回りの具体的な事物・事象及び動作と言葉とを結び付けて基礎的な概念の形成を図るようにすること。

　幼児期段階は、「保有する感覚を十分に活用できること」「具体的な事物・事象と動作を結びつけること」を最大の配慮事項とするとよいでしょう。

　視覚に障害のある子どもにとっては、周囲の状況を理解するのに聴覚情報が有効です。視覚に障害のある子どもがともに学んでいる場合は、通常は活気のあるにぎやかな保育の場であっても、状況によっては感覚が研ぎ澄まされるように静かな場面があってもよいでしょう。また、具体的な事物・事象と言葉を結びつける主たる手段は、「触覚」の活用になります。ただし、さわることができるものは限られているうえ、触覚による理解には多くの時間を必要とします。そのため、さわらせてあげられるものはさわらせてあげること、その際に十分な時間をかけることが大切になってきます。また、さわらせる対象は、できるだけ典型的なものや代表的なものを選ぶことが大切な配慮となります。

　2名の盲幼児を対象として幼稚園・保育所での障害のない子どもへの仲間入り行動を観察した結果、状況が理解できないために「同調行動」や「同調発言」が有効に働かない一方で、拒否されない程度の「接触」や「同調」を繰り返すこと、「いれて」などのオーソドックスな方法が効果的であったことが報告されています（白井・小林，2005）。さらに、たとえば、保育者や指導者が周囲の状況を必要に応じて言葉で説明することも、視覚障害のある子どもが環境を把握するうえでは重要な情報となることでしょう。

レッツトライ ・・・・・・・・・・・・・・・・・・・・・・・・・・・・・

Q 視覚障害のある子どもは 0.02％程度の出現率といわれ、保育所や幼稚園では受け入れ経験のないところが多くあります。今回、初めて視覚に障害のある子どもを受け入れることになったエピソードをもとに考えてみましょう。

エピソード（14）　初めて園として受け入れた視覚障害幼児
エリちゃん（3歳）

> わが国は 2014（平成 26）年に「障害者の権利に関する条約」を批准し、教育においては障害の状態等を踏まえ、総合的な観点から就学先を決めることになりました。エリちゃんの両親も現段階では小学校に就学することを考えています。この実現のために、幼稚園も近所の友だちと同じ本園に入園を希望し、何度にもわたる打ち合わせを経て入園が決まりました。順調に教育活動は開始しましたが、「周囲の子どもと比較して手をかけ過ぎていないだろうか」という声や、「事故がないようにもっと慎重にすべきだ」という両側面からの意見が職員室で交わされるようになってきました。

ホップ　　園内の環境を整えたり、教職員の視覚障害に対する理解を深めたりするため、どのような専門機関と連携したらよいでしょうか。自分の考えや調べてわかったことを箇条書きで書き出してみましょう。

....

....

....

ステップ　　「ホップ」で考えたことや調べたことをもとに話し合ってみましょう。

....

....

....

ジャンプ　　「ホップ」と「ステップ」を踏まえて、視覚に障害のある子どもの担任となった場合、日々の活動のなかで必ず留意すべき事項を 2 点あげ、文章にまとめてみましょう。

....

....

....

コラム　現場からの声⑥

盲学校の教員になって知ったこと

愛知県立名古屋盲学校・水野利之

　盲学校に転勤し、視覚に障害のある子どもたちと過ごし始めたばかりのころは、驚いたり感心したりの連続でした。見えないはずなのに、見えているかのように校舎内や校庭を歩き回ったり、箸を上手に使って食事をしたりしている姿は、それまで抱いていた視覚障害者のイメージとはずいぶん違っていました。点字の教科書を指先で読み、猛烈なスピードで点字を打ってノートをとる様子は、まるで神業のようにも思えました。

　体育大会では盲学校ならではの種目があります。「音響走」は、ゴール地点から呼ぶ教師の声の方向に向かって子どもが一直線に全力で駆けていきます。「円周走」は、10数メートルのロープの一端をグラウンドに固定し、もう一端を片手で握って引っ張りながら全力疾走します。コンパスで円を描くように1周し、次の選手にリレーしていくのです。初めてこの競技を見た時は感動すら覚えました。

　それでも一人一人の子どもと接していると、それぞれに得意なこと、苦手なことがあることがよくわかります。方向感覚がつかめず教室のなかで迷子になってしまったりとか、たった3個の積み木を積めなかったりとか、そんな場面に出くわして戸惑うこともあります。盲学校では一人一人の子どもの課題に合わせ、授業のなかで歩き方や手指の使い方の練習をすることがありますが、中学部や高等部の生徒を見ていると、幼いころからの生活体験が影響しているようにも思います。

　「介護等体験」を盲学校で行う大学生が毎年多く来ますが、なかには子どもたちがやろうとすることの先回りをして何にでも手を貸してしまう人がいます。でもそれは「支援」にはなっていません。自分の力で自由に行きたいところに行ける、自由に読みたいものが読める、そんなあたりまえのことが将来の生活の豊かさにつながっているように思います。子どもたちの内に秘めた力がゆっくりと、でも確実に育っていくのを実感できる盲学校での日々はけっこう楽しいものです。

円周走のイメージ図。実際はもっと広い運動場をいっぱいに使って走ります。

第8節　病弱

1. 病気療養中の子どものいる場所

　特別支援教育は、病気などにより継続して医療や生活上の管理が必要な「病弱」や「身体虚弱」の子どもも対象としています。入院中の子どもに教育を行うために、病院のなかに「院内学級」が設置されていることがあります。

　小児がんのなかで一番多い小児白血病[*22]は、今や7割以上が治る時代になってきました。そこで病棟にも保育士が必要という考え方が広まり、国は2003（平成15）年から「病棟保育士」の配置を診療報酬制度のなかに位置づけました[*23]。今後も導入の拡大が期待されます。病棟保育士という特別な資格があるのではなく、通常の「保育士」資格で就職できます。ただし、そのためには病気や治療に起因する配慮事項についてしっかりと理解する必要があります[*24]。

　一方、入院をせずに家庭にいる場合もあります。特に近年、入院期間の短期化が進み、その結果、自宅からの通院治療を行いながら地域の幼稚園、保育所、学校からの支援を必要としているケースが増えてきています。

　本節では、さまざまな病気の理解と支援のポイントを解説します。

2. 小児がん

（1）活動時期と内容を工夫することで活動が広がる

エピソード（15）「何をつくって遊ぼう？　いつ遊ぼう？」

　アキラくん（5歳）は物をつくって遊ぶことが大好きです。工作用紙、トイレットペーパーの芯、ペットボトルのキャップなど、身近ないろいろな材料を工夫して、自分の好きなもの（電車やお城など）をつくったり、保育者が示す新しいものにも興味をもってチャレンジしようとする子です。

　抗がん剤治療が始まり、今後の治療計画が主治医から病棟保育士のユミ先生に伝えられました。しばらくすると血小板が減少するという副作用が出てくるとのことです。

＊22
小児がん全体の約33％です。

＊23
保険点数加算：子ども1人につき1日800円が国から病院側へ支払われるようになりました。しかし十分な人数の病棟保育士配置のためにはさらなる支援が求められています。

＊24
その専門性を高めることを目的として、日本医療保育学会が学会認定資格として「医療保育専門士」の養成を行っています。病棟保育士について詳しく学びたい方は、全国病弱教育研究会編著『病気の子どもの教育入門』（クリエイツかもがわ 2013年）を参照。

　アキラくんが楽しいと感じる活動をできるだけ行いたいと、保育者ならば誰もが考えるでしょう。その場合に考慮しておくとよいのが「活動時期」です。工作用紙をカッターナイフで切るとなると、カッターナイフの使い方の基本をおさえておいたとしても、紙で手を切ってしまうこともあります。特に厚さのある工作用紙で手を切った場合は、傷も深くなりがちです。

　血小板は、「血液を固める」「止血する」働きを担っています。血小板の数が減るということは、けがをした時に血が止まりにくいということです。ならば、どのような保育の計画を立てればよいでしょうか。紙を切って物をつくる活動は、血小板の数がさほど減っていないうちに実施した方がよいのです。そして血小板の数が減ってきたころには、たとえば粘土で物をつくる活動などが適しています（粘土で手を切ることはないですよね）。

　病気や治療の副作用のことを考えて、活動内容や時期を工夫することで、子どもの活動機会は広がります。場合によっては計画の修正も必要となるでしょう。

☞ 深めるワンポイント　がんとは？

　がんは、白血病、悪性リンパ腫のような造血器腫瘍、脳腫瘍、その他の固形腫瘍に大きく分類できます。がん細胞と正常な細胞との大きな違いは、正常な細胞は一定の身体のシステムにしたがって分裂・増殖をしますが、がん細胞はそれを無視して健康な組織を破壊

・がん細胞
健康な人でも毎日
3千〜6千個造り
出されています。

・正常な細胞

して増殖していきます。子どもは細胞の分裂が大人よりも活発なため、がん細胞の分裂・増殖も早くなります。それゆえに抗がん剤が効きやすいという面もあります。

（2）主な配慮事項

　小児がんの子どもに必要な主な配慮事項を以下に記します。

①感染症の予防

　白血球は、体を守る免疫の働きを担っています。抗がん剤治療により白血球の数が減ると、体の免疫機能、抵抗力が低下します。よって予防がより重要になります。手洗い、うがい、マスクの着用の励行と、園での感染症の流行の情報を家庭に伝えます。特にインフルエンザやはしかなどが発生した場合には、すぐに家庭への連絡が必要です。

②生活上の体調管理

化学療法（抗がん剤による治療）では、発熱や吐き気、全身の倦怠感などが出る時があります。これらは必ずしも毎日起こるとは限りません。

③短期記憶低下や知的障害（脳腫瘍の場合）

脳腫瘍は病気や治療（手術、脳への放射線照射）の影響で、短期記憶低下や場合によっては知的な障害が発生することもあります。本人の怠けや入院による社会生活経験の不足によるものではありません。

④容姿の変化（ムーンフェース、脱毛）

多くの抗がん剤の副作用として脱毛が見られます。また、顔がむくんだような形になるムーンフェースがあらわれる場合も多いです。これらは治療が終われば、また徐々に元の状態へと回復していきます。

保育者としてもっとも配慮すべきことは、周囲の子どもの反応や関わりです。つらい治療をがんばった子どもとして、周囲が肯定的なまなざしで見る環境ができればもっともよいと思いますが、年齢などによってはそれが難しい状況もあります。そのような状況では、室内でも着帽を認めるなどの配慮が必要です。現在ではそのような子どもたちのためのかつらもあります。

⑤その他の副作用

そのほか、放射線治療の影響で左右の筋肉の成長に差が出るケース、唾液の分泌が悪くなり口腔内にさまざまな支障が出るケース（喉を傷めやすい、水分がないと固形物を食べられない、虫歯になりやすいなど）、さまざまな副作用があります。脱毛やムーンフェースのような治療後の一時的な問題ではなく、生涯にわたって続くもの（晩期障害）もあります。子ども一人一人の必要な情報を主治医や保護者から得て、それに応じた配慮を行います。

3. 先天性心疾患

エピソード（16）　体育や運動会はいつも見学？

7歳のユウくんには先天性の心疾患があり、運動制限があることを保護者から聞いたミカ先生は少し怖くなってしまいました。「ある程度以上の運動はさせてはいけないって…ある程度って？」（ミカ先生の心の声）。そう考えると、どうしても体を動かす場面では、ユウくんに対して「ダメ」と言うことが多くなりました。

　特に体育や運動会は、先生の指導計画のもとで実施する活動です。計画の段階からユウくんははずしておいた方が安全と考え、「見学」としました。見学の時間が楽しいものとなるように、教室のなかにいることを認めたり、そこで好きな遊びをしていてよいという配慮をしました。でも、ユウくんはみんなと一緒に参加したいという想いをもっているようです。

（1）病気の特徴

　生まれた時から心臓に異常がある疾患を先天性心疾患といいます。大人の場合は高コレステロールや高血圧などの生活習慣が大きくかかわる心臓病が多いのですが、子どもの心臓病は先天性心疾患のケースがほとんどです。先天性心疾患には、特に治療をしなくても生活上は支障のないものから、すぐに手術が必要なものまでさまざまです。近年は乳児期での発見が可能になり、適切な治療を受けることによって90％以上が完治するようになりました。

　もっとも多いのは心室中隔欠損症[25]といい、左右の心室を隔てる壁に穴があいている病気です。左右の心室には静脈流（老廃物を多く含む血液）と動脈流（酸素を多く含む血液）が流れています。ところが、この穴が大きいと左右の心室の血液が混ざってしまい、体に酸素を運ぶ動脈流の酸素濃度が低くなります。すると体にいきわたる酸素の量が不十分になり、その結果、激しい運動をするとチアノーゼや意識障害[26]が起きたりする場合があります。穴が大きいと穴を塞ぐ手術が必要です。穴が小さい場合は定期的な経過観察のみでよく、特に日常生活をするうえでは何ら支障がない場合もあります。心室中隔欠損症のほかにさまざまな心疾患があるので、保護者と連携のうえ、主治医（専門医）からの情報を得て、個別の事情に即した対応が必要です。

[25]
心臓病全体の約32％。その次に多い心房中隔欠損症は約11％。

[26]
意識障害は気を失った状態のみを意味するものではありません。注意力がなくなってぼんやりとしている、刺激に対しての反応が鈍くなる、自分がおかれている状況がわからなくなってしまう等も含まれます。

大動脈
肺動脈
右心房
右心室
左心房
左心室
この穴を**心室中隔欠損**といいます。

ふりかえりメモ：

（2）学校生活管理指導表

＊27
巻末の 252 ページを
参照。

エピソードのミカ先生の気持ちがわかる方も多いのではないでしょうか。ユウくんにできる範囲の運動はさせてあげたい。でも、ある程度の運動は大丈夫と言われても、「ある程度の感覚は人によって違うし、ある程度ってどの程度？」と戸惑うのも当然です。そこで用いるのが学校生活管理指導表＊27 です。

学校生活管理指導表には、可能な運動の強さの程度や種類などが記載されています。心臓の専門医であれば必ずもっていますから、生活の様子を伝えたうえで保護者と連携し、作成してもらいましょう。そうすると、実施可能な程度が具体的にわかります。慎重さは必要ですが、必要以上に恐れないことも重要です。どこがそのラインかの見きわめは専門家を頼りましょう。

（3）感染性心内膜炎の予防

ほとんど制限のない日常生活を送れる場合であっても、先天性心疾患は感染性心内膜炎を起こしやすいケースがあるということは覚えておく必要があります。感染性心内膜炎とは、細菌が原因で心内膜や弁膜に炎症が起こることで、その結果、塞栓症や弁機能不全を起こしてしまうことがあります。

感染を引き起こす主な原因となるのが虫歯菌です。よって、虫歯予防が非常に重要になるのです。最近では給食後に歯磨きを奨励している保育所や学校も多くなってきましたが、その徹底が必要です。年齢や障害の状況によっては保育者が仕上げ磨きをする必要があります。これは「ひいき」ではなく、合理的で必要な支援です。

4. Ⅰ型糖尿病

エピソード（17）　給食は少なめ、後で１人だけおやつはずるい？

Ⅰ型糖尿病のヒナちゃん（８歳）は、血糖値のコントロールの関係で給食ではみんなと同じ量のカロリーを摂ることができません。よって、少なめの盛りつけとなります。さらにインスリン注射を行います。しばらくすると同級生よりも早い時間に血糖値が下がってきて、今度は低血糖状態になるのを防ぐために、いつも補食としてお饅頭を食べます。それを見ていた同級生がこう言いました。「ずるーい！」「給食をちゃんと食べないからだよ！」。

（1）病気の特徴

　Ⅰ型糖尿病は、インスリンを合成・分泌する膵臓のランゲルハンス島β細胞が何らかの原因により破壊されて発症する病気です。成人病のように生活習慣が原因で引き起こされるものではありません。生活習慣が原因で引き起こされる糖尿病はⅡ型糖尿病です。Ⅰ型糖尿病は通常、その発症は急激で、発症時の症状としては全身の倦怠感、著しい喉の渇きによる多飲、多尿、及び体重減少などがあげられます。発症年齢は5〜15歳にピークがあります。

　インスリンは血液中の血糖値を下げる働きがあります。Ⅰ型糖尿病患者はインスリン分泌の不足を補うために、生涯にわたりインスリン注射が必要となります。インスリン注射にはすぐに血糖値を下げる速効型や、持続的に効果を保つ持効型、中間型などがあり、一人一人に合わせてできるだけ健康な人のインスリン分泌に近いように調整しながら使用します。しかしそれだけでは調整が難しく、1回に摂る食事のカロリーを減らしたり、食事と食事の間に補食を摂る必要がある場合も少なくありません。

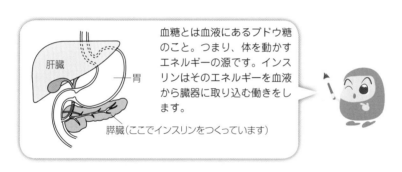

肝臓

胃

膵臓（ここでインスリンをつくっています）

血糖とは血液にあるブドウ糖のこと。つまり、体を動かすエネルギーの源です。インスリンはそのエネルギーを血液から臓器に取り込む働きをします。

　補食としては、すぐに血糖値の上昇につながる糖分を多く含むものがよいとされています。補食が適切なタイミングで摂れないと低血糖症状が出てきます。強い空腹感、倦怠感、顔面蒼白、動悸、頻脈、冷や汗、手足の震えなどが出ることがあり、放置すると意識障害に至ります。

（2）保育所や学校での配慮

①安心して補食や注射のできる場所を確保する

　エピソードのヒナちゃんは、本当に「ずるい」のでしょうか。補食としてお饅頭を食べるのは血糖値をコントロールする（上げる）ためであり、インスリン注射を打つのも血糖値をコントロールする（下げる）ためです。つまり、この場合のお饅頭（補食）は、薬として摂っているのと同じことです。

　患者会の方から次のようなお話をうかがったことがあります。「小学校の時に周囲の理解がなく、補食が摂りにくかった。先生からも友だちに見つからないように食べなさいと言われただけで何の支援もなく、いよいよ低血糖

で倒れそうにつらくなった時、やむなくトイレの個室で食べたことがある」。

　保育士や教師は、周囲に病気や補食、インスリン注射などについて正しい理解を図っていくことが求められます。集団の年齢などによりその理解がどうしても難しい場合は、補食を安心して摂れる場所の確保が必要です。トイレで隠れて食べざるを得ないなどということは、人権的にも衛生的にもあってはならない事態です。インスリン注射は、取り扱いが簡単なペン型注射器を使用することで、小学校低学年でも自己注射を行っている場合があります。そのほか簡易血糖測定も行います。いずれも、実施するための安全な場所の確保が必要です。

②運動量に気をつける

　低血糖症状予防の観点から、運動量と血糖値の関係への注意が必要です。主治医から運動量と補食やインスリンのタイミングや量の関係についての指導を受けて、園や学校にもそれを伝えるように、本人と保護者に依頼しましょう。また、それにしたがった活動の場合でも、低血糖症状が出ていないか、確認しながら活動する必要があります。特に子どもの場合は自分から訴えないこと、活動に夢中になるがあまりに自分では気づかないこともあるので留意はなおさら必要です。

5. 小児アレルギー

エピソード (18)　アレルゲンを体内に入れないのが原則

> 　ある小学校で悲しい出来事が起きてしまいました。アレルゲンを除去した特別な給食をいつも食べていた女の子が、給食のおかわりをした際に担任教諭が誤って普通食を盛りつけてしまい、アレルギー発作を起こして亡くなってしまいました。

（1）アレルギー疾患の原理と基本的対応

　小児アレルギーとしてもっとも多いのは、ぜんそくとアトピー性皮膚炎です。アレルギー症状は、異物[*28] が体内に入ってきた際に体を守ろうとする免疫反応が過剰に起こってしまうことであらわれます。対応の基本は、アレルゲンを体内に入れないことです。スギ花粉がアレルゲンであればマスクをする、卵がアレルゲンであれば卵を使用した食品を摂らないといった対応が基本[*29] です。

[*28]
このような異物をアレルゲンと呼びます。

[*29]
近年、アレルゲンを数滴、舌下に入れることで体を慣らしていくという治療法があらわれました。これは医師の指示にもとづいて実施するものであり、日常生活で独自の判断で行ってよいものではありません。

126

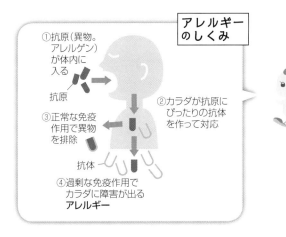

①抗原（異物。アレルゲン）が体内に入る
抗原
③正常な免疫作用で異物を排除
抗体
④過剰な免疫作用でカラダに障害が出る
アレルギー
②カラダが抗原にぴったりの抗体を作って対応

アレルギーのしくみ

巻末の253ページと254ページに「保育所におけるアレルギー疾患生活管理指導表」を掲載しています。

（2）気管支ぜんそくへの対応

　食品のほかに、煙や冷気、ほこりやダニ、動物の毛などが発作を引き起こすことがあります。環境整備が重要です。動物とのふれあいにも注意が要ります。学校では掃除当番の担当箇所にも配慮が求められます。

　運動によって発作が起きることがあり、これを運動誘発ぜんそく（EIA）といいます。冷たく乾燥した環境下や長時間の運動により起こりやすくなります。たとえば、マラソンはEIAが起こりやすく、水泳は適切に休息をとりながら行えばEIAが起こりにくい運動です。

　ぜんそく発作が起きた場合には、まずは楽な姿勢での安静と水分補給を行います。主治医から処方されている吸引薬があればそれを使います。アナフィラキシーショック（表4－11）の場合は、エピペン（簡易型注射）があれば使いましょう。エピソードの事故の後、日本アレルギー学会がエピペンを使うべきかどうか迷った際、つまりアナフィラキシーショックの疑いが1つでもある際には使うようにという呼びかけを行いました。大発作ではない発作時にエピペンを使用した場合の副作用は軽微で、一方、使うべき時に使わなかった際のリスクの方がはるかに高いということです。慌てずに使用するために、事前に保管場所や使用方法を確認しておきます。

表4－11　アナフィラキシーショックの症状

消化器系の症状	繰り返し吐き続ける、持続する強いお腹の痛み
呼吸器系の症状	のどや胸が締め付けられる、声がかすれる、犬が吠えるような咳、持続する強い咳込み、ゼーゼーする呼吸、息がしにくい
全身の症状	唇や爪が青白い、脈が不規則・ふれにくい、意識がもうろうとしている、ぐったりしている、尿や便を漏らす

出典：日本小児アレルギー学会アナフィラキシー対応ワーキンググループ「一般向けエピペンの適応」2013年

（3）アトピー性皮膚炎への対応

　夏に悪化するタイプと冬に悪化するタイプがあります。前者は細菌繁殖が主な原因ですので清潔にすることが重要です。ただし、体を洗う際に強くこすり過ぎないようにしましょう。せっけんも刺激の少ないものを用います。後者は乾燥が主な原因です。よって、保湿クリームを塗る、手を洗った後にしっかりと拭くことなどが重要になります。

　衣類の素材やダニなどがアレルゲンの場合もあるので、掃除は重要です。外用薬は、医師の指示通りの量・回数を、手を洗ってから塗ります。また、体が温まるとかゆみが強くなるので、運動量の調節が必要な場合があります。紫外線が強い季節は屋外での活動はできる限り避けた方がよいでしょう。

レッツトライ・・・・・・・・・・・・・・・・・・・・・・・・・・・・　演習課題

Q 退院はしたけれど通院治療のために、同じ曜日の同じ時間帯に不在が続くユノちゃん。どのような配慮が必要でしょうか。自分のクラスの計画や園全体にどのような理解が必要かなど、具体的に考えてみましょう。

 エピソード（19）　退院はしたけれど通院治療があるユノちゃん

　ユノちゃん（年長児）は退院しましたが、まだ自宅からの通院治療を定期的に行わなければなりません（近年は入院期間が短期化し、その分、通院治療を行うケースが増えてきました）。ユノちゃんの主治医の先生の診察日は火曜日です。そして診察時間は午前中のみです。最初は1週間に1回、その後は2週間に1回、しばらくすると1か月に1回、通院します。その都度、幼稚園は欠席です。火曜日の午前中の主活動は「作って遊ぼう」（造形表現活動）ですので、木曜日の次の「作って遊ぼう」の時間には、ユノちゃんは自分の制作物がなくて遊べなかったり、遅れた状態からの制作スタートとなったりしていました。

ホップ　　　自分の考えや調べてわかったことを箇条書きで書き出してみましょう。

....

....

....

ステップ　「ホップ」で考えたことや調べたことをもとに話し合ってみましょう。

ジャンプ　話し合った内容を文章にまとめてみましょう。

 現場からの声⑦

「ここに来てよかった」と思える場所に

元東京都立墨東特別支援学校いるか分教室（国立がん研究センター中央病院小児病棟内）・佐藤比呂二

「私、あのころ、自分は病気じゃない
と思っていたから院内学級には行かなか
ったんだ」

院内学級で出会った高校生の女の子
が、入院当初のころを振り返った言葉で
す。小児がんとわかった時、彼女は足を
切断するかもしれないほどの状況でした。それでもなお「自分は病気じゃな
い」と思っていたと言います。いや、突然見舞われた重い病だからこそ「病
気を認めない」ことでしか自分の心を保つことができなかったのでしょう。
そんな彼女もいつしか院内学級に通うようになり笑顔を取り戻していきまし
た。ふさぎこんでいた彼女の心を支えてくれたのは、ともに病気と闘う仲間
の存在でした。

仲間と出会ったことで、入院以来、初めて笑えている自分に気づいたとい
う子がいます。もし、仲間もなく１人ベッドで天井を眺める日々だったら頭
がおかしくなっていたかもしれないという子もいます。

一方で、打ち込んできたスポーツをあきらめざるを得なくなってしまった
など、病気により負った障害のため夢を奪われる子もいます。しかし、院内
学級を経験したことで新たな夢をみつけることもできるのです。支えてもら
ったからこそ今度は支える仕事がしたいと義足を作る仕事を目指しがんばっ
ている子がいます。つい最近もうれしい知らせを受けました。冒頭に紹介し
た子がこの春、病気の子どもたちに寄り添う仕事を目指して大学への進学が
決まったそうです。

院内学級は、たんに勉強ができる場というだけではありません。人と人と
をつなぎ、夢を育む場にもなるのです。病気になりたくてなった子はいませ
んよね。誰一人望んで来た子はいない院内学級ですが、子どもたちが、ここ
に来てよかったと思える場にしたいのです。「病気になったのは不運ではあっ
ても決して不幸ではない。それを証明するために自分は生きる」と語った青
年がいます。その想いに応えるには、院内学級の中身を豊かで輝くものにす
ること、それしかありません。

第9節　重症心身障害や医療的ケア

1. 重症心身障害

（1）重症心身障害とは

エピソード（20）　「楽しませ隊」がやってきた

> マコトくんは肢体不自由特別支援学校の5年生です。肢体不自由で車いすを使っていて、知的な遅れもあります。ある日、近くの小学校のトモキくんが友だちと一緒に「楽しませ隊」として、絵本の読み聞かせをしに来ました。マコトくんとトモキくんは、同じ保育所に通っていた友だちです。マコトくんは久しぶりにトモキくんに会えて、笑顔いっぱいになりました。

　マコトくんは重症心身障害です。就学する時に、トモキくんと同じ小学校ではなく、特別支援学校を選びました。トモキくんは小学校で障害の話を聞き、マコトくんのことを思い出して、会いたくなり、「楽しませ隊」を考えつきました。久しぶりに会った2人は保育所の時のように、楽しく過ごしたそうです。

　肢体不自由と知的障害の重複障害で、特に重い障害を「重症心身障害」といいます。障害の程度を示す大島分類（図4－13）では1～4、運動機能は座れるか寝たきりで、知能指数が35以下となります。脳性まひや染色体異常などが主な疾患です。言語障害や視覚障害、聴覚障害、嚥下障害などがある場合もあります。

					知能指数
21	22	23	24	25	80 / 70
20	13	14	15	16	
19	12	7	8	9	50
18	11	6	3	4	35
17	10	5	2	1	20

走れる　歩ける　歩行障害　座れる　寝たきり
運動機能

図4－13　大島分類

このアミかけの部分が重症心身障害です。

出典：大島一良「重症心身障害の基本的問題」『公衆衛生』Vol.35 No.11　p.655　1971年

重症心身障害の場合、生涯にわたって、日常的に日常生活行為（以下、ADL：activity of daily life）の支援が必要になります。ADL には食事、排泄、着脱、入浴、移動、コミュニケーションなどが含まれます。

（2）気持ちが通い合う時

 エピソード（21）　「歌ってほしいの？」

> 　タクヤくん（4歳）は重症心身障害で、発達年齢では1歳前後でした。退屈な時や気分や体調が悪いと、こぶしで自分をたたいたり、床に頭を打ちつけたりして傷だらけになるので、危険防止のため、ベルトで手や脚を固定していました。
> 　出会ったころは、抱っこで手足の動きを止めながら、話しかけたり、歌を歌ったりしていました。少し気を緩めると自己刺激が始まるので、気が抜けない日々でした。3か月ほどしたころでしょうか。視線を感じて、「歌ってほしいの？」と聞くと、ふっと表情が緩みました。抱っこでいつもの歌を歌うと、「ん、ん」と声を出したのです。心なしか笑っているように見えました。それ以降、タクヤくんは落ち着いて過ごせる時間が少しずつ増え、活動のなかでふっと笑うようになりました。

　重度・重複障害児の発達と教育の研究を行っている細渕富夫氏は、笑顔の獲得が最初の発達段階であるが、「笑顔の表出自体が教育のねらいではない」、身体の障害が重くて笑顔が見られなくても「実は豊かな内面が育ってきていることがある」と書いています[11]。タクヤくんの内面の育ちを考えてみましょう。気持ちが通い合う経験を通して、タクヤくんの内面は、自己刺激の世界から人とのかかわりの世界へと変化してきたのだと思います。

（3）重症心身障害児の保育

　重症心身障害のある子どもたちの多くは、療育センターや児童発達支援センターなどの療育機関で、療育を受けています。発達初期の子どもたちですので、もっている感覚や身体機能を活用して、感覚遊びやおもちゃ遊びなどで人間関係の基礎を築きます。その後、タクヤくんはほかの先生とも穏やかに過ごせるようになりました。

　障害が重度でも、「幼児期は地域の同年代の子どもたちと一緒に生活させたい」と保護者が希望することがあります。療育機関に通いながら、週に1回は保育所、リハビリがある時以外は保育所、などさまざまな方法があります。生活全般に介助が必要ですが、友だちと関わる経験を広げていくことが

認知や社会性の発達を促します。マコトくんは言語障害があり、言葉でのコミュニケーションはできません。しかし、視線や表情で気持ちを伝えることができます。幼い時に地域の保育所で一緒に過ごした経験から、マコトくんとトモキくんは再会した時も気持ちが通じ合ったのでしょう。障害の有無にかかわらず、一緒に生活できる基盤を育てることも、重症心身障害児の保育のねらいといえます。

2. 知的、発達、視覚、聴覚の重複障害

（1）保育者の接し方が成長の鍵を握る

①単純な足し算ではない

視覚と聴覚の重複障害であったヘレン・ケラーとサリバン先生（写真）。2人の歩みは、重複障害のある子どもへの教育、支援の重要性を語っているといえるでしょう。

サリバン先生の指文字をたどる7歳のヘレン
写真提供：社会福祉法人 東京ヘレン・ケラー協会

重複障害はそれぞれの障害の"足し算"というような単純なものではありません。たとえば、視覚障害の単一障害であれば、視覚的に制限されてしまう情報を聴覚的手段で得たり、知的理解で補ったりすることができます。しかし、視覚障害に加えて、聴覚障害、知的障害もあるとなれば、それぞれの障害をカバーする手段も限られることになります。そのため、重複障害は各障害による困難が単一の状態よりもさらに増幅されることになります。

また近年では、感覚障害または知的障害に加えて、自閉スペクトラム症や学習障害、注意欠陥多動性障害などの発達障害を重複するケースも注目されています。障害の状態も成育状況も子どもによって大きく異なるので、それまでに重複障害児の保育を経験したことがあっても、新たなケースにそれがそのまま応用できるわけではありません。

②谷間の問題

重複障害児の保育では、関わり手に鋭い観察眼と、子どもの意思をくみ取る姿勢が求められます。「どうせわからないだろうから」といった気持ちで子どもと接してしまうことは、重複障害児の発達の潜在的な可能性を奪ってしまうことになりかねません。ていねいに観察することによって介入の糸口が見つかり、対象児の発達を促す保育活動へつながります。

重複障害児に固有の問題として、どの教育機関を選択したらよいかという「谷間の問題」があります。教育機関の選択には、それまでの発達の状況が大きくかかわってくるので、医療機関、特別支援学校、児童相談所、心身障害児療育施設、発達障害支援センターなどそれぞれの専門機関と連携しつつ、

初等教育へのスムーズな橋渡しとなる保育を実践することが大切です。

（2）どのように支援するか

①細やかな行動観察が大切

　保育現場における重複障害児のアセスメントでは、日常の細やかな行動観察によって得られる情報が大きな意味をもちます。医療機関や専門機関、保護者を通して得られる医学的診断や所見、生育歴、標準化された検査の結果などを参考にしながら、見え方や聞こえ方、理解、コミュニケーション、手先を使った作業などの状態を日常的な保育場面のなかで見ていきます。視覚・聴覚に対する反応については、特に気をつけて観察する必要があります。いくらていねいなかかわりをもって対象児と接したとしても、対象児にとって、それが見えていない（見えにくい）、聞こえていない（聞こえにくい）ものであったら、そのかかわりはすべて意味のないものになってしまいます。

　また、ある音に反応がなかったとしても、聞こえていないとは限りません。その子にとって意味のある音でない、関心がないため反応をしないということもあります。また、周囲に合わせた行動ができていても、指示されたことを理解できているとは限りません。先生の表情や声の調子、状況や雰囲気を感じ取って行動している、という場合もあります。

②アプローチのポイント

　細やかな観察を行うことによって、対象児にどのようにアプローチしていくかが明確になります。ポイントは以下の4つです。

①子どもが確実に受容できる伝達形式。 ②子どもの理解レベルに沿った伝達内容。 ③子どもが関心をもっている事柄を切り口とする関わり。 ④子どもが安心感、信頼感をもてる関わり。

その子にとってわかりやすく伝えてあげましょう

　重複障害では、言語、認知、コミュニケーションの発達に困難をともなうことが少なくありません。感情や共感を伝え合うやり取り、概念の形成の基盤となる実体験などは、いずれも発達に欠かせないものです。重複障害児には意図的に介入しなければ、日常の保育活動のなかで繰り広げられるやり取りや情報のほとんどが入ってきていないことを常に意識する必要があります。

（3）コミュニケーションを大切に

①その子なりの信号をとらえよう

　重複障害児は、人や周囲への関心を示さないことも少なくありません。そのため、コミュニケーションの確立に特に大きな困難を抱えることになります。コミュニケーションに関しては、対象児から発されているその子どもなりの「信号」をとらえてやり取りにつなげていくことが大切です。おもちゃをずっといじりまわしているのなら、そのおもちゃの何かに興味をもっていることを身体で語っています。その子どもが関心をもっている事柄をコミュニケーションや活動の切り口にすることにより、意欲的な参加や知的形成の促進につなげることができます。伝達に関しては、音声、身ぶりサイン、触感、絵カード、写真、色分け表示など、子どもに確実に伝わり理解しやすい方法を工夫してください。身ぶりサインなどを使用する場合は、保育者や養育者の間でサインを統一し、対象児が混乱することのないように留意します。

②安定したコミュニケーション環境のために

　感覚障害をともなう重複障害児は、自分の意思が思うように周囲に伝わらず、自分の周囲でやり取りされていることや生じていることが理解できない環境に置かれることで大きなストレスを感じます。安定したコミュニケーション環境を確立することは、重複障害児の心の安定と潜在的な発達を引き出すことにつながります。

安心できるコミュニケーション環境に必要なこと

・自分の意思や感情をしっかり受け止めてくれる、意思の疎通ができる保育者がいること。
・保育者の関わり方が常に一定でわかりやすいこと。
・次に何をするのか見通しをもって活動に参加できるように工夫してあること。

 演習課題

Q 次のエピソードのアツシくんは重度の聴覚障害と知的障害のある5歳の男の子です。自閉スペクトラム症の可能性もあります。遊びを通じたコミュニケーションや他者との関わりを増やすことがアツシくんの発達にとって大切だと考えられます。そのために保育者としてどのように関わるとよいでしょうか。

 エピソード（22）　いつもひとりぼっちのアツシくん（5歳）

　アツシくんは、1歳5か月で知的障害、2歳前に聴覚障害（両耳とも100dB）の診断を受けました。両耳の補聴器を装用していますが音に対する反応はほとんどありません。津守・稲毛式乳幼児精神発達検査では「社会」と「言語」に著しい遅れを示していました。

　アツシくんは自ら言葉を発することはありません。ほかの子どもたちの行動を見ていて、それについていこうとすることはありますが、黙々と積み木を並べるひとり遊びが好きです。自分の目の前で手をひらひらさせ続けていることもあります。また、アイコンタクトを取るのが難しく、話しかけても視線を合わせることがほとんどありません。ふだんは静かにしていますが時々かんしゃくを起こしてパニックになることもあります。

　これらが発達障害からくるものなのか、聴覚障害によってコミュニケーションが成立しない環境に置かれ続けたことからくる二次障害なのかははっきりしていません。

 ホップ

　アツシくんがいつものように1人で積み木を並べて遊んでいます。この遊びをアツシくんと意思疎通を図りながら、保育者とアツシくんとの共同でできる遊びにするにはどうしたらよいでしょうか。自分で考えたことや調べたことを箇条書きで書き出してみましょう。

....

....

....

ステップ

　「ホップ」で考えたことや調べたことを話し合ってみましょう。

....

....

....

 ジャンプ

　「ホップ」と「ステップ」を踏まえて、ほかの遊びのケースを考えてみましょう。クラスで「こおり鬼」をして遊ぶことになりました。アツシくんがほかの子どもたちに混じってこのゲームを楽しめるようにするためには、保育者はどのような点に配慮・工夫をするべきでしょうか。話し合い、文章にまとめてみましょう。

....

....

....

③. 医療的ケア

（1）医療的ケアと医療的ケア児

　飲み込みやせきの力が弱いために痰や鼻汁を器械で取り除く「痰の吸引」[30]、呼吸障害で息をしやすくするためにのどに穴を開けた「気管切開」や「人工呼吸器」[31]、口からの食事が困難なためにカテーテル[32]で栄養をとる「経管栄養」[33]、自分で排尿コントロールができないために膀胱にカテーテルを挿入して排泄する「導尿」などの医療的なケアが必要な方がいます。

　「医療的ケア」という言葉は、大阪府教育委員会設置「医療との連携のあり方に関する検討委員会」報告書（1991 年）に載ったのが自治体文書として最初です。当時、家族等が行っているこれらの行為を教員が研修を受けて「教育の場で教育行為の一環」として実施していたことから考え出された教育現場から始まった言葉です[12]。

　医療技術の進歩によって従来生存が難しかった子どもたちの命が救われ、医療的ケアを必要とする子どもが増えてきました。こうした社会背景のもと、改正児童福祉法（2016 年）では第 56 条 6 第 2 項が新設され、「人工呼吸器を装着している障害児その他の日常生活を営むために医療を要する状態にある障害児」を「医療的ケア児」と表現するようになりました。厚生労働省調査では、全国の医療的ケア児は推計で約 1.8 万人（平成 29 年厚生労働科学研究田村班報告）とされています。

＊**30**　痰の吸引
呼吸が楽にできるように、息の通り道（気道）にたまった痰、唾液、鼻水などの分泌物を吸引器で取り除くこと。

＊**31**　人工呼吸器
筋肉や神経の機能が低下して、息を吸ったり吐いたりする呼吸がうまくできないため、人工呼吸器（ベンチレーター）で呼吸の補助を行います。

＊**32**　カテーテル
カテーテルは体の中に挿入された管のことで、体の外にあるものはチューブ、回路などと言います。

＊**33**　経管栄養
鼻の穴から胃まで管を入れるのを経鼻経管栄養、腹壁に穴を開けて直接胃まで通した管で栄養を摂る方法を胃瘻（いろう）と言います。

図４－ 14　痰の吸引及び経管栄養（胃瘻）

（2）保育所等における医療的ケアの対応

　医療的ケア児のなかには、運動障害や知的障害もない、単にのどに穴が空いていて（気管切開）、吸引だけが必要な子どもたちもいます。2005年11月2日、気管切開をした女児と保護者が保育所への入園を求めて、入園を認めなかった市を相手に東京地方裁判所へ提訴しました。判決（2006年10月25日）では、市の処分は裁量権を逸脱し違法だとして取り消し、保育所への入園を認めるよう判決が行われました。この裁判は、「医療的ケア」に焦点化された裁判と言えます[13]。

　改正児童福祉法（2016年）を受けて、厚生労働省は2017年度から医療的ケア児の受け入れを行う保育所等に認定特定行為業務従事者[*34]である保育士又は看護師等配置の費用の2分の1を国が補助する「医療的ケア児保育支援モデル事業」（図4-14）を開始しました。2018年度からは、障害児通所支援事業所に通所する医療的ケア児について、保育所や放課後児童クラブとの併行通園等を行う「医療的ケア児支援促進モデル事業」を開始しました。そして、2019年から厚生労働省は、従来からある医療的ケア児保育支援モデル事業などをベースに医療的ケア児と家族を総合的に支援しようとする「医療的ケア児等総合支援事業（地域生活支援事業）」（図4-15）を始めました。

　2019年4月1日施行「指定保育士養成施設の指定及び運営の基準について」の一部改正によって、保育士養成課程のなかに「重症心身障害児、医療的ケア児の理解と援助」が追加されました[*35]。

　医療的な配慮だけに保育所への看護師の配置は必要ですが、保育士として障害のある子どもとない子どもがともに育ち高め合っていくための支援と環境づくりに努めていただきたいと思います。

＊34　認定特定行為業務従事者
医療資格の無い介護職員等が喀痰吸引や経管栄養を行うためには、登録研修機関で基本研修（講義とシミュレーター人形を用いた演習）と利用者に対する実地研修を修了した後、都道府県に申請をして「認定証」の交付を受けなければなりません。

＊35　医療的ケア児の理解と援助
医療的ケア児の多様な障害像やライフステージにおける支援などを理解するための資料映像（DVD）としては、小沢浩・下川和洋監修『医療的ケア児の理解と支援』（株式会社アローウィン2019年）を参照してください。

👉 **注目コラム**　**はじまる！　医療的ケア児・障害児クラスの集団保育**

　東京都港区に2020年1月に開所した区立元麻布保育園（定員200人）では、たんの吸引などの医療的ケアの必要な子どもや障害児の専用クラスを設け、当初2〜4歳の6人でスタートして4月から定員20人に拡大する予定になっています。

　これまで個別的に医療的ケア児を受け入れている保育所はありましたが、保育所で「医療的ケア児・障害児クラス」での集団保育というのは、ありませんでした。形としては小学校のなかに特別支援学級が置かれるような関係で、インクルージョンではなくインテグレーション（統合保育）ではありますが、障害のあるなしにかかわらず地域で育つための支援であり、また保護者の就労保障も含めた家族支援の取り組みだと思います。

事業概要

○保育所等において医療的ケア児の受入れを可能とするための体制を整備し、医療的ケア児の地域生活支援の向上を図る。
○また、モデル事業を実施してノウハウを蓄積した施設等を市町村内の基幹施設として、医療的要因や障害の程度が高い児童の対応を行うとともに、**医療的ケアに関する技能及び経験を有した者（医療的ケア児保育支援者）を配置**し、管内の保育所への医療的ケアに関する支援・助言や、喀痰吸引等研修の受講等を勧奨するほか、**市町村等において医療的ケア児の受入れ等に関するガイドラインを策定**することで、安定・継続した医療的ケア児への支援体制を構築する。

事業イメージ

＜基幹施設＞

看護師等

医療的ケア児保育支援者

助言・支援等

＜管内保育所等＞

保育所　保育所（医ケア児受入施設）

モデル事業を実施してノウハウを蓄積した施設等が、市町村内の基幹施設として、管内保育所の医療的ケアに関する支援を行うとともに、**医療的要因や障害の程度が高い児童の対応を行う**

医療的ケア児保育支援者の支援を受けながら、保育士の研修受講等を行い、医療的ケア児の受入体制を整備

＜支援者の主な業務内容＞

・保育所等への医療的ケア児の受入れ等に関する支援や助言
・保育所に勤務する保育士等に対する喀痰吸引等研修の受講勧奨
・医療的ケア児の受入れを予定している保育所等の保育士等が、喀痰吸引等研修を修了するまでの間の医療的ケア
・障害児通所支援事業所等に配置されている「医療的ケア児等コーディネーター」との連携　等

図4－14　医療的ケア児保育支援モデル事業

出典：厚生労働省・文部科学省「平成31年度予算案における医療的ケア児等への支援施策について」2018年

【事業内容】
医療的ケア児とその家族へ適切な支援を届ける医療的ケア児コーディネーターの配置や地方自治体における協議の場の設置など地方自治体の支援体制の充実を図るとともに、医療的ケア児とその家族の日中の居場所作りや活動の支援を総合的に実施する。
【実施主体】都道府県・市町村　　**【予算案】**地域生活支援事業　128,543千円

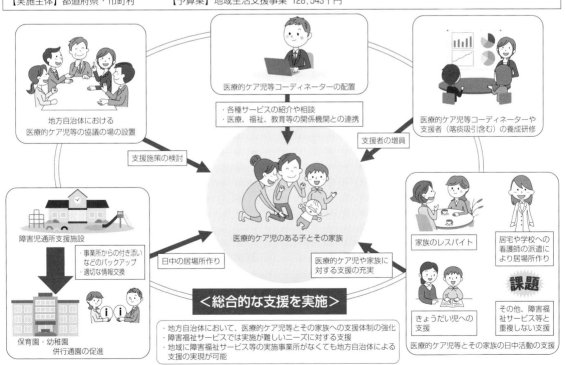

図4－15　医療的ケア児等総合支援事業（地域生活支援事業）

出典：厚生労働省・文部科学省「平成31年度予算案における医療的ケア児等への支援施策について」2018年

第10節　福祉と教育の両方の視点を大切に

エピソード (23)　「障害の種類を知ることで何か良いことがありますか？」

　保育士であるアケミさんは、自分の担当するマサヒロくんについてほかの子どもと発達の違いがあると感じていました。そこで主任、所長と相談のうえ、マサヒロくんの保護者に専門機関を受診するようすすめました。ところが何日たっても、保護者が行動を起こす気配が見られません。そこであらためて話したところ、お母さんは非常に固い表情で、「そんなに息子を障害児にしたいのですか？　医者にかかれば息子はほかのみんなに追いつくのですか？」と言いました。アケミさんは言葉が出せませんでした。障害名を知って何がどう変わるのか、自分でも知らなかったからです。

　良かれと思って専門機関をすすめたところ、その後に保護者との関係が悪化するケースはよくあることです。保護者の障害受容の難しさはありますが、一方で保育者側にも障害についての認識不足があるのではないでしょうか。

　本章では障害の種類や状態の理解と支援について解説してきましたが、最後に日本の法律が障害をどのように規定しているのかを確認しましょう。

1. 福祉関連の法律による障害の分類

（1）障害者の定義

　日本の障害者施策を推進する中核となる法律である「障害者基本法」では、第2条において障害者の定義を次のように説明しています（番号は筆者）。

障害者基本法

第2条　1　①身体障害、②知的障害、③精神障害（発達障害を含む。）④その他の心身の機能の障害（以下「障害」と総称する。）がある者であって、障害及び社会的障壁により継続的に日常生活又は社会生活に相当な制限を受ける状態にあるものをいう。

　この4つの分類は、「児童福祉法」と「障害者の日常生活及び社会生活を総合的に支援するための法律」（以下、障害者総合支援法）でも書かれているので、日本の障害者支援を考える枠組みと言えます。さらに各障害についてそれぞれ法律があります。

・**身体障害**

　「身体障害者福祉法」の別表で詳しく定義されており[36]、身体障害者手帳の交付を受けると、補装具の給付等が受けられるようになります。

・**知的障害**

　「知的障害者福祉法」がありますが、この法律には知的障害の定義はありません（80ページを参照）。知的障害者と判定されると、療育手帳が交付されます。

・**精神障害**

　「精神保健及び精神障害者福祉に関する法律」で定義されており、精神障害者保健福祉手帳が交付されます。本書では精神障害は取り扱いませんが、ただし分類上、精神障害に含まれる発達障害については詳しく説明しています。発達障害は「発達障害者支援法」で規定されています。

・**その他の心身の機能の障害**

　児童福祉法と障害者総合支援法において「治療方法が確立していない疾病その他の特殊の疾病であって政令で定めるものによる障害の程度が厚生労働大臣が定める程度である者」とされ、難病等が含まれることが明記されています。

＊36
視覚障害、聴覚または平衡機能の障害、音声機能、言語機能またはそしゃく機能の障害、肢体不自由、心臓、じん臓または呼吸器の機能の障害、その他政令で定める障害があげられています。

（2）障害児の定義

　障害児については、児童福祉法において次のように定義されています。先に述べたように、障害者基本法と同じ4つの分類になっています。

児童福祉法

　第4条　2　身体に障害のある児童、知的障害のある児童、精神に障害のある児童（発達障害者支援法第2条第2項に規定する発達障害児を含む。）又は治療方法が確立していない疾病その他の特殊の疾病であつて障害者の日常生活及び社会生活を総合的に支援するための法律第4条第1項の政令で定めるものによる障害の程度が同項の厚生労働大臣が定める程度である児童をいう。

2. 教育関連の法律による障害の分類

　福祉関連の法律では障害の種類が大きく4つに分類されるのに対して、教育関連の法律では少し様子が違います（番号は筆者）。

学校教育法

第72条（特別支援学校を設置できる障害種）
　①視覚障害者　②聴覚障害者　③知的障害者　④肢体不自由者　⑤病弱者（身体虚弱者を含む）
第81条（特別支援学級を設置できる障害種）
　①知的障害者　②肢体不自由者　③身体虚弱者　④弱視者　⑤難聴者
その他の障害（⑥言語障害者、⑦自閉症・情緒障害者[*37]）。

学校教育法施行規則

第140条（「通級による指導」を受けられる障害種）
　①言語障害者　②自閉症者　③情緒障害者　④弱視者　⑤難聴者　⑥学習障害者　⑦注意欠陥多動性障害者　その他の障害（⑧肢体不自由　⑨病弱及び身体虚弱）

※学校教育法、学校教育施行規則いずれも「その他の障害」の（　）のなかは文部科学省の通知にもとづいて示しています。

　福祉関連の法律が大きく4つに分けているのに対して、教育関連の法律は最大で9つと障害を細かく分類しているように感じませんか？　筆者はこの差は福祉と教育の性格の違いをあらわしていると考えます。福祉関連の法律は障害者を守り支え援助することを目的としているので、多くの人を支えるためには、なるべく公平に援助の手が届くようにしなければなりません。ですから、障害をあまり細かく分けるのではなく、大きい集団で分類する方が望ましいと考えられます。

　一方、教育関連の法律は障害児にさまざまなことを伝えて、育てて導くことが求められます。障害の種類によって理解の方法や支援するための器具、学びやすい環境など、少しでも子どもが安心して学習できる工夫が必要です。このため、教育関連の法律では障害を細かく分類していると考えられます。保育者は、子どもの成長に関わり、福祉も教育も担う専門職です。ぜひ両方の視点を大切にして、障害について学んでください。

＊37
情緒とは心の動きのこと。情緒障害は、子どもが強いストレスや不安を受け気持ちが乱れ、それが行動や身体症状として現れて、生活に支障が出ている状態をいいます。医学用語ではなく、最初は福祉用語として使用され、教育でも使われるようになりました。本来一過性のものであり、脳になんらかの障害や病気があるために起こるわけではありませんが、発達障害がある子の場合、それが原因となって情緒障害が生じ、重なり合って進行するため、細心の注意が必要となります。

【引用文献】

1）太田俊己・藤原義博『新訂 知的障害教育総論』放送大学教育振興会　2015年　p.23

2）高橋三郎・大野裕『DSM-5 精神疾患の診断・統計マニュアル』医学書院 2014年
　　pp.33-39

3）厚生労働省『保育所保育指針解説』フレーベル館　2018年

4）藤原義博監修、平澤紀子・山根正夫・北九州市保育士会編『保育士のための気にな
　　る行動から読み解く子ども支援ガイド』学苑社　2005年　pp.24-27

5）東條惠『発達障害ガイドブック』考古堂書店　2004年　p.29

6）Carr, M.(大宮勇雄・鈴木佐喜子訳)『保育の場で子どもの学びをアセスメントする−「学
　　びの物語」アプローチの理論と実践−』ひとなる書房　2013年

7）古木明美「幼児期・学齢期のインテグレーション支援：難聴幼児通園施設における支援」
　　『聴能言語学研究』第18巻2号　2001年　p.107

8）大原重洋・廣田栄子・鈴木朋美「インクルーシブ環境（幼児教育・保育施設）にお
　　ける聴覚障害児の社会的遊びとコミュニケーション状況および、関連要因の検討」
　　『Audiology Japan』第54巻3号　2011年　p.236

9）吉川昌子「聴覚障害児の統合保育をめぐる母親の不安について」『中村学園研究紀要』
　　第31号　1999年　p.113

10）文部科学省『特別支援学校幼稚部教育要領／特別支援学校小学部・中学部学習指導
　　要領』海文堂出版　2018年　p.22

11）細渕富夫著『重症児の発達と指導』全障研出版部　2007年　p.47

12）松本嘉一「医療的ケア断章−私史的観点から」大阪養護教育と医療研究会編著『医
　　療的ケア　あゆみといま、そして未来へ』クリエイツかもがわ　2006年　pp.74-85

13）下川和洋「気管切開をした幼児の保育園入園に関する訴訟とその意義」『障害者問題
　　研究』第35巻第2号　2007年　pp.68-74

【参考文献】

日本精神神経学会監修『DSM-5 精神疾患の分類と診断の手引』医学書院　2014年

黒田美保編『これからの発達障害のアセスメント』金子書房　2015年

日本発達障害連盟編『発達障害白書2016年版』明石書店　2016年

文部科学省「今後の特別支援教育の在り方について（最終報告）参考資料」2003年

文部科学省「学習障害児に対する指導について（報告）」1999年

小野次郎・小枝達也編著『ADHDの理解と援助』ミネルヴァ書房　2011年

滝川一廣・小林隆児・杉山登志郎・青木省三編『そだちの科学　no.6』日本評論社 2006年

石川元編『現代のエスプリ　ADHDの臨床　21世紀からのアプローチ』至文堂 2002年

からしろにゃんこ。著田中康雄監修『うちの子はADHD』講談社 2009年

上野一彦監修『LD（学習障害）のすべてがわかる本』講談社 2007年

内山登紀夫監修　神奈川LD協会編『発達障害を考える本　ふしぎだね!? LD（学習障害）
　　のおともだち』ミネルヴァ書房 2006年

『小児科臨床第66巻増刊号』日本小児医事出版社　2013年

小林重雄・山本淳一・加藤哲文『応用行動分析学入門』学苑社　1999年

生澤雅夫・松下裕・中瀬惇『新版K式発達検査2001 実施手引書』京都国際社会福祉セ
　　ンター　2002年

辻井正次・村上隆『日本版Vineland-Ⅱ適応行動尺度面接フォームマニュアル』日本文化

科学社　2014 年

藤原義博監修、平澤紀子・山根正夫・北九州市保育士会編『保育士のための気になる行動から読み解く子ども支援ガイド』学苑社　2005 年

Wechsler,D.『日本版 WISC- IV理論・解釈マニュアル』日本文化科学社　2010 年

ピーター・B. デニシュ，エリオット・N. ピンソン著（切替一郎・藤村靖監訳、神山五郎・戸塚元吉共訳）『話しことばの科学』東京大学出版会　1966 年

国立特別支援教育総合研究所『特別支援教育の基礎・基本 – 一人一人のニーズに応じた教育の推進–』ジアース教育新社　2009 年

牧野泰美監修、阿部厚仁編『ふしぎだね⁉ 言語障害のおともだち』ミネルヴァ書房　2007 年

山下直樹『「気になる子」のわらべうた』クレヨンハウス　2018 年

細渕富夫『重症児の発達と指導』全障研出版部　2007 年

猪狩恵美子・河合隆平・櫻井宏明編『テキスト肢体不自由教育』全障研出版部　2014 年

笠井新一郎編著『改訂　言語発達障害Ⅲ』建帛社　2007 年

秦野悦子編『ことばの発達入門』大修館書店　2001 年

中野善達・根本匡文『聴覚障害教育の基本と実際』田研出版　2006 年

我妻敏博『聴覚障害児の言語指導–実践のための基礎知識–（改訂版）』田研出版　2011 年

大川原潔・香川邦生・瀬尾政雄・鈴木篤・千田耕基編『視力の弱い子どもの理解と支援』教育出版　1990 年

Fraiberg, S. *Insights from the blind*, New York : Basic Books　1977 年

五十嵐信敬『視覚障害幼児の発達と指導』コレール社　1993 年

白井百合子・小林秀之『視覚障害幼児の仲間入り行動で用いたストラテジーについて– 2 例の統合保育場面における盲児の観察から–』広島大学大学院教育学研究科附属障害児教育実践センター研究紀要 4 号　2005 年　pp.31-40

全国病弱教育研究会編著『病気の子どもの教育入門』クリエイツかもがわ　2013 年

小野次朗・西牧謙吾・榊原洋一編著『病弱児の生理・病理・心理』ミネルヴァ書房　2011 年

日本小児アレルギー学会アナフィラキシー対応ワーキンググループ「一般向けエピペンの適応」2013 年

広島県立福山特別支援学校「重度・重複障害児のアセスメントチェックリスト–認知・コミュニケーションを中心に– Ver.2」2015 年

国立特別支援教育総合研究所『特別支援教育の基礎・基本　新訂版–共生社会の形成に向けたインクルーシブ教育システムの構築』ジアース教育新社　2015 年

森つくり・川住隆一「聴覚障害の他に何らかの障害を伴う子どもの言語・コミュニケーションに関する研究動向–注意欠陥／多動性障害の合併児を中心として–」東北大学大学院教育学研究科研究年報第 58 集第 1 号　2009 年　pp.351-375

第5章
発達を目指したさまざまな連携

エクササイズ　　**自由にイメージしてみてください**

あなたの暮らす地域に、障害に関する機関や施設はどのようなものがあるか知っていますか？

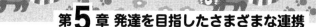

この章のまとめ！

学びのロードマップ

● 第1節・第2節

障害児への支援には連携が欠かせません。子どもの成長に沿った「タテの連携」と、多様な専門家とつながる「ヨコの連携」を結び、豊かな「地域ネットワーク」を築いていきましょう。

● 第3節・第4節

障害のある人への支援には、主に公的な機関による「フォーマルな支援」のほか、当事者の会やボランティアによる「インフォーマルな支援」があります。

この章の なるほど キーワード

■**地域ネットワーク**…近所づきあいが希薄になった今、地域における人と人のつながりを再び構築することは、障害の有無にかかわらず地域みんなの課題です。

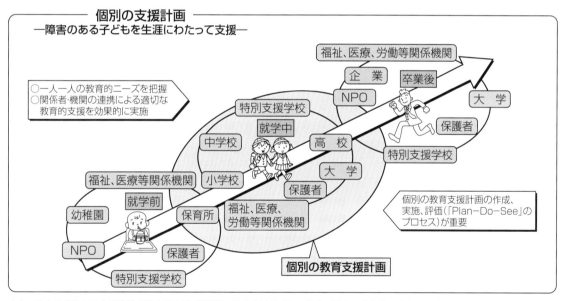

出典：独立行政法人国立特殊教育総合研究所『「個別の教育支援計画」の策定に関する実際的研究』2006 年　p.17 を一部改変

この図は「個別の支援計画」を示す全体像です。ご覧の通り、タテとヨコの連携が充実した地域ネットワークを築くことが、障害のある人の生きる場を広げていきます。

第1節　地域での連携

1. 地域ネットワークの充実を目指して　－タテとヨコの連携－

　連携で目指すべきは地域ネットワークの充実です。地域ネットワークとは、障害児とその家族が生活している市町村で受けることができる支援サービス網のことです。連携はタテとヨコに分けることができます。タテの連携は、妊娠から始まる子どものライフステージに応じた、つまり入学や進学・卒業といった移行期に支援が途切れないようにする一貫した支援のことです。

　ヨコの連携とは、保健、医療、福祉、保育、教育、就労支援などのさまざまな支援の連携です。障害の程度やライフステージに応じて必要となる支援は違ってきます。1人の子どもの発達を支えるためには、「個別の支援計画」にもとづく支援機関のタテとヨコの連携が重要であり、子どもがその地域で成長し、生きていく安心感につながっていきます。

　まずは親子の視点に立って、タテの連携を見ていきます。

2. 地域と親子のつながり　－発達支援のための母子保健施策－

（1）母子健康手帳

　妊娠が判明して市区町村の役所などで妊娠の届け出を行うと、「母子健康手帳」が交付されます。自治体によって内容に多少の違いはありますが、妊娠中の健康診査、乳幼児健康診査、予防接種、保健指導などの記録を医療関係者と親自身が記入していく健康の記録手帳です。最近ではアプリでの配信をする自治体もあり、非常に優れた母子保健のツールとして、海外でも注目されています。

出典：（株）母子保健事業団「母子健康手帳

　母子健康手帳には、妊産婦等の自由記載のページ、生後1か月前後の便色の異常からわかる疾患の早期発見に役立つ「便色の確認の記録」（便色カード）のページ、保護者が達成時期を記載する乳幼児の成長発達のページなど、保護者が子どもの成長や健康に積極的に関与する工夫がされています。また、子育ての不安や相談相手の有無を記入できるようになっており、母親の産後ケアや子育てサポートにつながるページもあります。母子健康手帳への記入を通して、保護者と子どもだけでなく、保護者と地域の保健師や医師などがつながる経験をします。自治体によっては母子健康手帳交付時にアンケート

を行い、妊婦の健康状態や出産への不安の把握を行い、必要に応じて保健師
などによる面接相談や家庭訪問を実施しているところもあります。

（2）妊婦健康診査（妊婦健診）

　妊婦健診は、妊婦や胎児の健康状態を定期的に確認するために行うもので、
母子保健法第13条にもとづいています。妊娠が正常に経過していることの
確認、ハイリスク妊娠の早期発見、流産早産の予防、妊娠中に発症する各種
合併症の予防、胎児異常の早期発見と管理、母体の分娩準備状態の判定など
を行います。受診は病院、診療所、助産所で行い、標準は14回の健診で、「妊
娠週数」によって受診頻度や必要に応じて行う医学的検査内容は異なります。

☞ **注目ワード**　**妊娠週数とは**

　　妊娠週数の数え方は、最終月経初日を妊娠0週0日とします。7日で1週、28
　　日を1か月として数えますので、分娩予定日は妊娠40週0日目（280日目）と
　　なります。日本では22週0日〜36週6日までの出産を早産としています。

（3）乳幼児健康診査（乳幼児健診）

　乳幼児健康診査は、子どもの発育・発達の節目に行われます。母子保健法
では、1歳6か月から2歳未満児を対象とした「1歳6か月児健診」と3歳
児から4歳未満児を対象とした「3歳児健診」が定められています。加えて、
ほとんどの市町村では3〜4か月健診を実施しています（7〜8か月健診や
9〜10か月健診を実施している自治体もあります）。また、最近では発達障
害のスクリーニングや家族支援、就学に向けた支援を考えていくための「5
歳児健診」を行う自治体も増えてきました。

　目的は、乳幼児の健康状況の把握、病気の予防と早期発見、発達の遅れや
各種の障害の早期発見をし、適切な支援へとつないでいくことにあります。
保護者の立場からは、子どもの発育や育児に関する心配ごとや困りごと、不
安を相談する良い機会になります。

　健診の方法としては、集団方式と個別方式、その両方を組み合わせた方式
で行われます。健診を担う専門家は、医師・歯科医師、保健師、助産師、看
護師、管理栄養士・栄養士、歯科衛生士、心理士、言語療法士、保育士など
です。発達の遅れや集団になじめないなど、園に気になる子どもがいる場合
は、十分に配慮しながら保護者に受診をすすめ、結果を共有しながら保育を
行うとよいでしょう。

（4）訪問指導

　健診とは別に、市町村の助産師が必要に応じて行う妊産婦訪問指導、助産師や保健師が必要に応じて行う新生児訪問、保健師や助産師、医師などが低出生体重児の家庭を訪問する未熟児訪問指導があります。また、子育ての孤立化を防ぐために、保健師、助産師、看護師などの専門家もしくは研修を受けた母子保健推進員や愛育班員などが4か月までの乳児のいる家庭を訪問する「乳児家庭全戸訪問事業（こんにちは赤ちゃん事業）」があります。

３．発達の力を伸ばす療育

　療育とは、障害児が自立を目指して行われる、医療・教育・保育といったさまざまな専門的知識を生かしたアプローチのことを言います。障害を早期に発見し、早期に療育を受けることによって、障害による不自由さや困難を軽くし、その子どもがもっている発達の力を伸ばし、社会生活への適応を高めることができます。

＊1
96ページや246ページも参照。

　療育という言葉は、1942（昭和17）年に整形外科医で“肢体不自由児施設の父”と呼ばれる高木憲次＊1が提唱したものです。肢体不自由児が自立するためには、医療だけでなく、教育、福祉などの現代のすべての科学が必要であるとの考えから名づけられました。つまり、障害の治療だけでなく、生きていくための知識や技能を身につける必要があることを強く訴えたのです。この考えはすべての障害に対してあてはまるものです。現在の療育は、子どもの障害に合うように、医師、理学療法士、作業療法士、言語聴覚士、心理士、保育士などがチームを組んで行っています。保育士は子どもの発達を理解しながら遊びを通して、子どもが楽しく意欲的に療育に取り組めるような雰囲気や場面づくりをする大切な役割を担います。

　療育は身近な地域の通所施設として、児童発達支援センターなどで受けることができます。これらの利用には多くの場合、児童相談所、市町村保健センター、医師などによる診断書が必要です。そのため、保護者によっては手続きを躊躇するなど、気軽に利用しづらい点があります。そこで次に、子どもの育ちや発育に不安を抱える保護者が利用しやすい地域の身近な相談・支援の場を紹介します。

４．地域の身近な相談・支援の場

（1）親子教室

　乳幼児健診で発達の遅れや発達障害の可能性を疑われ、個別相談までのつ

なぎとして、また、育児不安や育児に問題を抱えている保護者に紹介される場です。「親子あそびの教室」「親子グループ」などの名称があります。

　ここでは親子での楽しい遊びを通して、子どもの経験や興味を広げ、保護者も子どもとの関わり方を学びます。集団の楽しい雰囲気のなかで行われるため、ほかの子どもとの関わりが少なかった子どもは、集団からよい刺激を受け、発達を促す効果が認められています。また、親にとっても、仲間づくりの場として互いに悩みを話す情報交換の場になります。利用は地域の保健所・保健センターに問い合わせます。

（2）ことばの教室

　難聴や言語障害児を支援するための通級指導教室[2]です。乳幼児健診後のフォローアップや、言葉の遅れが気になる保護者が直接利用を申し込みます。利用者には、その特性から自閉スペクトラム症など発達障害の診断やその疑いがある子どもも含まれます。教室は、幼稚園内もしくは小学校の教室に併設され、担当する職員は設置形態により異なりますが、幼稚園教諭、言語聴覚士、保育士、退職教諭などです。

＊2
174 ページを参照。

（3）運動教室

　大学の教育学部が体育館などを使用して行う場合や市町村と大学とが提携して行う場合があります。主に発達障害のある子どもを対象にしたプログラムが多く、大学教員の指導のもとで学生が子どもたちに受容的にかかわることで、子どもの運動スキルが向上し、情緒的安定が得られます。運動への自信や意欲が高まることで、ほかの子どもとの運動遊びが増え、苦手だった人とのかかわりが積極的になるなどの効果があります。

（4）地域子育て支援拠点事業

　子ども・子育て支援新制度のなかに「地域子育て支援拠点事業」があります。地域に住む子育て中の親子の交流や育児相談、情報提供などを行い、当事者の支え合いにより地域の子育て力の向上を図るものです。

　この事業に参画するＮＰＯ法人のなかには、障害児やその保護者の支援を専門に事業展開しているところもあります。また、全国の地域子育て支援拠

ふりかえりメモ：

点「つどいの広場」でも障害児を受け入れ、支援する動きがあります。障害を理解し、人と人の橋渡しを上手にするスタッフがいることで、そこは地域の人々の出会いの場になり、障害の理解を広く進めるきっかけとなります。

5. 早期発見、早期支援のための"つなぎ役"の人材養成

　保育所や幼稚園、認定こども園で障害を早期発見し、適切な支援につなぐためには、障害のことを知り、地域資源にも精通しているつなぎ役の存在が必要です。一例として、大分県の「保育コーディネーター」を紹介します[1]。

　この保育コーディネーターは、保育所などにおける支援機能を強化するためのソーシャルワーカー的な役割を担う保育士です。主に、次の3つを担います。

①相談技術向上による家庭支援

②問題解決に向けた園内コーディネート

③専門機関との連携

　県が認定する資格であり、1年間の研修が必要です。研修では、障害児、要保護児童、配慮が必要な家庭への支援、法律や行政のしくみを学びます。さらに、児童発達支援センターや特別支援学校といった地域資源の視察を行い、それぞれの資源の内容、職員、支援内容を理解します。そのため、特別な支援を要する子どもがいる場合や相談を受けた場合に、その子どもに合った支援や専門機関へのつなぎを、家庭に配慮しながら適切かつスムーズに行うことができます。

　特別な支援のニーズに早い段階で気づき、園全体で子どもを理解し、専門機関と連携しながら支援体制を組むことは、その子どもだけでなく園に在籍するすべての子どもにとって有益です。保育者にとっても大きな学びとなり、子どもの発達・成長に関与できる喜びもより感じることができるでしょう。

　次節では、ヨコの連携について具体的に解説します。

レッツトライ　　　　　　　　　　　　　　　　演習課題

Q 園に気になる子どもがいる場合、まず園内で話し合いをします。その結果、外部の専門家へ相談するのがよいと判断しても、保護者との関係や保護者の考え方によって専門家の紹介が難しいことが多々あります。どのように進めていけばよいかを考えてみましょう。

エピソード(1)　おとなしく目立たないアキラくん（3歳）

アキラくんは祖父母や両親が待ちに待ったひ
とりっ子です。とてもおとなしく穏やかな子ど
もです。最近3歳になったのですが、自分から
友だちに関わろうとすることはなく、けんかも
しません。保育者が話しかけてもにこにこして
いるばかりです。行動もゆっくりで、一斉指示
の時は、ほかの子どもの動きを見て動いていま
す。手先もあまり器用ではありません。担任で
あるあなたは、アキラくんの発達が気になっており、園内会議で相談する
ことにしました。

 ホップ　アキラくんが住んでいる地域には、どのような相談機関があるのかを自
分で調べて、箇条書きで書き出してみましょう。地域は、現実の市町村で、
あなたが興味のあるところに設定してください。

 ステップ　園内会議において、「専門機関を紹介したいけど、保護者のことを考える
といきなりは難しい」という声が上がりました。では、どうすればよいの
でしょうか。アプローチの方法を考えて、話し合ってみましょう。

 ジャンプ　保育者と保護者の信頼関係が少しできてきたようです。保護者に相談機
関の受診をすすめたいのですが、保護者にどのように話をしますか。保護
者役と保育者役に分かれて、ロールプレイで演じてみましょう。

第2節　心理職・福祉職・医療職との連携

1. 他職種の仕事にはどのようなものがあるのか

　子どもの発達を支える専門機関の職種には、保育職や教育職以外に「心理職」「福祉職」「医療職」などがあります（表5-1）。特別な支援を要する子どもの支援のためには他職種の専門性についての理解を深め、積極的に連携を図ることが大切です。

表5-1　子どもの発達を支える主な心理職・福祉職・医療職

心理職	・公認心理師 ・臨床心理士 ・児童心理司	・医療、福祉、療育の場において、発達検査、知能検査、心理面接などを通して、子どもの心理や特性に関する心理アセスメント※1を行います。 ・プレイセラピーや家族へのカウンセリングなどの心理療法を通して、問題の改善を図ります。 ・児童相談所では児童心理司、心理判定員などの職名で勤務しています。養護（虐待等）、障害、育成、非行等の相談に対応します。
福祉職	・児童福祉司	・主に児童相談所に勤務して、児童心理司とともに相談に対応します。地域との連携を図りケースワーク※2や家族や地域に対しての指導・助言等を行います。
	・社会福祉士	・障害や経済的問題など日常生活上の困難を抱えている人の相談に応じ、地域連携を図りケースワークや助言・指導などを行います。
	・保健師	・妊娠期からの健診事業や訪問事業などを通して子育てを支援します。また、医療機関、保育・教育機関、福祉機関とのつなぎ役も果たします。
	・家庭児童相談員	・市町村の福祉事務所に設置された家庭児童相談室にて、障害や経済的、福祉的な問題を含めた家庭の問題全般の相談に応じます。
医療職	・医師	・児童精神科医等の医師が、発達的視点から、子どもの障害などの診断、治療、予防、家族や地域への指導・助言などを行います。
	・理学療法士 （PT：Physical Therapist）	・身体機能の発達が遅れている子どもに、運動を通して発達を促し、自立した日常生活に向けて治療・訓練を行います。
	・言語聴覚士 （ST：Speech Therapist）	・さまざまな要因で言語機能の発達が遅れている子どもが、言葉やコミュニケーションに興味・関心をもち、語彙や文法、文字を含めた「言葉の獲得」ができるよう訓練を行います。
	・作業療法士 （OT：Occupational Therapist）	・障害をもつ子どもの成長とともに、遊びや生活上の活動などの訓練、感覚統合療法※3などを通して、社会性や心身機能の発達を促します。 ・集団活動や対人関係などの課題についても扱います。

※1 検査や面接を通して問題の原因や背景の評価や、見立てを行うこと。
※2 困りを抱えた人や家族が主体的に生活できるよう支援や援助を行う技術。
※3 感覚に偏りがある障害児に、遊びや運動で刺激を与え、さまざまな感覚を働かせ調整することにより、日常生活に適応していく力を育てる療育法。
出典：筆者作成

2. 他職種との連携の必要性

（1）連携についてのとらえ方

　保育者や園が、外部の専門家や専門機関と連携し、情報交換を密に行い、一貫した支援方針をもつことは、障害児の保育や教育において大変重要です。たとえば、新年度の担任・クラスの入れ替わり、小学校への入学といった環境の変化に際しても、連携ができていれば、子どもや保護者は過度な不安を感じずにすみます。園も連携により障害児への指導の重要なヒントを得ることにより、保育や教育の専門家としての力量を上げることができるでしょう。連携によるメリットは、子どもや保護者だけでなく園にとっても大きなものです。また、他職種間の連携は、障害のある子どもを地域で育くむ「ノーマライゼーション」*3の理念の実現においても重要です。

　実際の保育・教育場面では、障害のある子どもがほかの子どもとの生活を通してともに成長できるよう、専門機関と情報共有を行い、助言や援助の内容を取り入れ、効果が上がるように試行錯誤を繰り返します。

　2012（平成24）年の児童福祉法改正において児童発達支援センターによる「保育所等訪問支援事業」*4が新設されました。これ以外にも、他職種の専門家が園を訪問して指導を行う機会は今後さらに増えていくでしょう。

（2）"つなぐ"ことの重要性

　先に述べたように、連携を効果的に行うためには、各園につなぎ役が存在していることが重要です。「特別支援教育コーディネーター」*5「保育コーディネーター」1) などの担当者を配置し、連絡・調整を行うことが望まれます。また、連携で得た視点を「個別の教育支援計画」や「個別の指導計画」に反映させる必要があります。特に「個別の教育支援計画」は、保育や教育の現場と他機関をつなぎ、長期的な視点をもたらす重要な計画です。

　また、近年各自治体が作成している「相談支援ファイル」*6を活用することも重要です。このファイルは、他機関による記録を保護者が管理して、連携のつなぎ目を補う意味でも用いられるものです。これら支援体制のもと、支援ツールを各機関で活用して連携を図ることが望まれます。

（3）連携における基本姿勢

　他の施設との連携会議や訪問による指導の場面では、保育者・教員は専門家の意見を尊重するあまり、意見を控えて受け身の姿勢で助言にしたがおうとするかもしれません。しかし、このような姿勢は控えたいものです。保育者・教員の情報、視点、意見は専門機関にとって大変重要であり、効果的な

*3
詳しくは225ページを参照。

*4
障害児への指導経験のある児童指導員や保育士、心理士などの専門職が園に定期的に訪問して障害児本人や園のスタッフを支援します。

*5
特別支援教育に関わって学校園内外の専門家や関係機関との連絡調整や保護者に対する窓口の役割を担う職務。校長、園長によって指名されます。

*6
172ページを参照。

支援は現場との率直な意見交換のなかで生まれてくるものなのです。

では、専門機関にとって必要な保育者・教員からの情報とはどのようなものなのでしょうか。本書ではその情報を次の8つとしてとらえます。

---

①保育者・教員からみた子どもの発達の状況
②ほかの子どもとの関わりの状況
③指導の試行錯誤の状況と結果
④保護者の障害受容の状況
⑤家族関係や保育者・教員との人間関係
⑥家族の置かれている社会的な状況
⑦園や家族の考える支援のニーズ
⑧支援に関する保護者の同意の有無（守秘義務への配慮）

保育者・教員は、端的かつ的確に情報を伝え、ともに支援方針を見出せるよう協議を重ねます。注意しなければならないことは、虐待の可能性や家族が相談を拒否しているような場合です。そのような際には、専門機関を含めた集団全体による守秘義務の扱いを確認したうえで、情報共有を慎重に行う必要があります。

3. 障害児支援を行う専門機関とその動向

障害児の支援に関わる主な専門機関を一覧にしたのが表5-2です。また、主な専門機関の近年の動向をまとめましたので、参考にしてください。

（1）医療機関（発達医療センター等）

近年、医師の診断・治療だけでなく、心理士、理学療法士、言語聴覚士、作業療法士、保育士等がチームで訓練や療育にあたる医療機関が増えています。また、自治体と連携して社会福祉士がケースワークや地域との連携の窓口となり、遠方に医療機関が出向いて支援を行う「巡回相談会」を実施している地域もみられます。

（2）障害児通所支援機関（児童発達支援センター、児童発達支援事業）

2012（平成24）年の児童福祉法の改正により、発達上の困りを抱える子どもが身近な地域で支援を受けられるようにと、障害児の通所支援が再編されました。特に園との連携という点で重要な役割を担っているのは「児童発達支援センター」です。医師、保育士、心理士、理学療法士、作業療法士、

表5－2　障害児の支援に関わる主な専門機関

機関名	主な役割	障害への支援
保健所 （都道府県、政令指定都市、中核市、特別区等に設置） 保健センター、子育て世代包括支援センター （市町村等に設置）	保健所は地域住民の健康の保持及び増進のため、広域的・専門的、技術的拠点として業務を行います。保健センターは、住民に対し、健康相談、保健指導及び健康診査などを行います。 　子育て支援包括支援センターは、妊娠、出産、子育てに関する各種の相談に応じ、切れ目のない支援を行う施設です。	
児童相談所 （都道府県、政令指定都市、中核市に設置）	児童福祉法にもとづき設けられた児童福祉の専門機関。市町村と連携しながら、困難な事例に対応し、立入調査や一時保護、専門的な判定、福祉施設への入所措置等の支援を行います。	
市町村相談窓口 （名称は市町村で異なります）	2004年に改正された児童福祉法により、それまで児童相談所に集約されていた児童相談を市町村が対応するものと位置づけられました。	
児童家庭支援センター （児童福祉施設に設置）	児童相談や子育て支援を身近な地域において迅速に対応します。東京都では、独自の事業として「子ども家庭支援センター」を展開しています。	
福祉事務所 （都道府県、市町村、特別区等に設置） 家庭児童相談室 （福祉事務所に設置）	生活保護法による保護の実施をはじめとする、福祉の総合窓口。家庭児童相談室は家庭児童の福祉に関する相談や指導業務の充実強化を図るために福祉事務所に設置されます。	
民生委員・児童委員 （主任児童委員）	厚生労働大臣の委嘱を受けて各地域に配置され、地域の福祉に関する相談に応じます。主任児童委員は民生・児童委員から指名されます。	
教育委員会 教育相談室（所） 学校 大学	教育委員会には相談窓口が置かれるか、教育相談室が設置されています。学校にはスクールカウンセラーが配置されています。保育教育系大学には専門の研究者がいたり、相談室が設置されている場合があります。	
医療機関	診察を通して障害を発見するほか、さまざまな医療的ケアや療育へつなぎます。	
児童発達支援センター 児童発達支援事業	2012年の児童福祉法改正により、これまでの障害児通所施設は児童発達支援センターと児童発達支援事業に再編されました。	

出典：筆者作成

あなたの地域で受けられる障害への支援を調べて記入してみよう。

ふりかえりメモ：

言語聴覚士らが勤務し、訓練、療育、指導、助言などを行い、"地域療育の拠点"を目指しています。具体的には、「保育所等訪問支援」を行い、園の支援体制のバックアップや地域の保護者の相談を受ける地域支援を担います。

また、児童発達支援事業も同様の困りを抱える子どもを支援するための通所事業です。

（3）福祉機関（児童相談所、児童家庭支援センター、家庭児童相談室）

児童相談所は一時保護機能をもち、児童全般の相談に応じる公的な専門機関です。そのほか、障害や発達についての相談業務、障害児が施設に入所する場合の支給の決定、知的障害の判定や療育手帳の交付、児童養護施設への措置や里親委託なども行います。近年は全国的に虐待事例の対応件数の増加にともなって、学校や園に出向いて助言や指導を行う機会も増えています。

児童福祉施設などに設置された「児童家庭支援センター」は子育てをバックアップする身近な専門機関で、近年利用者が増えています。

「福祉事務所の家庭児童相談室（市町村）」は、心身の障害や経済的な問題を抱える市民が福祉制度を利用する際の申請窓口です。家庭児童相談室の家庭児童相談員は家庭全般の相談にも応じています。心理職などの専門家が配置され、園や学校に出向いて検査や専門的な指導を行う市町村も増えています。

（4）教育機関（自治体の教育委員会、特別支援学校）

市町村教育委員会は、他職種の専門家からなる「相談支援チーム」（相談・支援機関のネットワーク）等を組織し、都道府県に設置されている「専門家チーム」[7]や「巡回相談」及び「巡回相談員」[8]と連携を図り、地域の支援体制を整えています。

特別支援学校は、地域における特別支援教育の中核的な役割を担うことが期待されています。自治体によって異なりますが、特別支援学校の教員が「専門家チーム会議」のコーディネートを行ったり、「巡回相談員」として検査を行ったり、「巡回相談会」を実施する役割を果たしている地域もあります。

 演習課題

Q 保護者と園の先生を支える「他機関との連携」について考えてみましょう。

＊7
2004（平成16）年に特別な支援が必要な子どものために、都道府県の教育委員会に設置されたチームです。教育委員会の職員、特別支援学校の教員、心理学の専門家、医師等で構成されます。発達障害か否かの判断や、対応方針についての専門的意見の提示などが、その役割です。

＊8
巡回相談は各地域で開催されています。巡回相談員が、担任、特別支援教育コーディネーター、保護者などからの相談を受け、以下のような活動を行います[2]。
・子どもや学校のニーズの把握と指導内容や方法に関する助言
・校内における支援体制づくりへの助言
・個別の指導計画の作成への協力
・専門家チームと学校の間をつなぐこと
・校内での実態把握の実施への助言
・授業場面の観察等

エピソード (2)　じっとしていることができないマーくん（4歳）

　マーくんは3歳から認定こども園に通う元気な男の子です。自分の思いが通らないとすぐに友だちをたたいたり、じっとしていることができないためしょっちゅう教室を歩き回ったりしています。マーくんの両親は半年前に離婚して現在お母さんとの2人暮らしです。大好きなお父さんに会えないこともマーくんの不安定さの一因ではないか、と担任は考えています。

　参観日にマーくんの様子を見たお母さんは、担任に「やはり専門機関に相談した方がよいでしょうか。動きが激しいので、買い物に連れていくのも大変です。実は最近、私は経済的な不安もあってイライラして、子どもに手をあげることが増えています」と涙ながらに話してくれました。担任はお母さんの不安な気持ちを受け止めたうえで、「私もマーくんが落ち着いて楽しく園で過ごせるよう、専門の先生からのアドバイスをいただきたいです」と専門機関への相談に前向きな姿勢を示しました。

ホップ　　担任の先生は、今後、お母さんにどのような専門機関を紹介するとよいでしょうか。自分の考えを箇条書きで書き出してみましょう。

ステップ　　専門機関との連携を図るために、園側はどのような点を考慮するとよいでしょうか。話し合ってみましょう。

 ジャンプ　　考えたことや話し合ったことを文章にまとめてみましょう。

第3節　障害のある子どもに関わる福祉施策

　ここでは、障害のある子どもへの福祉の支援の大枠を確認しておきましょう。障害のある子どもの福祉サービスは、居宅サービスは「障害者総合支援法」にもとづき提供され、通所・入所サービスは「児童福祉法」にもとづいて提供されます。

1. 障害者総合支援法にもとづくサービス

　障害者総合支援法は、2012（平成24）年に障害者自立支援法が改称・改正されたものです。大きく分けて、「自立支援給付」と「地域生活支援事業」のサービスがあります（図5-1）。

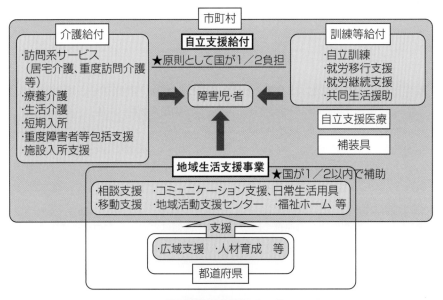

図5-1　障害者総合支援法によるサービス

出典：厚生労働省「地域社会における共生の実現に向けて新たな障害保健福祉施策を講ずるための関係
　　　法律の整備に関する法律について」2013年

2. 児童福祉法にもとづくサービス

　「障害児通所支援」と「障害児入所支援」の2つがあります（図5-2）。

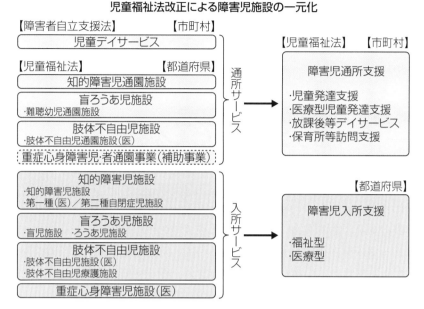

図5-2　児童福祉法によるサービス

出典：厚生労働省「障害児支援の強化について」2015年を一部改変

③. 障害のある子どもとその家族への経済的支援

　公的支援として、1964（昭和39）年に制定された「特別児童扶養手当等の支給に関する法律」があります。これにもとづき、障害のある児童を養育する保護者に対して手当が支給されます（表5-3）。

表5-3　「特別児童扶養手当等の支給に関する法律」による支援

特別児童扶養手当	・20歳未満の障害児を父母が監護する時や父母以外の者が養育する時に支給されます。 ・障害の程度に応じた支給額となっています。平成31年4月からの月額は、1級：52,200円、2級：34,770円。 ・支給制限があり、児童が入所している場合は支給されません。 ・所得制限があります。
障害児福祉手当	・重度障害児（日常生活において常時の介護を必要とする）に支給されます。平成31年4月からの月額14,790円。 ・支給制限と所得制限があります。
特別障害者手当	・特別障害者（20歳以上であって、重度の障害があるため日常生活で常時特別の介護を必要とする）で在宅生活する際に支給されます。平成31年4月からの月額27,200円。 ・支給制限と所得制限があります。

出典：筆者作成

福祉のさまざまな支援の制度を見ると、障害児・者の定義や制度はそれぞれの障害ごとに規定されており複雑です。よりわかりやすく総合的に整備された制度への改善が望まれています。

第4節　当事者の会・親の会 ・ボランティアによる支援

1. フォーマルな支援とインフォーマルな支援

　障害のある子どもや大人が受ける支援には、「フォーマルな支援」と「インフォーマルな支援」があります。フォーマルな支援とは主に公的な機関によってもたらされる医療、保健、福祉、教育、雇用などといった支援です（本章でこれまで学んできた内容です）。インフォーマルな支援とは、障害のある当事者や地域住民などからもたらされるさまざまな支援です。

　インフォーマルな支援には、フォーマルな支援では補いきれない内容のものも多く含まれています。たとえば、障害のある当事者同士の意見共有の支援であったり、趣味や余暇の支援であったりします。その内容を見てみると、私たちが日常でごくあたりまえのように行っていることが支援されていることも少なくありません。今日、このインフォーマルな支援は障害のある子どもや大人、さらにはその家族が自分らしく生活するうえで重要な役割を果たしています。本節ではこれらの支援活動の実例をあげて説明します。

サッカーを楽しむ子どもたち（NPO 法人レアリサルスポーツクラブ）

2. 「当事者の会」による支援活動

「当事者の会」とは、障害のある当事者本人が集まり、自分たちのために何らかの活動を実施する団体のことをさします。

> ・「全国手をつなぐ育成会連合会」♥
>
> 当事者の会の活動例としては、知的障害を中心とした障害者運動を進める「全国手をつなぐ育成会連合会」が積極的にサポートしている"本人活動"があります。その趣旨は、「知的障害のある当事者の、本人による、本人のための活動であり、知的障害のある当事者本人の意思や希望を最大限に尊重した活動」とされます。また、目的は「"友達をつくる" "教養を高める" "楽しむこと"」です[3]。この目的に沿って各地域ではさまざまな活動を実施し、障害のある当事者が物事を楽しんだり、自分の意見を語ったり、情報収集したりする場としています。

当事者の会はさまざまな障害で行われており、その取り組みは、人としての当然の生活や活動を自分たちで確保していくという活動でもあります。つまり、当事者の会は自らを権利の主体者とした権利活動を実践していることになります。障害のある人が自分たちの生活を自分たちの手でより良くしていくために、当事者の会は欠かすことのできない活動といえます。

3. 「親の会」による支援活動

「親の会」とは、障害のある子どもをもつ保護者が集まり、障害のある人やその保護者、家族のために何らかの活動を実施する団体をさします。

> ・「NPO法人全国LD親の会」♥
>
> 親の会の活動例としては、「NPO法人全国LD親の会」があります。この団体は「LDなどの発達障害のある人の人権が守られ、生き生きと暮らすことのできる社会の実現」を目指して、LDや発達障害のある人やその保護者の交流と連携に取り組んでいます[4]。具体的には、各地域で障害のある子どもの友だちづくりや社会性の向上を目指して遊びや勉強会を企画しています。また、有識者による講演会や子育て報告会、学校・職場見学会などの勉強会も行います。そして、取り組みを通して見えてくるLDや発達障害に関する問題についての調査や研究を行い、制度の創設や改善を働きかけています。

このような親の会は、LDのみならずその他の障害でも組織され、活動が行われています。先にあげた「手をつなぐ育成会連合会」も親の会からスタートした団体の1つです。

障害のある子どもを育てる保護者にとって、誰かとつながり、相談し、支援を受けることはとても重要です。保護者が相談する相手としては、医師や保健師などの専門家が一般的です。しかし、時には、専門家に相談するほどの内容ではないけれど誰かに話したいことや保護者自身のことで相談が必要

になる場合もあります。そのような時に、同じような立場で同じような悩みを分かち合えたり、より良いアドバイスや情報を提供してもらえたりする場はとても重要です。また、受け身で情報や支援が提供されるのを待つだけではなく、必要な情報や支援を自分から働きかけて受けたり学んだりすることも保護者には必要となります。こうした取り組みを行っている親の会の存在は、非常に意義があるといえます。

4. ボランティアによる支援活動

　ボランティア活動は、これまで地域にある社会福祉協議会が中心となり育成や組織化、調整を行ってきました。1998（平成 10）年に特定非営利活動促進法が成立すると、その担い手は NPO 法人等へと拡大しました。結果、ボランティアによるさまざまな支援活動が見られるようになりました。

　なかでも「余暇支援活動」は比較的多く行われている取り組みの 1 つです。余暇につながる活動は学校や施設でも行われています。しかし、それらを継続的に放課後や休みの日に行い、活動を生活の一部として確立するには学校や施設の取り組みだけでは決して十分とはいえません。障害のある人の余暇活動は、暮らすことや働くことと比べて、長らく社会的に軽視されてきました。そのため、障害のある人の余暇活動は、フォーマルな支援としてはあまり実施されず、ボランティアによる支援が多くなっています。

> ・「NPO 法人レアリサルスポーツクラブ」♥
> 　この団体は「知的障害や発達障害のある方の自分らしい自立」を目指して、子どもから大人までを対象にサッカーを中心としたスポーツ活動の支援を行っています。障害の程度や年齢に関係なく、日常的にスポーツを楽しめるように取り組んでいます。そして、そこでの人とのつながりを通して障害のある人が成長できるよう、感情の共有を大切にしながら活動を進めています。また、サッカー大会やサッカー教室などのイベントも開催しており、多くのボランティアの協力を得ながら活動しています。そのため、ボランティアの育成も行っています。

> ・「とくしま発達しあわせネット」♥
> 　この団体は徳島市を中心とした発達障害を支援する任意団体です。活動内容としては発達障害のある子どもを対象とするサッカー教室等の開催を通した余暇支援活動、発達障害に関する研修会や講演会を通した地域の人材育成活動、イベントを通した障害理解の啓発活動を行っています。普段、発達障害の支援に携わるスタッフが中心となって活動しているため、発達障害のある方のニーズや地域に必要な取り組みを敏感にキャッチし、さまざまな地域の専門家や団体と連携しながら多様性を認め自分らしく生きられる社会づくりの一歩になるよう活動を行っています。

　このように、余暇支援活動はボランティア団体が個人のボランティアをコーディネートしながら活動を実施していることが少なくありません。たとえボランティアが中心となっていたとしても、障害のある人の余暇や趣味は権利として保障されるべき重要な活動です。ボランティアによる支援活動も重要な役割を果たしています。

　本節では障害のある子どもやその家族に対するインフォーマルな支援について説明してきました。内容を確認してみると、障害のある本人やその家族が権利の主体者として生活していくために必要不可欠な支援活動であることが理解できます。障害児やその保護者を支える保育者・教員として、フォーマルな支援活動のみならずインフォーマルな支援活動にも着目し、その情報を提供できるように努めることが大切です。

レッツトライ 　演習課題

Q 障害のある子どもを育てる保護者から相談があった場合に備え、活用できるインフォーマルな支援活動に対する理解を深めておきましょう。

エピソード (3)　お母さんからの2つの相談

　自閉スペクトラム症のカイトくん（5歳）の両親は、児童相談所の職員や保健センターの保健師、幼稚園の担任等の助言を得ながら、カイトくんが安定した生活を送れるように子育てをしています。

　ある時、カイトくんのお母さんから幼稚園の担任に2つの相談がありました。1つは「最近、カイトも落ち着いて過ごせるようになり、週末の時間を少しもて余しています。同じような子ども同士で楽しめるような活動はありませんか？」という相談内容でした。もう1つが「カイトが小学校に入学したら仕事を再開したいと考えています。しかし、カイトを育てながら本当に仕事ができるのか不安です。ほかの自閉症のお子さんを育てている家庭はどうされているのでしょうか？」というものでした。

ホップ　　2つの相談内容に対して、それぞれに有効と考えられるインフォーマルな支援活動とは何でしょうか。自分なりの考えを箇条書きで書き出してみましょう。

....

....

....

　　カイトくんの母親に具体的なアドバイスをするとしたら、どのような支援活動を紹介しますか。あなたが住んでいる地域を中心に支援団体を調べて、話し合ってみましょう。

　　「ホップ」と「ステップ」をもとに、障害児へのインフォーマルな支援活動について文章にまとめてみましょう。

【引用文献】
1）大分県幼児教育振興プログラム（改訂版）大分県教育委員会　2016 年
2）文部科学省「特別支援教育について」（巡回相談の目的と役割）
　　http://www.mext.go.jp/a_menu/shotou/tokubetu/material/1298170.htm
3）日本発達障害連盟編『発達障害白書 2016 年版』明石書店　2015 年　p.141
4）NPO 法人全国 LD 親の会「全国 LD 親の会活動内容」
　　http://www.jpald.net/jpaldkatudou.html

【参考文献】
五十嵐猛『大分県障害支援ネットワーク』説明資料　2015 年
厚生労働省『障害児及び障害児支援の現状』2013 年
障害児支援の在り方に関する検討会『今後の障害児支援の在り方について（報告書）～「発達支援」が必要な子どもの支援はどうあるべきか～』厚生労働省　2014 年
高松鶴吉『療育と教育の接点を考える』リハビリテーション研究第 55 号　pp.18-22　1987 年
内閣府『子ども・子育て支援新制度の施行と障害児支援の充実について』2015 年
文部科学省「特別支援教育について」（地域における一貫した相談・支援のための連携方策『相談支援チーム』の設置）
　　http://www.mext.go.jp/a_menu/shotou/tokubetu/material/021/004.htm
井村圭壯　相澤譲治編『児童家庭福祉の成立と課題』勁草書房　2013 年
内閣府・文部科学省・厚生労働省『幼保連携型認定こども園教育・保育要領解説』フレーベル館　2015 年
一般財団法人厚生労働統計協会『国民の福祉と介護の動向 2015/2016』2015 年
櫻井奈津子編『学ぶ・わかる・みえる　シリーズ保育と現代社会　保育と児童家庭福祉第 2 版』みらい　2016 年
伊藤健次編『新時代の保育双書　新・障害のある子どもの保育』みらい　2011 年
社会福祉士養成講座編集委員会『新・社会福祉士養成講座 14 障害者に対する支援と障害者自立支援制度』中央法規出版　2015 年
社会福祉士養成講座編集委員会『新・社会福祉士養成講座 9 地域福祉の理論と方法』中央法規出版　2015 年
榊原洋一『発達障害を考える心をつなぐ 図解 よくわかる自閉症』ナツメ社　2014 年
上野一彦『LD（学習障害）のすべてがわかる本』講談社　2008 年
厚生労働省「母子健康手帳について」
　　https://www.mhlw.go.jp/stf/seisakunitsuite/bunya/kodomo/kodomo_kosodate/boshi-hoken/kenkou-04.html

コラム 現場からの声⑧

生活に欠かせない彩り ──権利って何だろう？

青森中央短期大学、NPO法人レアリサルスポーツクラブ・松浦淳

　みなさんは、保育者や教員を目指し多忙な日々を送っていると思います。そんなみなさんの、うれしい、楽しい時はどんな時ですか？　心から自分を解放できるのは？　もし、それを誰かに禁止されたり奪われたりしたら、どう思いますか？　この章では、ふだんあまり意識されないけれど障害のない人があたりまえに使っている権利[1]を、障害をもつ人も使えることを目指した活動が紹介されています。たとえば、レアリサルの活動でこんな場面がありました。

　8歳のユウタくんが「ドリブルして、シュートを決めたい！」とボールを追いかけます。でも相手チームはゴールを決められたくないので、必死に守ります。ユウタくんは相手をかわし、シュートを打ったけれど、相手の足にあたり、シュートは外れました。悔しがり「いやだー！なんで邪魔するのー！」と泣き出すユウタくん。スタッフは、ユウタくんの手を握って「悔しいねー」と言い、ユウタくんの気持ちが立ち直り自らフィールドに戻ろうとするまで、一緒に歩いていました。

　子どもに失敗をさせないようにすると、成長の幅は狭くなります。夢や憧れ、楽しさに向け、挑戦し、時には迷ったり立ち止まったり、試行錯誤したりするなかで人は成長します。また、スタッフも自分の関わりについて、悩み、相談し、次回への準備をするという、試行錯誤を通じて成長します[2]。

　みなさんの周りにはどんな活動があるでしょう。まずは自分で探して、見つからなければ教員に相談しましょう。もし見つかったら勇気を出して、可能であれば何度か参加してください。多様な子どもたちとの時間は、多くの意欲の源になりますし、人と関わるプロとして対応力を伸ばす機会となるでしょう。

---

[1] 代表的なものは、嫌なことを拒否する権利、自分の幸せや楽しさを求めて行動する権利、などがあります。

[2] もちろん、試行錯誤を建前に子どもを放置したり、自閉スペクトラム症に代表される、知識の修正が苦手なタイプの子どもに誤学習をさせたりするのは避けましょう。

第6章

小学校との接続

エクササイズ　　**自由にイメージしてみてください**

小学校の入学をあなたはどのような気分で迎えたか覚えていますか？

学びのロードマップ

この章のまとめ！

● 特別な支援を必要とする子どもが学校へ就学する場合、基本的には「通常学級」（第1節）、「特別支援学級」（第3節）、「特別支援学校」（第4節）の3つから選択します。

● 通常学級に在籍しながら専門的な支援を受ける「通級による指導」（第2節）という選択肢もあります。

● 就学先は保護者の意向を最大限に尊重して決定されます。

この章の なるほど キーワード

■**就学時健康診断**…小学校に入学する予定の子どもに対して行う健康診断。各市町村の教育委員会が実施し、その子どもにもっとも適切な教育の場を考えます。

障害のある児童生徒の就学先決定について（手続きの流れ）

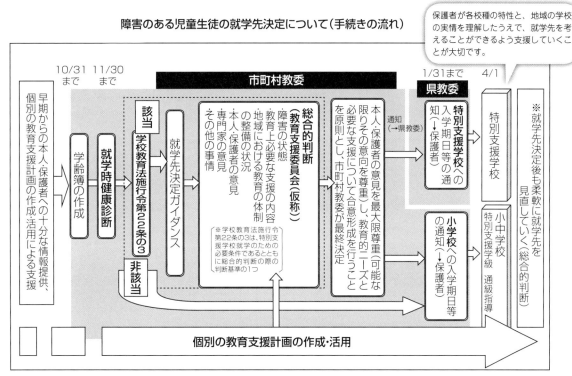

出典：文部科学省「教育支援資料」（平成25年10月）参考資料を一部改変

秋の10月から来年の新1年生の学齢簿をつくり始めているのですね。子どもたちはその後「就学時健康診断」を受けます。そして、1月31日までに、就学先が各家庭に通知されます。

第1節　通常の学級との接続

1. 早期からの支援体制と合理的配慮

（1）就学に揺れる気持ちに寄り添う

　それまで保育所や幼稚園、認定こども園、または家庭でのびのび過ごしていた子どもが学齢期を迎え、小学生になります。子どもにとっても保護者にとっても新しい世界の扉を開く、期待に胸膨らむ季節がやってきます。特別な支援を必要とする子どもたちにとっても、その発達が身体と心いっぱいに保障され、できること、わかることが増え、希望の花が一つ一つと開いていく、そんな門出になることが期待されます。

エピソード（1）　グレーゾーンのミキちゃんへの接続支援

　　ミキちゃん（5歳）は認定こども園に通っていますが、昨年、医療機関で自閉スペクトラム症のグレーゾーンであると診断されました。聴覚過敏で疲れやすい傾向があるため、運動会の練習などでストレスがたまると、家に帰ってからよくパニックを起こし、登園を渋ることが増えます。お母さんも園の担任も医療機関の助言を受け、環境への配慮を行いながらこれまでミキちゃんの集団生活を支えてきました。しかし、ミキちゃんはあと半年で園を卒業します。お母さんも担任も就学後にミキちゃんが学校に適応できるのかどうかが心配です。

　本書の冒頭でも述べたように、障害のある人にとって、就学はライフステージのなかで最初にあらわれる大きなハードルです。子どもも保護者も大きな不安を抱えやすい時ですから、しっかりと寄り添いながら支援していく姿勢が求められます。

　そもそも、就学は障害のない子どもにとっても大きなイベントです。どの親子も期待と同じくらいの不安を胸に抱いているといってもよいでしょう。保育所や幼稚園等での学びと、小学校での学びは、どこに違いがあるのでしょうか。主な特徴を表6－1にまとめました。園で思い思いに過ごしながら環境を通して学ぶ生活から、教員の指導・指示のもとに教室で一斉に学ぶ生活へと切り替わります。

表6－1　保育所・幼稚園等と小学校の学びの違い

保育所・幼稚園等の学びの特徴	小学校（通常学級）の学びの特徴
・方向目標（「５領域」や「１０の姿」）。 ・身近なものへの興味や関心から、自らが関わる経験を通して学ぶ。 ・自発的に繰り返すことによって学びを深める。 ・自由な遊びと一斉活動でおおまかに時間が区切られている。	・到達目標（「学習指導要領」の各教科の目標と内容）。 ・教科書によって進められる授業の学び。 ・「読む」「書く」ことから学習が始まる。 ・時間割によって学びが区切られている。

出典：三宅茂夫編『新・保育原理　第３版』みらい　2016年　pp.181-184をもとに作成

（2）小１プロブレムに対する早期からの支援体制

　近年さまざまな要因から、子どもが小学校入学後に「授業中に静かにできない」「集団行動が苦手」「話を聞かない」といった不適応を起こすことが多く、それらは「小１プロブレム」と呼ばれています。文部科学省はこの問題の解消のために、「アプローチカリキュラム」と「スタートカリキュラム」（表6－2）の作成を通して、園児と通常学級の生徒との交流の機会を設けたり、学校との意見交換や合同の研究の機会を設けたりすることをすすめています。

表6－2　小学校との接続を円滑にするためのカリキュラム

アプローチカリキュラム １０月～３月（年長）	スタートカリキュラム ４月～（小学１年）
・幼児期の学びを学校教育につなげるための、５歳児の１０月～３月までのカリキュラムです。 ・学びの基盤となる経験を子どもの実態に合わせて積めるように作成することが園側に求められています。	・入学した子どもが安心して学校生活を送り主体的に自己を発揮するためのカリキュラムです。 ・幼児期に親しんだ活動を取り入れ、わかりやすく学びやすい環境を作ることで、子どもが安心して新生活をスタートできるように作成することが学校側に求められています。

出典：筆者作成

　カリキュラムの作成にあたっては、特別な支援を要する子どもの姿を具体的にイメージして、子どもが無理なく行えるように配慮することが望まれます。それらの取り組みの結果、自治体によっては小１プロブレムの問題の軽減の報告もなされています。

（3）合理的配慮

　本書の第３章でもふれたように、「合理的配慮」を行うことが義務づけられました。障害のある子どもと障害のない子どもがともに学び育つための教育を個々の状態に応じて行い、不当な差別的扱いを受けないための配慮が求

められます。

障害のある子どもの小学校への入学に際しては、特に合理的配慮の視点が重要です。学校側はその配慮が体制や財政の面から現実的に対応可能かどうかを個別に判断することになります。合理的配慮がなされるためには、保護者の情報や、園や専門機関のこれまでの支援の情報が不可欠です。関係者の連携と接続への取り組みが、合理的配慮の可能性を左右します。

2. 接続のための支援ツールやシステム

スムーズな接続のために活用すべき支援ツールやシステムについて説明します。

（1）指導要録

園では子どもの進学に向けて、それぞれ「幼稚園幼児指導要録」「保育所児童保育要録」「認定こども園こども要録」「幼保連携型認定こども園園児指導要録」を作成し、日々の成長についての公式記録を残します。特に「指導上参考となる事項」という項目についての記述は、通常学級の運営にあたって必要な情報です。他機関との連携による方針や指導で効果的であったことなどを記述することを心がけるとよいでしょう。

（2）相談支援ファイル

特別支援に関する母子手帳のようなもので、近年各自治体による作成や活用が増えている支援ツールです。生育歴、医療歴、知能検査の結果、支援のヒントなど、専門機関・園・学校が記録したものを、保護者が管理し積み上げていきます。通常学級への接続を念頭において、園での効果的な指導法や子どもの様子などを具体的にファイルへ記載することが必要となります。なお、東京都では相談支援ファイルとは別に、特別な支援を必要とするすべての就学予定者を対象とした「就学支援シート」を作成し、活用しています。

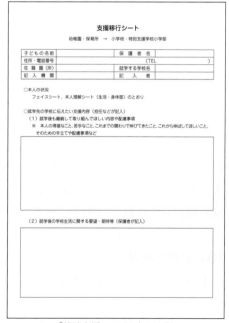

「相談支援ファイル」の一例

（3）加配教員の措置

　小学校における少人数指導、習熟度別指導、ティーム・ティーチング*¹などのきめ細かな指導や、障害のある子どものための「通級指導」などに対応する教員を特別に増やす人員配慮のことです（自治体によって異なる場合もあります）。通級指導とは、通常の学級に在籍している子どもに障害の程度に応じて自立活動と教科の補充指導を個別的に行う指導形態です。通級については、174ページであらためて説明します。このほか、必ずしも教員免許を必要とはしない「特別支援教育支援員」*²も活躍しています。

（4）地域の支援システム

　自治体は他職種の専門家と連携を図り、就学直前だけではなく5歳児健診など早期からの支援を行い、就学に備えた体制づくりを行っています*³。

❸．就学相談や接続に関連する会議

（1）就学相談会

　各市区町村によって体制や時期は異なりますが、就学前の子どもに集団面接、個別面接（知能検査）などを行い、子どもの特性を理解したうえで、個々に応じた教育が適切に受けられるように、専門家が保護者の相談に応じます。

（2）教育支援委員会

　市町村の教育委員会には、子どもの就学先（通常学級、特別支援学校など）の決定にあたり、教育学、医学、心理学等の観点から総合的な判断を行うため、調査・審議機関として「教育支援委員会」*⁴が設置されます。これには、保護者からの意見聴取が義務づけられています。判断に際しては、検査結果、療育手帳や相談支援ファイル、園や専門機関からの情報が必要となります。

　就学先の決定については、かつては教育支援委員会が主導していましたが、現在では本人と保護者の意見を尊重して決められています*⁵。

（3）連携会議

　気になる子どもの入学に際して、園と小学校との間で連携会議が開かれることがあります。問題行動への対処法などを学校に具体的に伝えます。

ふりかえりメモ：

---

*1
複数の教員が役割を分担し、協力し合いながら指導計画を立て、指導を行う方式です。

*2
文部科学省は特別支援教育支援員の役割について、障害のある児童・生徒に食事や排泄、教室移動などの介助、発達障害の児童・生徒に対する学習支援などとしています。資格や配置基準などは市町村が定めています。

*3
149ページを参照。

*4
かつての「就学指導委員会」等の名称もありますが、文部科学省は「教育支援委員会」が適当であるとしています。現在も名称は地域によってさまざまです。

*5
文部科学省は「就学先の決定に当たっては、早期からの相談を行い、子どもの可能性を最も伸長する教育が行われることを前提に、本人・保護者の意見を可能な限り尊重した上で、総合的な判断をすることが重要である」としています（文部科学省「教育支援資料　第2編　教育相談・就学先決定のモデルプロセス」『特別支援教育』2013年10月）。169ページを参照。

レッツトライ

Q 冒頭のエピソードに登場したミキちゃんの小学校入学に向けて、保育者はどのような準備を行う必要があるでしょうか。また、ミキちゃんについて連携会議が開かれることになりました。保育者はどのようなことを小学校側に伝える必要があるでしょうか。

ホップ　自分の考えを簡条書きで書き出してみましょう。

....

....

....

ステップ　考えを発表し、話し合ってみましょう。

....

....

....

ジャンプ　話し合ったことを文章にまとめてみましょう。

....

....

....

第2節　通級による指導

1. 通級とは

　障害の程度は軽度ではあるものの、通常の学級の学習だけでは十分な対応が困難な子どもたちに、週1～3時間程度の専門的な指導を行う教育システムで、1993（平成5）年に法制化された特別支援教育の新しい形態です。実際の運用は、各都道府県や自治体によって異なりますが、大きくは以下の特徴があります。

①児童・生徒は障害に特化した専門的な指導を受けることにより、通常の学級の学習内容の習得がおおむねできることが前提で、知的障害のある子どもたちは対象となりません。

②学籍は、通常の学級にある場合と、通級指導教室の設置校にある場合がありますが、いずれにしても、大半を通常の学級で生活し授業を受けています。ふだん過ごす学級を「親学級」、通級指導を受ける学級や教室を「子学級」ということもあり、親子学級方式をとっていることが特徴です。

③全国的に設置されているのは、難聴・言語障害と情緒障害（発達障害を含む）などです[*6]。

＊6
東京都の公立小・中学校では、発達障害については教師が在籍校へ行き、「特別支援教室」で個別指導を行うシステムを始めました。しかし、当初からさまざまな問題が表面化しています。学校現場では、制約があるなかでも発達障害のある子どもの特性に応じた小集団指導を行っているところが多く、東京都の新しいシステムは今後見直される可能性があります。

（1）特別支援教室での指導（東京都：半日（4単位時間）の指導の形態）

🖋 エピソード (2)　偏りが大きく集団行動が苦手なトモくん

　トモくんは、自閉スペクトラム症（ASD）の男の子です。昆虫についての知識が豊かで、小学生向けの科学雑誌を読みこなすほどの力があります。しかし、友だちが使っているおもちゃを黙って取り上げたり、みんなが楽しんでいる紙芝居を「こんな幼稚なのつまんないよ」と言ったりして、周囲を嫌な気持ちにさせてしまいます。偏食が激しく、給食は牛乳と白いご飯、肉と玉子以外は一切食べようとしません。

　トモくんのこれらの行動の背景には、自閉スペクトラム症の障害特性である社会的認知の発達の偏りや感覚過敏があるといえます。さらに細かく見ていくと、トイレの後は手を洗う、ありがとうと言うなどのごくあたりまえのことが身についていない、不器用で着替えや道具の扱いが上手にできないなどのこともわかってきました。

　トモくんは、特別支援教室の入室相談を受け、通常の学級に在籍し、特別支援教室が適当と判断されました。特別支援教室では、小集団での言語・コミュニケーションや感覚・運動の指導、製作活動などを通して、周りの動きに気づき、自分の動きを調整すること、上手な自己主張をすることなどを指導しました。指導時間の全体を通して、学校生活の基本的行動様式や生活習慣に関することとともに、興味・関心のないことでも最後までやり遂げること、協力して活動することなどを体験させました。

＊7
入院等によって長い間
一般社会から離れて生
活していた人に対して
社会復帰のために行っ
ていたトレーニングを、
発達障害等の子どもに
転用したものです。本
来は、社会生活を営ん
でいくうえで必要な、
知識や技能、態度、習
慣すべての習得が望ま
れますが、なかにはコ
ミュニケーションのス
キルのみに特化した狭
義のSSTもあります。

発達障害のある子どもの社会性の指導としてソーシャル・スキル・トレーニング（SST）＊7 が提案されますが、学校教育では、在籍学級と通級指導の学校生活全体が社会的行動を学ぶ場となります。この子たちは学習内容をほかの場面に広げて使いこなせるようになることに困難があり、通級指導と在籍学級の連携、家庭の協力が不可欠となります。通級での学習をきめ細かく在籍学級担任に伝え、場面や状況が変わった時の子どもの様子を共有し、それぞれの指導やしつけに反映していきます。

（2）通級指導教室における指導（時間通級の例）

エピソード（3）　落ち着きがなく、友だちとのトラブルが多いケントくん

> ケントくんは、とても元気がよく明るいかわいらしい子ですが、ちょっとしたことでイライラして友だちに乱暴をしたり物を投げたりします。座って何かをすることが嫌いで、いつも走り回っています。お散歩の時には、道路の反対側に気になるものがあると、急に飛び出してしまうので、先生はいつもケントくんの手を引いています。
>
> 就学時健診でも同様で、通常の学級だけでは適応が困難なので、通級をすすめられました。ADHDの疑いがあり、医療機関の受診もすすめられましたが、両親は納得せず、とりあえず通級による指導を受けて様子を見ようということになりました。
>
> 発達障害のある子どもを対象とした通級指導教室に、週2時間通って指導を受けることになりました。1時間は個別で、工作やカレンダーワーク、お話などを行い、タイムタイマーを見ながらスケジュールに沿って自分の行動を調整したり、先生との約束を守ったりする学習をしました。もう1時間は、3人で個別での学習内容の発表や、ルールを守って楽しく活動する運動課題に取り組みました。刺激が多くなると落ち着きをなくし友だちとのトラブルも出やすいケントくんですが、似たような課題のある仲間との活動を体験し、行動調整力が高まり、落ち着いて話が聞けるようになりました。落ち着くにつれて勉強にも意欲がわき、基礎学力も定着してきたので、2年間の通級指導ののち、退級となりました。

ケントくんは、ADHDの疑いがありますが、両親は医療機関への受診には消極的でした。ADHDは薬物療法で効果が上がる例が多いのですが、薬だけでは解決できません。自分の行動を上手に調整したり、仲間関係を構築したりしていくためには、適切な指導が必要です。もしケントくんが薬物療法を併用していたら、もっと早くに効果があらわれた可能性はあります。もっとも大切なことは、その子に合ったかかわりを通して、その子がもつ本来

の力を発揮させることでしょう。

2. 指導効果の検証

通級による指導の成果は、毎年検討され、継続か終了かの判断をします。通級指導は、必要が生じた時、あるいは問題に気づいた時から開始する場合もあります。通級指導が適切かどうかの判断は、多くの場合、教育委員会や管理職、心理や言語等の専門家、通級指導担当教員などが検討会を開いて行います。

1年ごとの検証が原則ですが、障害種別によっては年度途中の終了もあります。吃音や構音障害で通級している「ことばの教室」の通級児の場合には、主訴が改善された時点で検討を行い、必要がなくなったと判断された場合は年度途中でも退級になります。

発達障害のある子どもの場合には、年齢とともに発達課題が新たに出てくることもあり、継続する例は少なくありません。知的発達に遅れのない子どもは中学年くらいから、友だちと自分の違いを感じ始め、人に不快な思いをさせている自分に気づいた時には、自分を責めるようなこともあります。このような変化は、発達過程でよくあらわれるものであり、同じような悩みを抱えたほかの通級児とのかかわりのなかで、自分の特性をより客観的、かつ、前向きにとらえられるように指導をしていきます。知的能力の高い高学年の児童や中学生では、自己理解の深化を図り、自分を生かす進路を考えるための個別指導も行われています。

3. 通級による指導の指導内容

通級による指導では、通常の学級の教育課程にはない「自立活動」に相当する内容の指導を行います。学習や生活上の困難が生じている子どもに対して、障害によるハンディを可能な限り少なくし、学校生活への適応能力を高めるための教育活動です。障害によって生じる教科学習上の困難を最小限にし、より学習しやすくするために、教科の内容を取り上げることもあります。

たとえば、聴覚障害のある子どもの場合には、聞こえのハンディのためにコ

ふりかえりメモ：

ミュニケーションや国語や音楽などの授業に支障が出がちです。聴き取りや会話の学習自体は自立活動ですが、国語や音楽での不利益を克服するために、言葉や聞き取りの学習のなかで教科の中身を取り上げるようなやり方をしている教室もあります。

　発達障害のある子どもには、授業参加や教科の習得困難の背景にある社会的認知やコミュニケーション、注意の振り向け方の困難に対応した指導として、小集団指導が多く取り入れられています。読み書きや計算などの困難を訴えるケースもありますが、「学習障害」だけの子どもはきわめて少数です。多くは、自閉スペクトラム症やADHD、やや発達がゆっくりした子ども、不適切な家庭環境にある子どもたちです。指導担当者は、背後にある発達上のつまずきやその他の要因を見つけ出し、ときには、措置変更や福祉との連携の必要性を在籍校に伝えることが求められます。

レッツトライ ・・・・・・・・・・・・・・・・・・・・・・・ 演習課題

Q 対人関係を上手に築くことができず、発達上の問題がありそうだが、保護者が認めようとしない子どもに通級指導をすすめたいと考えた時、どのように保護者に話したらよいでしょうか。

ホップ　あなたの考えを箇条書きで書き出してみましょう。

....

....

....

ステップ　周りのみんなと意見交換をしてみましょう。

....

....

....

ジャンプ　話し合った内容を文章にまとめてみましょう。

....

....

....

第3節　特別支援学級との接続

1. 安心して自分らしさを発揮できる「居場所」を

（1）特別支援学級で自分らしさを発揮する

　特別支援学級は一般の小中学校に併設される障害児のためのクラスです。学校教育法第81条に規定されている制度なので学級の状況は全国共通のはずなのですが、実際には自治体によって大きな違いがあります。自分の地域の特別支援学級の様子について、ぜひ調べておくと良いでしょう。

　最初に、筆者が就学についての相談を担当したレンくんのエピソードを紹介します。園での様子は次のようなものでした。

エピソード（4）　特別支援学級へ進んだレンくん

　レンくんは、保育所では30人前後の子どもたちに混ざって、卒園式の歌の練習や絵本の読み聞かせでは保育室内にいました。でも、棚の上のおもちゃや同じクラスの取っ組み合いをしている友だちが気になって歌いませんし、絵本も見ません。そのうち、棚のおもちゃをとってほかの友だちと遊び始めました。サブの保育者が注意しますが、まったく聞きいれません。すると、座っていた子どもたちまでがざわざわし始め、あちこちでぶつかり合いが起きてきました。「いやあ、レンくんは大変です。あれで通常学級でやっていけるのでしょうか」と園長先生。

　身体測定の時間となり、数人ずつ測定し、終了したら園庭で遊び始めます。レンくんは友だちとおもちゃのすべり台を組み立て、いろいろなものをすべらせて待っています。やがて身体測定も終え、園庭の砂場でスコップをもって友だちと元気に砂を掘り、水を流して遊びました。「給食だから手を洗ってきてください」の先生の呼びかけがあると、さっと切り替えて手を洗います。給食では、苦手なトマトやワカメの酢の物、味噌汁を、隣に座った保育者に励まされながら時間をかけて少しずつ挑戦し、見事に食べ終えました。

　レンくんに適した成長・発達の場として、知的障害特別支援学級への入級がすすめられ、両親も快く承諾しました。１年後、筆者は市内の知的障害特別支援学級に籍を置いたレンくんの様子を見に行きました。

✒ エピソード (5)　特別支援学級へ進んだレンくん

　レンくんの算数の授業の様子です。２、３、４年生に混じって８人で「くるるんゆうえんちをつくろう」という学習に集中して取り組み、通常の１年生に近い学力を示していました。そのほかのことも特に問題はないようで、通常学級とは異なる１年から６年まで在籍している密度の濃い小集団の学級に楽しく登校していました。

　レンくんの通う特別支援学級の先生は、「保育所からいただいた引き継ぎの書類に、本人の得意なこと、興味あることなどが書かれていました。さらに園の先生たちとは家庭の様子などの情報交換もできたので、とてもスムーズにスタートできました」と話してくれました。

　レンくんは最初から特別支援学級に入級しましたが、一方で、始めに通常学級からスタートし知的障害特別支援学級に移る子どもも多くいます。彼らも、小集団で個々の子どもたちに即した学びや生活が保障され、安心してその子らしさを発揮し活躍していくようになります。

　今、知的障害特別支援学校高等部で生徒会会長をやっているケンジくんもその１人です。ケンジくんは小学５年生の時に書いた作文で、自分が知的障害特別支援学級の「杉の実学級」にいる理由を次のように振り返っています。

✒ エピソード (6)　通常学級から特別支援学級へ移ったケンジくんの作文

　「ぼくは、３年生のときに杉の実学級にはいりました。よくわからなかったから、２年生のときけんかばかりしたからです。だから杉の実にはいりました。それにぼくは人見知りで休みじかんにちこくしたらトイレの中にうずくまり、かくれてました。こうちょう先生とはなしをして杉の実にはいりました。はいったときはきんちょうしました。杉の実にはいってうれしかったのはみんなやさしくてうれしかった。やさしくしてくれたのはヨシハルくんでした。それからヨシハルとともだちになりました。たまにけんかしたりしましたが、でもけんかするほどなかがいいっていいますから。いまいちばんうれしいのは、ともだちがいっぱいいることです」。

　自分の居場所を見つけたケンジくんは、体験入級[*8]で教室に入るのをためらっている同学年のヨウジくんに、このように話したこともありました。「杉の実は楽しいよ。先生は、ちょっと頼りない時もあるけど、わかりやすく勉強を教えてくれるよ。勉強、おもしろかったでしょう。休み時間も一緒にサッカーしてくれたでしょう。ほかの友だちもやさしいよ。時々けんかするけど、先生にものすごく怒られることもあるけど、すぐに仲直りできるんだよ。ヨウジくん、ぼくたちは、しっかり勉強しないといい大人になれないよ」。そして、ケンジくんは、小学校の卒業式の決意表明に、「僕はしっかり働ける大人になって、お母さんを守ります」と述べた通り、今、現場実習に励んでいます。

＊8
教育委員会の就学支援の担当者や学校長、特別支援学級担任が相談・合意して、特別支援学級の生活を試しに体験すること。

（2）適切な学びの場がなかったとしても

　特別支援学級の様子は地域によって大きく異なります。次に紹介するメグミさんのエピソードは、本来であれば第2節で学んだ通級指導教室を活用すべきケースです。ところが、この地域には特別支援学級は設置されていたものの、あいにく通級指導教室が設置されていませんでした。

エピソード（7）　特別支援学級から通常学級へ籍を移したメグミさん

　メグミさんは就学相談時、広汎性発達障害の診断で知的には遅れがありませんでした。でも、トイレのドアを閉めて用を足せない、大きな音や予測しない音を聞くと顔を引きつらせ立ち止まってしまう、落ち着いて人の話を聞けないなど、大きな集団での行動に不安がありました。
　相談を重ねた結果、「最初は特別支援学級でスタートし、通常学級との学習交流に支援員が付き添いましょう。学校生活に慣れ、通常の学級集団での行動が可能と判断できたら、籍を移しましょう」ということになりました。メグミさんは知的障害特別支援学級に籍を置き、1年間、特別支援学級と通常学級の両方で学びました。そして、2年生に進級する時「もし、不安定な状況になったら特別支援学級に戻るということでチャレンジしましょう」と、通常学級に移りました。その後、時々登校渋りもあり、保護者が不安を訴えたこともありましたが、その都度、特別支援教育校内委員会[*9]で対応を検討して、学校ぐるみでメグミさんの学習と生活を支えました。

＊9
幼稚園・学校等に在籍する支援を要する幼児・児童・生徒の実態把握や支援のあり方を検討するために、園内や校内に設置される委員会。

　メグミさんは現在中学2年生になります。通常学級に在籍し、塾にも通いながら、次の進路を模索しています。通級による制度がいろいろと整備・拡充[*10]されてきていますが、まだこのエピソードのように、制度の整っていない地域は多く存在しています。そういった場合でも、その子どもにとって

＊10
2018年度より高等学校においても通級指導が開始されました。東京都では2020年度中にすべての小・中学校に特別支援教室を設置し、在籍校で「通級指導」が受けられるようになりました。

もっとも適切な学びの場はどこなのかを関係者が協力して考えていくことが必要です。「ニーズに応じる」とはオーダーメイドの対応を行うことなのです。

2. 保護者への情報提供と保護者の選択権の保障

（1）保護者と課題を共有し就学につなげる

「うちの子、このままで大丈夫かしら？」と、子育てに不安を感じる保護者が急増しています。その一方で、保育者から見て、「この子の保護者はこのまま何も手立てをしないで就学させてしまうのだろうか」と心配になる保護者も少なからずいます。不安や混乱を抱える保護者だけでなく、無関心を装う保護者にもていねいに関わり、思いを聞き、受け止めることが大事です。自分の子どもの幸せや健やかな成長を願わない保護者はいませんし、関係者が真剣に考えてくれていることに感謝しない保護者はいないと考えます。保育者は、たくさんの子どもを見ている専門家として、「子どもの豊かな成長と発達のために」保護者の心配や懸念にていねいに応えながら、「一緒に考えていきましょう」と必要な情報を伝えることが大切です。

（2）園ぐるみで対応していく

必要があれば専門機関につなげていきます。勇気のいることですが、園長先生を中心にして園ぐるみで対応できたらと考えます。そして、園から就学先の学校につなげる「相談支援ファイル」や「就学支援シート」等の引き継ぎの書類を保護者と共同で作成し、保護者と課題を共有しましょう。子どもがどこでどのように学んだら、その子らしさを発揮できるのか、お互いの知恵を出し合います。

現在の就学相談は、保護者の意向に沿ってていねいに行われます。臨床心理士や学校関係者も関わるので積極的に活用しましょう。途中で相談を辞退することも可能です。お互いに悩みを抱え込まず就学相談につなげ、子どもの健やかな成長・発達を保障する保護者の選択権を大事にしたいものです。

（3）就学後のつながり

卒園したら終わりではなく、学校公開などを利用して子どもの様子を見たり担任の先生との情報交換をしたりしてください。そのことが今後の障害児保育の参考になりますし、就学先の先生たちも子どもの成長・発達をあらためて確認できる機会となるでしょう。

レッツトライ ‥‥‥‥‥‥‥‥‥‥‥‥ 演習課題

Q 「来年1年生になるけど、保護者は困っていないようだ。でも、このまま何もしないで卒園させてもいい子なのかな？」というお子さんを担当しました。あなたなら、いつごろ、誰に、どのような話をもちかけますか。

ホップ　学校教育法施行令第22条の3に規定する「就学基準」を調べてみましょう。

‥‥

‥‥

ステップ　自分の考えを発表し、話し合ってみましょう。

‥‥

‥‥

ジャンプ　話し合った内容を文章にまとめてみましょう。

‥‥

‥‥

ふりかえりメモ：

‥‥

特別支援学級との接続の支援の場から

太田こどものへや・山本泰弘

　幼児期から小学校入学という環境の変化に対するとまどいは、障害の有無に関係なく、どの子にもあるものですが、とりわけ障害のある子の場合は大きいと思われます。園で手厚い保育を受けて就学を迎える時、保護者はどのような思いを抱くのでしょうか？「年少のころを思うとずいぶん成長したので、みんなと同じ通常学級でやっていけるのではないか？」「いやいや、本人なりの成長は確かにあるが、それはちょっと無理ではないか？」。揺れる思いを抱きながら、子どものさらなる成長の場として、特別支援学級を選択した２人の子の例を紹介します。

　ジュンくんは現在、知的障害特別支援学級で学ぶ小学３年生です。保育所では、担任と補助の先生の２人体制で保育を受けていました。ジュンくんにはある先天性疾病がありますが、おしゃべり好きで明るく人懐こい子です。保護者は保育所の子どもたちとのつながりが大切と考えて、地域の小学校の特別支援学級を選択されました。入学後、担任となった先生は、「太田こどものへや」でのジュンくんの学習状況を何度か見に来てくれました。以後、担任の先生と連携しながら、ジュンくんの学習支援を継続しています。

　トオルくんは、情緒障害特別支援学級で学ぶ小学１年生です。多少のこだわりがあって、周りに合わせるよりも自分のやりたいことを最優先しがちなトオルくんに、保育所ではトオルくんの気持ちに寄り添った支援保育がなされていました。就学期を迎え、保護者はずいぶん迷われたそうですが、トオルくんの「個性」を伸ばす場はどちらなのかという点で、特別支援学級を選択されました。入学後、トオルくんに合った個別学習を基盤に、通常学級での学びの場（交流及び共同学習）も保障されているとのことです。

　どちらの事例も、「子どもが自分らしさを発揮していきいきと学校生活を送れる場はどこなのか」という観点で、保護者が特別支援学級を選択されたのです。子どもが自分らしさを発揮できるということは、自分を丸ごと認めてもらえて、自己肯定感を高めるということにつながります。ひいては、子ども自身が世界を拡げていく原動力になると思われます。

「太田こどものへや」とは（群馬県）

　幼児から成人まで、年齢や学籍、住所、障害の有無や程度などの制限はなにもない「親子通所指導所」。子どもと保護者とスタッフが三人一組となって、マンツーマン形態で子どもの気持ちに寄り添いながら、子どもの世界を拡げるお手伝いをしている施設です。

第4節　特別支援学校小学部への接続

1. 特別支援学校小学部という選択

　特別な支援を必要とする子どもが学校へ就学する場合、現状では、おおむね「通常学級」「特別支援学級」「特別支援学校小学部」の3つのなかから選択することとなります。どの環境を選択するかは、その子の今と未来を左右する大きな問題です。インクルーシブ教育が進められるなかで、地域で学ぶという選択もありますが、地域の通常学校で十分な支援を受けながら学べる環境が整備されているとはいえないことが多いのが現状です。

　地域の通常学級では子どもの発達や生活を支えるだけの十分な教員配置や教材・教室などの施設面での整備が整わないなかで、比較的重い障害のある子ども、より専門的な支援を必要とする子どもが特別支援学校小学部に就学するケースが多いようです。

2. 選択についての保護者の理解

　これまでは、発達検査などをもとに「教育支援委員会」等において、行政の強い影響のなかで就学先が決められてきました。最近では、これまでより保護者の意向が重視される傾向にあるといわれます。保護者はどのような気持ちをもって子どもの就学を考えるのでしょうか。

　障害者への差別がまだ残る日本の社会のなかでは、保護者がわが子の障害を少しでも軽く見たいと思うのは理解できることでしょう。一方、保育者や教育支援委員会などはその子に適切な環境を用意したいという観点から、より専門性の高い場への就学をすすめる傾向にあるように思います。

　このように両者に意見の相違がある場合、これまでは教育支援委員会の決めた方向へと進められることが多かったと思いますが、保護者の意見が重視されるようになったことで、画一的な決定ではなくなりつつあります。

　また、方向性にずれのある場合、支援者側の意見を保護者に押しつけるようなことを進めるべきではありません。まずは、支援者と保護者が率直な意見交換を行い、保護者への理解を求めることが大切です。それでもずれが解消しない場合もあります。保護者が納得しないまま押しつけられた環境で就学することは、子どもにとってより深い困難をもたらすことになるように思われます。その子の環境として多少困難をともなう場であっても、まずは、保護者の希望する場所で学習してみる。まずは、希望する場での学習や生活を行い、そのなかでどの場所ならその子がうまくやっていけるのか、どの場所

ならその子の発達がより保障されるのかをじっ
くり探っていくこともあってよいのではないで
しょうか。

　そもそもインクルーシブ教育の理念からいえ
ば、「この子にとってふさわしい環境は、ここ」
などと周りが決められるものではないはずです。
どの場所を選択したとしても、その子の発達が全面的に保障される環境を用
意するのが、就学を最終的に担う行政の重要な役割となります。

❸．特別支援学校のもつ強み

（1）その子どもに徹底して寄り添う環境をつくりやすい

✒ エピソード (8)　ヒロくんが話しはじめた！

　　うれしいときは「うぅー！」と言ったり、「がっがっ！」と言う時の言
い方で自分の意思の「イエス」「ノー」を伝えるヒロくん。ほかには「ママ」
という発語があるくらいです。脳性まひと知的障害もあったため、肢体不
自由の特別支援学校小学部に通っていました。
　　そこでは何よりも「やりたい」「おもしろい」そして「この人と一緒に
やりたい」「この人とおもしろさをわかち合いたい」という思いを大事に
した取り組みがたっぷりと行われました。そうした取り組みが続いた6年
生のある時、ヒロくんが突然、話しはじめたのです！　先生たちはびっく
り！　「やりたい！」「せんせー」。その後、話せる、使える言葉がどんど
ん増えていきました。

　このエピソードは、「特別支援学校に進学すると話せない子どもが話せる
ようになる」といっているのではありません。乳幼児期の言葉の発達の勉強
をしているみなさんは、何がポイントなのか、気づいた方もいるのではない
でしょうか。子どもが話そうとするのはなぜか。
　発語の前提として生活のなかに発見や感動があり、そして共感してくれる
相手が必要です。興味・関心をもつことと、さらにそれを伝えたいと思うこ
とによって発語は育まれていきます。そのことを学年・学校全体で認識した
取り組みを継続して行ったのです。そういえば…小学部1年生のヒロくんが
一番手にもっていた本は教科書ではなく『きょうの料理』。そして卒業パー
ティーの料理を見たヒロくんは…「やったぁ！」「からーけー（からあげ）！」
と言っていました。

その子どもに徹底して寄り添う環境をつくりやすいという強みが特別支援学校にはあります（たとえば授業で『きょうの料理』を使うことは、通常学校ではなかなかできませんよね）。卒業式でのお母さんの「この学校を選んで本当によかった」という言葉がとても印象的でした。

（2）特別支援学校の本来の役割

障害のある子を空間的に差別しないという観点から、特別支援学校、また特別支援学級を廃止すべきという議論があります。特別支援学校のような障害のある子どもだけを集める特別な学校の存在自体が差別だという考えからです。この考えでは、特別支援学校が廃止され、選択できなくなることで、障害のある子どもたちは、通常学級に入ることになります。こうして初めて共生・共同の取り組み、差別のない取り組みが始まるとの考えでもあります。

一方、同じような障害のある子どもたちが一緒に学ぶことで、子どもたち同士が関わりあいながら学び、より効果的な発達が保障される、より専門的な教育を保障することができるという観点から、特別な学習の場が必要なのも事実です。このことが特別支援学校の本来の役割でもあります。

障害のある子どもが、どの環境に就学しても排除されず、気持ちよく過ごし学習ができる環境づくりが始まり、また、障害があること自体への偏見や差別がなくなっていくなかで、「特別支援学校」が、差別選別の場ではなく、科学的な観点で発達を保障していく場として、さらに発展しその役割を果たしていくことを期待したいところです。

4. 居住地校交流などの活用

現在、特別支援学校では、地域の学校で過ごす機会の場として「居住地校交流」を行っています。地域で一緒に過ごしてきた友だちと、就学段階で別々の場で学習することになっても、この「居住地校交流」を活用し、継続して同じ空間、同じ時間を過ごし関わりあうことができます。この制度の十分な活用と発展が望まれます。こうした地域での学習の場をさらに発展させるために、自治体によっては独自に「副籍」「支援籍」[11]というしくみを設けるところも出てきました。子どもがじっくり落ち着いて学習する環境を整えるとともに、地域とのつながりをどのような形で進めていくか今後の大きな課題だといえます。

＊11
特別支援学校の小中学部に在籍する児童・生徒が居住地域の小中学校に副次的な学籍をもつ制度。副籍（東京都）、支援籍（埼玉県）、副学籍（横浜市）などがあります。

5. 寄宿舎の活用

　多くの特別支援学校には、「寄宿舎」が併設されています。地域から離れて、特別支援学校に就学する場合は、通学保障の面からも寄宿舎の利用は有効です。近年では、単に通学の保障の意味からだけでなく、そこに宿泊し生活をともにするなかで学ぶ「生活教育」の面での役割も担っています。

　寄宿舎指導員の指導のもとで生活に必要な技術を身につけるだけでなく、生活習慣を身につけたり、指導員やともに生活する仲間との関わりのなかで心の安定を確保したり、回復したりする例もあります。障害のある子どもたちに文字通り全面的、総合的な発達を保障する意味でも寄宿舎の役割は今よりもっと期待されてよいと思います。

6. 特別支援学校小学部接続への準備

　特別支援学校小学部への就学に向けて、どのような準備を進めていくことが必要なのでしょうか。

　それは、子どもの発達に見合わない大人側の決まりのようなものを押しつけないことです。学校は、学習する場であり、一定の決まりのなかでの生活が求められますが、それは、就学前に事前に準備しなければならないものではありません。入学してから徐々に学習していくべきものです。

　就学前には、大人との柔らかな関わりのなかで、その子の障害の状況に応じた、性急でない着実でゆったりとした成長を図ることが求められます。そうしたなかで保護者などの他者から働きかけられることがどれだけ喜びに満ちたものであるかを知り、さらに自ら他者に働きかけることが意義深いものであることを実感する。そうした人との喜びに満ちた関係を基礎として、体全体を使って、特に手を使っての外界への働きかけが十分行われることがとても大切です。

　その子の発達の進み具合や障害の種類や程度、何よりもその子の気持ちに寄り添った関わりのなかで生活することが、就学前の準備として大切です。

レッツトライ ⋯⋯⋯⋯⋯⋯⋯⋯⋯⋯⋯ 演習課題

Q 就学先の希望について、保護者は地域の通常学級を、支援者（保育担当者など）は特別支援学校小学部と、両者の希望にずれが生じた場合には、どのように話し合いを進めたらよいでしょうか。

ホップ あなたの考えを簡条書きで書き出してみましょう。

ステップ 考えたことを発表し、話し合ってみましょう。

ジャンプ 話し合った内容を文章にまとめてみましょう。

【参考文献】
独立行政法人国立特別支援教育総合研究所「インクルーシブ教育システム構築支援データベース」 http://inclusive.nise.go.jp
文部科学省 国立教育政策研究所 教育課程研究センター
　http://www.nier.go.jp/04_kenkyu_annai/div08-katei.html
障害児を普通学校へ・全国連絡会編『障害児が学校へ入るとき（新版）』千書房　2008年
文部科学省初等中等教育局特別支援教育課『インクルーシブ教育システム構築事業』
　http://www.mext.go.jp/component/a_menu/other/detail/__icsFiles/afieldfile/2015/06/16/1358945_02.pdf
荒川智編著『障害のある子どもの教育改革提言』全国障害者問題研究会出版部　2010年

第7章

思春期・青年期に向けて

エクササイズ　　　**自由にイメージしてみてください**

　あなたや友人たち、家族の反抗期のエピソードにはどのようなものがあります
か？

学びのロードマップ

この章のまとめ！

本章では、思春期・青年期と障害について学びます。

● 中学校・高等学校（第1節）

・中学校には特別支援学級や通級による指導があります。高等学校では、2018（平成30）年度から通級による指導が始まりました。

・中学校では、「学級担任制」から「教科担当制」に変わり、学習内容も深まるため、学びにくさに悩む生徒もいます。

● 特別支援学校中学部・高等部（第2節）

・授業は一人一人に合った内容を行い、就職や社会的自立を目指した「作業学習」（農耕、園芸、木工など）の授業もあります。

> おはようございます
>
> おはようございます東光です

光くんも立派な中学生になりました（28ページを参照）。

● 就職と結婚（第2節、4節）

・障害のある人の就職は、「一般就労」と「福祉的就労」の2つがあります。

・障害のある人の結婚は、「ノーマライゼーションの原理」では当然の権利とされています。

● 大学、短大、高等専門学校（第3節）

・障害学生は、全学生のうち1.05%です。数の少ない理由は、受け入れ体制が十分に整備されていないことがあげられます。

この章の なるほど キーワード

■**親離れ**…思春期には親離れが始まります。親離れは、心理学の用語では「第二次反抗期」や「心理的離乳」とも呼び、自立に必要なステップの1つです。

子ども時代　思春期・青春期　青年期　大人時代

親離れのときに、心の支えになるのは友人たちとのつながりです。この時期に良好な仲間関係を築いておくことはとても大切です。

思春期とは、第二次性徴の始まりから成長の終わりまでをさします。

第1節 中学校・高等学校における 障害のある子どもの生活

　障害の有無にかかわらず、中学校から高等学校にかけては、思春期を迎え、子どもから大人へ心身ともに大きく変化していく時期です。学校選びに際しては、現在の生活の視点だけでなく、将来や大人になったことを想定しての視点が加わってきます。

1. 中学校と高等学校の違い

　障害のある子どもは、障害のない子どもたちとともに中学校や高等学校に進むとどのように生活しているのでしょうか。それぞれの学校での生活について見ると、次のようになります。

<table>
<tr><td>

中学校

・主に2通りの生活を送る生徒がいます。
①特別な教育的ニーズに応じて、特別支援学級や通級指導教室などの教育サービス利用している生徒。
②通常学級だけで生活している生徒。
・国の施策としては位置づけられていませんが、「特別支援教室」という名称で特別な支援を提供する地域もみられます*1。

</td><td>

高等学校

・2018（平成30）年度から高等学校および中等教育学校後期課程に通級による指導が可能となりましたが、その数はまだ少ないのが現状です。
・発達障害を中心とした多くの障害のある生徒が、教員の配慮と本人の努力により、通常の学級で生活しています。

</td></tr>
</table>

　文部科学省の調査によれば、2017（平成29）年3月に卒業した中学校特別支援学級卒業者の約4割にあたる8千264人が高等学校に進学しています。2018（平成30）年度から高等学校でも通級による指導が可能となり、今まで以上に多くの教師が、単に障害のある児童生徒を「理解する」だけでなく、一人一人の障害に応じた適切な指導方法を選択・実践する能力が求められてきています。教育の質保証に向けて、文部科学省では、通級の指導に役立つガイド作りや通級指導担当教師のための「履修証明」を検討しています*2。

　本節では、通常の学級で生活する発達障害のある生徒を中心に、その生活の様子と課題についてみていきます。

*1
東京都では、2018（平成30）年度より小学校全校で、中学校は2020（令和2）年度までに順次、発達障害のある子どもに対して特別な指導を行う教室を設置し、名称を「特別支援教室」としています。また、横浜市では、通級による指導とは異なる新しい形式の特別支援教室を設けています1)。

*2
文部科学省　障害者活躍推進プラン『発達障害のある子供達の学びを支える共生に向けた「学び」の質の向上プラン』（2019年1月23日公表）

2. 中学校での生活

（1）小学校との違い　－学級担任制から教科担当制へ－

　小学校では「学級担任制」ですが、中学校では「教科担当制」となります。これは、教師と生徒の基本的な関係の大きな変化です。小学校の学級担任は、個々の児童の学校生活をトータルに見て、その特性を理解し、それに対応した支援をしています。中学校では教科ごとに教科担任が変わるため、その対応の多様さゆえに混乱してしまう発達障害のある生徒もいます。

　そのほかにも、複数の小学校から進学するために、学級・学校の集団の質や量の変化の影響もあります。また、算数から数学などのように教科学習の深まりや、新たな教科（英語科）が始まることで学習面での困難が深刻化することもあります。さらに、中学校では部活動も盛んになり、学校生活全体の課題が多くなるため適応できずに苦しむ生徒もいます。

（2）友人関係の変化

　思春期に入ると、友だちとの関係に変化が起こります。それまで比較的穏やかなつながりであった児童期の友人関係から、価値観や好みなどの共通点を確かめ語り合うことで結束する親密な関係へ展開していきます。思ったことをストレートに言い、結果的に相手を傷つけてしまうことを繰り返したり、かたくなに規則を守ることを重んじたりする特性をもつ発達障害のある生徒が、異質なものとして排除されることが起こりやすくなります。その結果、不登校やいじめ、非行問題が顕在化することもあります。

（3）学びにくさや生きにくさを感じる時期

　中学校から高等学校にかけては、学習や対人関係などでさまざまな困難をもつ発達障害のある生徒にとって、少なからず学びにくさや生きにくさを感じる時期です。教師にとっても発達障害は気づきにくく、理解しにくいものですから、それが教えにくさや支えにくさにつながります。障害の特性が理解されずに努力不足、なまけ者のレッテルを貼られて放置されると、問題は悪化します。学習意欲の低下、反抗的態度、人間関係のトラブル、不登校や引きこもり、うつ、自傷行為、摂食障害、自尊感情の低下による無気力や投げやりな行動など、二次障害[3]が増えるおそれもあります。子どもがもつ特徴を理解し、長所を見つけて伸ばし、適切な支援を継続することが重要です。

*3
詳しくは73ページを
参照。

（4）将来を見すえてもっとも適切な教育の場を考える

　中学校の特別支援学級や通級学級を利用している生徒の生活は、通常学級

で学ぶ生徒に比べて、専門性をもつ担任によるきめ細かい教育的支援が小集団のなかで受けられ、心理的にも安定している場合が多いように思われます。しかし、なかには特別支援学級の集団や学習が自分に合っていないと感じている場合もあります。知的障害をともなわない発達障害では、障害受容が十分にできていない場合があります。

　よって、まずは今の自分の特性を理解し、そして将来の自立のイメージを具体的に描き、そこから今必要なことは何かを本人や保護者と一緒に考えることが大切です。

③. 高等学校での生活

（1）発達障害等困難がある生徒が高等学校に進学する割合

＊4
特別支援教育の推進に関する調査研究協力者会議高等学校ワーキング・グループ「発達障害等困難のある生徒の中学校卒業後における進路に関する分析結果」2009年

　2009（平成21）年の調査[4]によれば、調査対象の中学校3年生の生徒（約1万7千人）のうち、「発達障害等困難がある」とされた生徒の割合は、約2.9％でした。そのうち約75.2％が高等学校に進学を希望しています。そして、発達障害等困難のあるとされた高等学校進学者の割合は、高等学校進学者全体のうち2.2％でした（およそ45人に1人の割合です）。

　全日制課程でみると、発達障害等困難のある生徒の推計在籍率は1.8％です。対して、定時制課程は14.1％、通信制課程は15.7％と、相対的に高い比率でした（表7－1）。

表7－1　課程別、学科別における高等学校進学者中の発達障害等困難のある生徒の割合

課程別		学科別	
全日制	1.8%	普通科	2.0%
定時制	14.1%	専門学科[1]	2.6%
通信制	15.7%	総合学科[2]	3.6%

※1 専門教育を主とする学科
※2 普通教育及び専門教育を選択履修を旨として総合的に施す学科

出典：特別支援教育の推進に関する調査研究協力者会議高等学校ワーキング・グループ「発達障害等困難のある生徒の中学校卒業後における進路に関する分析結果」2009年

（2）自分のなかの発達障害と向き合う

　中学校から高等学校へ進むと、居住区から遠く離れた仲間との出会いがあり、昔から知っている友人関係のなかで許されてきたルールが変化します。親からの心理的な独立とともに、同年代の仲間との関係が深まっていくのが思春期ですが、発達障害のある生徒にとっては生き

づらさを感じる困難な時期ともなります。親離れの推進力となるのが仲間関係であるため、それがうまく展開しないと心理的な危機にさらされます。独立の過程を踏むはずのこの時期が、孤立への始まりとなるケースが少なくありません。いわば、発達障害のある生徒自身が"自分の発達障害"と向き合う時期でもあるわけです。

　友人から「変わっている」とか、「普通はそんなことはしない」とか言われても理由がわからずに悩んだり、自分と友人との違いを知りたいと思うようになります。どのようにふるまえばよいのかわからず、意図的に周囲と同じ行動を取ることでその場を乗り切ろうとすることもあります。

（3）進学や就労の実現のために

　高等学校は、卒業したら就労を選択するか、進学を選択するかという人生の大きな判断とそのための準備の時期でもあります。しかし、自尊心の低下や自己理解の不十分さ（自分の長所や希望がわからない等）から、進路の自己選択ができない生徒もいます。そのような生徒に対して、周囲がある進路を強くすすめたとしても、本人が拒否したり、その進路を選んでもドロップアウトしたりして、結果的に引きこもりにつながる場合もあります。

　こうしたことから、一人一人の能力を伸ばし、進学や就労を実現していくためには、幼稚園・保育所等から小学校、中学校、高等学校へとつながる一貫した支援体制の構築が強く求められます。

ふりかえりメモ：

....

....

第2節　特別支援学校中学部・高等部の生活

1. 特別支援学校中学部と高等部の概要

　特別支援学校の中学部や高等部へは、同じ学校の小学部や中学部から進む場合と、外部から入学してくる場合の2通りのコースがあります。一般に、途中で中学部や高等部に入ってくる場合は、それ以前の小学校や中学校で、特別支援学級や通級指導教室などを利用していた場合が多いといえます。高等部については、中学校では通常学級に在籍していた生徒も少なくありません。知的障害をともなわない発達障害や軽度の知的障害に適した高等学校段階の教育の場が少ないことがその要因となっています。

　特別支援学校では、生徒の発達段階や経験などを踏まえ、実生活に結びついた内容を中心に学習内容を構成していることが特徴となっており、各教科等を合わせた指導[*5]も行っています。そうした学習の1つに「作業学習」があります。農耕、園芸、木工、紙工、陶芸、印刷などの作業活動を学習活動の中心にすえ、働く意欲を培い、将来の職業生活や社会自立を目指して総合的に学習するものです。主に知的障害の特別支援学校中学部や高等部で積極的に取り入れられています。

　本節では、知的障害の特別支援学校中学部・高等部を取り上げていきます。

2. 中学部の生活

　特別支援学校の中学部では、将来の職業生活や自立のためのカリキュラムが導入されるようになります。具体的には、作業学習などを通して、ものをつくったり、育てたりすることに興味をもち、達成感や成就感を得ることで働く喜びを知り、将来の職業生活や社会自立の基礎となる力を培います。

　中学部になると体力がつき、一般的には多動などの行動特徴が穏やかになってきて、活動に対する注意集中の時間が長くなり、家庭や学校で意味のある役割や活動をこなせるようになってくる時期です。一方、重い知的障害や自閉スペクトラム症のある人のなかには、思春期に特有の困難を示す強度行動障害[*6]により日常生活の維持が急に難しくなることもあります。

　中学部は義務教育としては最後の段階ですので、多くの保護者は卒業後の生活について考えるようになります。また、これまで近隣の同年代の子どもたちと遊んでいたのに、そうした機会が減っていくのが一般的です。そのため、家庭内の役割や自分の楽しみを大切にするようになることも多いようです。学校や家庭で学習してきたことが、将来の生活にどのように役立つのか

＊5
学校教育法施行規則第130条第2項において、「特別支援学校の小学部、中学部又は高等部においては、知的障害者である児童若しくは生徒又は複数の種類の障害を併せ有する児童若しくは生徒を教育する場合において特に必要があるときは、各教科、道徳、外国語活動、特別活動及び自立活動の全部又は一部について、合わせて授業を行うことができる」と規定されています。
同規定にもとづき、知的障害者である児童・生徒に対する教育を行う特別支援学校においては、日常生活の指導、遊びの指導、生活単元学習、作業学習などとして実践されており、各教科等を合わせた指導と呼ばれています。

＊6
かみつき、頭突き、器物損壊、ひどい自傷行為などが、通常考えられない頻度であらわれ、特別に配慮された支援を必要とする状態です。多くは重い知的障害をともなう自閉スペクトラム症の人に見られます。

という視点で見つめ直すことが大切になる時期です。

③. 高等部の生活

特別支援学校高等部卒業者の状況を見ると、大学等の進学率は聴覚障害者が約40％、視覚障害者が約30％、知的障害者は0.4％です（表7−2）。このことから、知的障害の特別支援学校高等部は、多くの生徒にとって学校教育を終えて社会に出る最後の準備期間といえます。そのため、高等部では社会参加に向けて現場実習*7の機会が増え、一人一人の職業適性を見すえながら社会人として必要な基本的な技能・態度・習慣を身につけることに力を入れます。

就労生活を想定した場合、現場実習での評価は進路先を決定するうえで重要な資料となります。学校と職場では評価の視点が異なります。学校生活では時間がかかってもできたことや、最終的な仕上がりが十分ではなかったとしても取り組みに対する努力が評価されます。これに対して、職場では作業量や作業の正確さなどの最終的なできあがりによって評価されます。

また、進路先の決定は、本人の生活力や職業能力だけではなく、地域の労働環境や福祉サービスの充実度によっても左右されます。

＊7
知的障害教育における現場実習は、作業学習の発展と位置づけられており、卒業後の職業を含めた社会自立を促すために、実際の事業所などで行います。一般的に、中学部から段階的に取り入れ、高等部の多くでは、1〜2週間、年間1〜3期にわけて実施しています。

表7−2　特別支援学校高等部の卒業後の状況（平成29年3月卒業者／人）

区分	卒業者	進学者	教育訓練機関等	就職者	社会福祉施設等入所・通所者	その他
計	21,292 (100%)	396 (1.9%)	381 (1.8%)	6,411 (30.1%)	13,253 (62.2%)	851 (4.0%)
視覚障害	277 (100%)	92 (33.2%)	10 (3.6%)	32 (11.6%)	119 (43.0%)	24 (8.7%)
聴覚障害	451 (100%)	162 (35.9%)	20 (4.4%)	195 (43.2%)	60 (13.3%)	14 (3.1%)
知的障害	18,321 (100%)	66 (0.4%)	276 (1.5%)	6,029 (32.9%)	11,262 (61.5%)	688 (3.8%)
肢体不自由	1,856 (100%)	57 (3.1%)	42 (2.3%)	94 (5.1%)	1,574 (84.4%)	89 (4.8%)
病弱	387 (100%)	19 (4.9%)	33 (8.5%)	61 (15.8%)	238 (61.5%)	36 (9.3%)

※上段は人数、下段は卒業者に対する割合。四捨五入のため各区分の比率は必ずしも100％にならない。
出典：文部科学省初等中等教育局特別支援教育課「特別支援教育資料（平成29年度）」2018年

④. 卒業後の進路（一般就労と福祉的就労）

知的障害特別支援学校高等部の卒業後の進路先は、大まかに分類すると、「一般就労」と「福祉的就労」の2つに分かれます。

（1）一般就労

　一般就労とは、通常の会社で働くことです。国は「障害者雇用率制度」を実施して、事業主に対して、その雇用する労働者に占める障害者の割合が法定雇用率[8]以上になるよう義務づけています。障害者雇用を進めていく根底には、障害者が職業による自立によって、地域で普通に暮らし、地域の一員としてともに生活できる共生社会実現の理念があります。

（2）福祉的就労

　福祉的就労とは、就労継続支援事業所などに通い一般就労に必要な知識や技能を身につけながら働くことです。福祉的就労のなかには、生活介護施設などの福祉施設に通って健康づくりや軽作業の活動に参加する人たちもいます。

　国が行っている2018（平成30）年の障害者雇用実態調査[9]によると、知的障害者のうち一般就労している人は約18万9千人。前回調査（平成25年）の15万人から4万人増加しています。一般的に、知的障害者は、仕事の手順を理解するのに時間がかかりますが、与えられた仕事に対してはまじめに取り組み、能力を最大限に発揮して一生懸命に働くという長所があります。高等部卒業後の職業的な自立を目指し、一人の社会人として豊かに生きる力を身につけるため、教育、福祉、労働、医療といったさまざまな分野の連携・協力がますます重要になってきています。

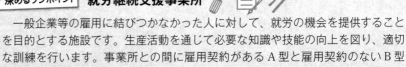

☞深めるワンポイント　就労継続支援事業所

　一般企業等の雇用に結びつかなかった人に対して、就労の機会を提供することを目的とする施設です。生産活動を通じて必要な知識や技能の向上を図り、適切な訓練を行います。事業所との間に雇用契約があるA型と雇用契約のないB型があり、利用期間の制限はありません。このほかに、一般企業への就労を希望し、適性に合った職場への就労が見込まれる人に対して、2年間の利用期限を定めた「就労移行支援事業所」があります。

＊8
2018（平成30）年4月1日から民間企業では2.2％の雇用率となりました。2021（令和3）年までにさらに0.1％引き上げが予定されています。

＊9
民間事業所の事業者に対して、雇用している障害者数、賃金等の労働条件、雇用管理上の措置などの実態を調べるため、5年に一度、国が行っています。

レッツトライ .... 演習課題

Q エピソードを読んで対応について考えてみましょう。

エピソード (1)　ダウン症のお兄ちゃん

> 　保育所年長組のアキちゃんには、特別支援学校中学部に通うダウン症の兄がいます。いつも明るく元気なアキちゃんですが、今日は保育所から帰ってくると少し元気がありません。心配した母親がアキちゃんに理由をたずねると、次のように話してくれました。
>
> 　「昨日、仲良しのタカコちゃんを初めて家に呼んで、私の部屋で遊んだ時に、お兄ちゃんがいきなり部屋に入ってきて、一緒に音楽を聴きながら踊りだしたの。その時はなんともなかったのに、今日、保育所で友だちのチエミちゃんが、『アキちゃんには変なお兄さんがいるんだよって、タカコちゃんが気持ち悪そうに言ってたよ。本当なの？』って言われて悲しかった。」
>
> 　アキちゃんは涙ぐんでいました。母親も悲しい気持ちになりました。

ホップ
　あなたがアキちゃんの担任で、母親からこの件で相談を受けたらどのように対応しますか？　自分なりに考えて箇条書きで書き出してみましょう。

....

....

....

ステップ
　あなたが、アキちゃんの兄が通う特別支援学校の担任でこの相談を受けたら、どのように対応しますか？　話し合ってみましょう。

....

....

ジャンプ
　地域社会の人に障害や障害者について理解を深めるためには、幼児の段階からどのような保育や教育、あるいは地域活動が必要だと思いますか。「ホップ」と「ステップ」で考えたことなどを交えながら文章にまとめてください。

....

....

....

第3節 大学・短大・高等専門学校等の生活

　障害のある人の多くは、高等学校段階を卒業すると就職することになりますが、知的障害をともなわない場合、大学や高等専門学校などに進学する人も少なくありません。発達障害者支援法では、「大学及び高等専門学校は、発達障害者の障害の状態に応じ、適切な教育上の配慮をするものとする」と定めています。また、障害のある学生への「合理的配慮」*10 をどのように実施するかが高等教育機関としての課題になっています。

＊10
詳しくは 226 ページ
を参照。

1. 大学・短大等に通う障害学生

　2018（平成 30）年度における全国の大学・短期大学及び高等専門学校に通う障害学生は、3 万 3 千 812 人でした（図 7 − 1）。全学生に占める障害学生の在籍率は 1.05 ％となります。障害学生のうち、発達障害のある学生は 6 千 47 人で、障害学生全体の 17.9 ％に達します。障害学生の在籍比率は年々増え続けていますが、アメリカの 11 ％に比べると依然として低くなっています。理由は、わが国の高等教育機関での障害学生の受け入れ体制が十分に整備されていないことが考えられます。また、障害学生が在籍している学校は 941 校で全学校（1,169 校）に占める障害学生在籍校の割合は 80.5 ％となっています。

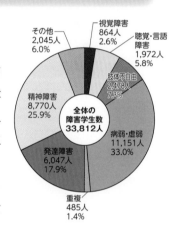

図 7 − 1 　障害学生数

出典：独立行政法人日本学生支援機構「平成 30 年度（2018年度）大学、短期大学及び高等専門学校における障害のある学生の修学支援に関する実態調査」2019 年

2. 大学生活の様子と支援の実際

　大学の入学期から中間期、卒業期まで、予想されるそれぞれの段階における発達障害のある学生の具体的な問題と支援のポイントをまとめたものを以下に示します[2]。

（1）入学期

　大学での新しい生活へ移行する入学期は、カリキュラムに慣れ、新しい対人関係をつくりながら、選択の機会が増して主体的な活動が求められる時期です。変化への対応が苦手な多くの発達障害のある学生にとっては、つまずきやすい困難な時期となります。

入学期における支援

●予想される具体的な問題

・履修登録の仕組みや手続きについていけない
・時間割を全て埋めて無理な予定を組む
・教室変更や休講等の急な予定変更に対応できず、パニックを起こす
・講義内容をノートにまとめるのが難しい
・質問を連発して、授業の進行を遅らせる
・レポート課題の書き方がわからない
・大学生活に合ったリズムを作ることが難しい
・友人関係が苦手で、孤立したり対立する
・困ったときに人に助けを求められない

●支援のポイント

・本人の希望を尊重しながら無理のない履修計画や生活リズムについて指導する
・信頼のおける人間関係を築いたり、周囲の環境に支援者を見つけたりするのを支援する
・カウンセラーが学生の思いを大事にしつつ寄り添い、信頼のできる人として関わる
・学生の所属学部の協力を得て「キーパーソン」となる学部の担当者を置く
・教職員や保護者の障害特性に対する理解を深め、支援の方針を共有する

出典：日本学生相談学会「発達障害学生の理解と対応について」2015 年

（2）中間期

　中間期（2～3 年次）は、大学生活に慣れ、生活上の変化が比較的ゆるやかで、自分らしさを探求し、将来の選択に備える時期です。授業では、課題のレベルが上がり、実習等の共同作業でコミュニケーションの機会が増えます。発達障害のある学生にとって、授業についていけなくなったり、対人関係のトラブルが生じやすくなったりします。

中間期における支援

●予想される具体的な問題

・サークル、ゼミ、実習等での対人関係が深まる中で、トラブルが生じる
・好意を寄せる相手との距離感が分からず、トラブルになる
・課題のレベルが上がり、ついていけなくなる
・柔軟な対応ができない、要領が悪い等の理由でアルバイトが長続きしない
・卒業後の生活について具体的にイメージすることができず、進路を決められない

●支援のポイント

・対人関係での失敗を一緒に受け止め、学生が自己理解を深める機会となるよう支援する
・対人関係の練習のための安全なグループ活動の場やスキル訓練の機会を提供する
・実習等に臨む前に、本人や関係者との間で、予測される問題とその対応について検討する
・学生の内的世界について理解しつつ、現実場面における対処を一緒に考える
・いつ何が予定されているか先の見通しを示す

出典：日本学生相談学会「発達障害学生の理解と対応について」2015 年

ふりかえりメモ：

（3）卒業期

　卒業期（卒業前の１年間）は、学生生活を終え、将来の準備をする時期になります。就職活動では、計画的に準備を進め、自己分析や業界のリサーチを行い、採用面接でのコミュニケーションを重ねていきます。卒業研究では、長期にわたる計画的作業の積み重ねと、指導教員との継続的なコミュニケーションが必要となります。これらの課題は、発達障害のある学生にとっては学生生活の最後の大きなハードルとなります。

卒業期における支援

●予想される具体的な問題	●支援のポイント
・就職活動のスケジュールがうまく立てられなかったり、予定を詰め込みすぎたりする ・自己 PR や志望動機をうまくまとめられない ・採用面接で円滑なやりとりができない ・卒業研究のための様々な作業を計画的に進められない ・研究室の構成員や指導教員とのコミュニケーションに困難を感じる ・就職活動や卒業研究に支障が出ても、改善に向けて動き出せない	・進路の模索に伴う混乱・動揺を受け止めて、現実的な対処の工夫を指導する ・学内のキャリア支援部署と協働し、就職活動について具体的に支援する ・学外支援機関（発達障害者支援センター、障害者職業センター、ハローワーク、若者サポートステーション等）を紹介したり、直接つないだりする ・指導教員は実現可能で無理のない研究のペース配分になるよう見守り、助言する

出典：日本学生相談学会「発達障害学生の理解と対応について」2015 年

 .... 演習課題

Q エピソードを読んであなたなりの考察を深めてみましょう。

 エピソード (2)　「自立とは依存先を増やすこと」

　脳性まひで手足が不自由でありながらも、東京大学医学部を卒業し、小児科医として活躍されている熊谷晋一郎さんは、障害や自立について当事者としての立場から発信しています。熊谷さんは、子どものころの厳しいリハビリを振り返りながら、次のように述べています。
　「健常者はさまざまなものに依存できていて、障害者は限られたものにしか依存できない。世の中のものは健常者向けにデザインされていて、その便利さに健常者は依存しているのにそれに気づいていない。依存先を増やすことで障害者も健常者に近い生活ができる。依存先を増やすことが自立の過程なのです」

ホップ　私たちは、何に依存しているかを自分なりに考えて箇条書きで書き出してみましょう。

ステップ　現実の今の社会で障害者が依存できない例を話し合ってみましょう。

ジャンプ　「ホップ」と「ステップ」から、大学や短大等で障害者に提供しなければならない依存先を文章にまとめてみましょう。

第4節　結婚と出産

1. 障害者の性と結婚の権利

　障害者の性や結婚の問題、とりわけ知的障害者の場合は、これまで長い間タブー視され、抑圧されてきました。しかし、障害があっても「男女がともにいる世界での暮らし」は、ノーマライゼーションの原理の1つであり、人間としての当然の権利です。

　権利としての性や人権問題としての性が注目されるようになったのは1980年代です。背景には、WHOが1980年にICIDH（国際障害分類）を、2001年にICF（国際生活機能分類）を新たに提唱したことがあります。それまでの医学モデルにもとづいた障害構造から、社会と個人の関係に着目した社会モデルへの転換が図られたのです[11]。こうした流れを受けて、わが国でも1996（平成8）年に「優生保護法」が「母体保護法」に改称されました。条文中の「優生手術」という文言は「不妊手術」に変わり、「優生上の見地から不良な子孫の出生を防止する」という一文も削除されました[12]。

*11
詳しくは222ページを参照。

*12
旧優生保護法下で行われた多くの強制不妊手術の実態は、日本の社会に大きな衝撃を与えました。国は謝罪し、「旧優生保護法に基づく優生手術等を受けた者に対する一時金の支給等に関する法律」が、2018（平成31）年4月24日に国会で成立し、公布・施行されました。

2. 数少ない知的障害者の結婚と出産

　脳性まひなどで身体機能に障害がある人や視覚・聴覚障害者、精神障害者の結婚や子育てに関する情報は、本人が自伝としてまとめた本やそれぞれの自助グループ及び家族会などの会報誌、雑誌等で情報を得ることができます。しかし、知的障害者の結婚・育児については、結婚そのものが極端に少ないことから、ほかの障害者に比して情報量は少ないのが現状です。この傾向は日本だけでなく、海外においても同じです（図7-2）。

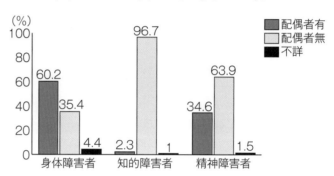

※身体障害者と知的障害者の配偶者は、同居する配偶者のある率

図7-2　配偶者の有無

出典：厚生労働省「身体障害児・者実態調査」（平成18年）、厚生労働省「知的障害児（者）基礎調査」（平成17年）、厚生労働省「精神障害者社会復帰サービスニーズ等調査」（平成15年）をもとに筆者作成

3. 先行研究にみる知的障害者の結婚

　「全国手をつなぐ育成会連合会」*13 では、当事者ならびに支援者に知的障害をもつ人の子育てに関する情報提供を行っています。1999（平成11）年に発行した『親になる』では、母子生活支援施設*14 を利用している知的障害をもつ母親から聞き取り調査を実施しています3)。それによれば、知的障害をもつ母親は、障害に加えて社会的ハンディキャップを背負っており、就労の不安定、経済的基盤の弱さにさらされています。なかには風俗関係で働いて必死に子育てと就労を両立させているという過酷な現実もあります。

　また、同会が2000（平成12）年に出版した『子育て支援の課題』では、知的障害のある人の子育てに求められる支援を4つにまとめています。

　①親になろうとする母性への支援。

　②妊娠や分娩にともなう経済的負担を軽減すること。

　③妊娠に気づいた時期に精神的に十分支援すること。

　④臨月期は精神的なかかわりだけでなく、物理的・時間的に支援すること。

＊13
1952（昭和27）年に、知的障害児をもつ母親たちが設立した自助団体で、知的障害者の権利擁護と政策提言を目的としています。会員数は約20万人。163ページを参照。

＊14
児童福祉法第38条に定められた児童福祉施設。母子家庭、またはそれに準じる家庭の女性が児童と一緒に利用でき、相談・援助を受けながら、自立できるように支援しています。

　障害を抱えながら子育てをする権利を具現化するためには、子育てを私的、個人的なこととしてとらえるのではなく、"社会的な行為" として位置づけることが大切です。そのうえで、児童家庭相談、母子保健、労働、保育・教育が連携してサポート体制を構築し、支援によって子どもを産み、育てる権利を守っていくことが課題となります。

４. エピソードの紹介

　エピソードを通して障害者の結婚と出産について考えてみましょう。妻の両親と同居し、両親（主に母親）が育児を含むすべてに関して援助している実際の例を紹介します*15。

 エピソード (3)　　身体障害と知的障害のある女性レイコさんの結婚生活

＊15
このエピソードは、2015（平成27）年10月にレイコさんとその母親に対して聞き取り調査を行ったもので、年齢は調査時です。

概要
　東京都の市部に住んでいるレイコさんは、生後２か月半で、事故により頭部を負傷し、重い身体障害（１級）と知的障害（４度）となった29歳の女性です。21歳の時に18歳年上の健常者の男性と結婚し、27歳で出産。現在は３歳の女の子の母親となっています。結婚当初は２人でアパート生活をしていましたが、現在はレイコさんの実家で両親と同居しています。

幼少時から現在までの経過
　レイコさんは、補装具を装着してなんとか自力歩行が可能であったため、小学校は母親が付き添って通常学級で過ごしました。中学校は知的障害の特別支援学級を選びました。その後、肢体不自由の特別支援学校高等部に通学しました。卒業後は寮に住みながらクリーニング工場に勤務し、洗濯機の操作などの仕事に就きました。20歳の時に、勤務先に出入りする運送業をしていた現在の夫（健常者）と知り合い、21歳で結婚しました。結婚後は数年アパートで暮らし、妊娠してから自分の実家に移り、両親と同居しています。

障害のある女性と健常者の男性の結婚生活について
　２人の交際のきっかけは、レイコさんが夫に好意をもったことです。障害はありますが、明るくてやさしいレイコさんに夫も好意をもち、交際に発展しました。交際を始めるうちに、家庭的にあまり恵まれなかった夫は、レイコさんの温かい家族と出会い、レイコさんとレイコさんの家族にとても魅力を感じたようです。レイコさんの母親は、障害があってもいつか娘が良い出会いをして、結婚してくれたら…と、心のどこかで願っていたそうです。夫の家族からの反対もなく、結婚生活が始まりました。

出産と育児について

　出産から育児、家事まで、中心となって支援をしたのはレイコさんの母親です。レイコさんは、洗濯機のスイッチを入れたり、洗濯物を畳んだりすることはできますが、赤ちゃんを抱いたり、おむつを替えたりすることは身体機能の関係で難しいので、母親が家事と育児の大部分を担っています。母親の存在が、結婚生活を維持させているといっても過言ではありません。もちろん、すべてが順調にいっているわけではありません。結婚生活がスタートしてから、「どうしてそんなことができないのか」といった夫の妻の障害に対する不満が出てくることもあるそうです。こうした場合でもレイコさんの母親が、夫の障害理解を促すように動いて、2人の夫婦としての良好な関係を維持させているようでした。

　両親と同居し、母親の全面的な支援に恵まれている環境だからこそ成立する結婚生活といえるかもしれません。しかし、障害があっても異性を好きになり、一緒にいたい、結婚したい、子どもをもちたいという気持ちは健常者と同じであることを私たちは理解しなければなりません。家事支援、育児支援などの福祉サービスを利用することや、周囲の理解とサポートがあれば、障害者も結婚生活が送れるのです。障害者の結婚が容易に実現できないとしたら、それは障害者に問題があるのではなく、それを可能にできない社会に問題があるといえるのではないでしょうか。

 ・・・・・・・・・・・・・・・・・・・・・ **演習課題**

Q 障害と結婚について考えてみましょう。

エピソード（4）　結婚を望むタイチさんとナオコさん

　タイチさんは知的障害のある男性です。ナオコさんは脳疾患で中途障害者となり、自力歩行は可能ですが、高次脳機能障害で計画的に物事を処理することや整理整頓が苦手な女性です。

　2人は、グループホーム＊16で出会い、結婚したいと思うようになりました。グループホームのスタッフであるサブロウさんは、2人の障害をよく理解していますので、結婚生活を維持できるのか不安もあり、2人の結婚には当初は慎重でした。しかし、タイチさんとナオコさんの結婚に対する強い願いに、2人を応援しようと思い始めました。

＊16
身体・知的・精神障害者などが、世話人の支援を受けながら、地域のアパート、マンション、一戸建て等で生活する居住の場。

206

ホップ　高次脳機能障害とはどのような障害か調べてみましょう。

ステップ　2人が結婚するために準備しなければならないことは何でしょうか。自分なりに考えて箇条書きで書き出してみましょう。

ジャンプ　2人の結婚生活を維持させるためには、どのような周囲のサポートが必要でしょうか。また、2人が子どもを授かった時、どのような周囲のサポートが必要でしょうか。話し合ってみましょう。

【引用文献】
1）柳本雄次・河合康編著「特別支援教育　第3版」福村出版　2019年　pp.77-78
2）日本学生相談学会「発達障害学生の理解と対応について」2015年　pp.5-6
3）山崎美貴子「知的障害のある女性の子育てと社会的支援のネットワークについて」『親になる』全日本手をつなぐ育成会　1999年　pp.83-85

【参考文献】
特別支援教育の推進に関する調査研究協力者会議高等学校ワーキング・グループ「発達障害等困難のある生徒の中学校卒業後における進路に関する分析結果」2009年
神山努「発達障害児に対する特別支援教育の現在」『教育と医学』No.749　慶應義塾大学出版会　2015年
田中真理「思春期における「発達障害」との出会いと孤立」『教育と医学』No.739　慶應義塾大学出版会　2015年
柘植雅義「教育段階における特別支援教育の取り組むべき課題」『中等教育資料』No.862　ぎょうせい　2008年
志賀利一「発達障害への理解と支援〜共生社会を目指して〜パートⅢ」平成27年度八戸圏域定住自立圏連携事業　障がい者福祉合同講演会資料　2015年
岡崎慎治「大学等における発達障害学生の理解」日本学生支援機構平成27年度専門テーマ別セミナー資料1　2015年
岩田直子「知的障害を持つ親への子育て支援研究の動向」『沖縄国際大学人間福祉研究』第2巻1号　2004年

大学における障害のある学生の支援

聖学院大学オリーブデスク・山田将人

　本学では、2014年4月に障害のある学生の支援の窓口として「オリーブデスク（障害学生支援室）（以下、オリーブデスク）」を開室しました。オリーブデスクが開室されるまでは障害のある学生の相談窓口がなく、学生から相談を受けた教職員がそれぞれに工夫を凝らしながらサポートをしていました。しかし、社会的な背景も影響して、近年は多様な障害のある学生が大学に入学するようになり、それに対応する学内の支援体制の構築が求められていました。

　オリーブデスクでは、障害や病気のある学生やその家族などからお話をうかがい、学生生活や修学において必要な支援を検討し、支援に必要となる調整（マネジメント）を行っています。大学生活といっても、入学から卒業に至るまでさまざまなサポートが必要になります。入学前の相談対応や入試における配慮に始まり、授業・試験といった修学に大きく関わる配慮、日常的な学生生活を送るうえでの必要サポート、そして卒業後の進路に向けたサポートなど、修学段階において必要なサポートが変化します。そのため、学内にあるそれぞれの部署や教職員との連携が必要不可欠であり、場合によっては学外の機関と連携し対応していくこともあります。

　オリーブデスクの開設から5年ほどが経過しましたが、ますますニーズが多様化していることを実感しています。オリーブデスクの大きな使命である"インクルーシブな大学づくり"を推進していくために、既存の資源を最大限活用するに留まらず、新たな資源の開拓も必要になっています。また、教職員や学生の理解といったソフト面での環境整備もオリーブデスクの大切な役割になっています。

2017年4月より「障害者差別解消法」の施行により、合理的配慮が国公立大学には義務が、私立大学には過重な負担にならない範囲の努力義務があることが明示されました。よって現在はすべての大学に、組織としての「義務」「努力義務」があるのです。オリーブデスクのような機能が当たり前のこととして求められる時代になってきたといえるでしょう。

第8章
これまでの障害児保育・教育

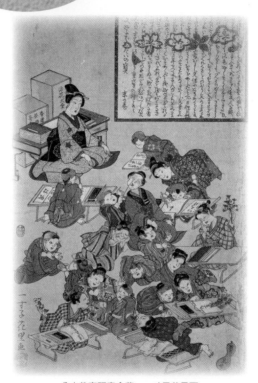

公文教育研究会蔵・一寸子花里画
「文学ばんだいの宝　末の巻」

 **エクササイズ**　　**自由にイメージしてみてください**

　　江戸時代の寺子屋（手習所）には障害のある子どもが在籍していたそうです。
　明治以前、障害のある人はどのような職業に就いていたと思いますか？

この章のまとめ！

学びのロードマップ

第1節
日本の障害児保育・教育のまとめ

● 1878年、京都の盲唖院の創立。近代的な盲・聾教育の始まりです。
● 戦後に「特殊教育」がスタート。
● 1960年代ごろまで障害をもつ乳幼児を支援する場は不足していました。保護者や保母ら民間の有志が立ち上がります。
● 保育所における障害児保育は1974年に国に制度化されました。
● 特殊教育は、2007年から「特別支援教育」に変わりました。

● 日本は「障害者の権利に関する条約」に2014年に批准しました。
● 2016年に「障害者差別解消法」が施行されました。

第2節
世界の障害に対する考え方の流れ

● 1950年代にデンマークで「ノーマライゼーション」の理念が誕生しました。
● 1980年、世界共通の障害の基準として、WHOが国際障害分類（ICIDH）を発表しました。
● ICIDHは、2001年に国際生活機能分類（ICF）に変わりました。「医学モデル」から「社会モデル」への転換です。
● サラマンカ声明（1994年）により「インクルージョン」がキーワードになりました。
● 2006年、「障害者の権利に関する条約」が国連で採択。「合理的配慮」が求められるようになりました。

この章の なるほど キーワード

■**早期発見・早期支援**…障害児教育の研究が進んだ1960年代頃から、なるべく人生の早期に障害を見つけ、早い段階から支援していくことが重視されるようになりました。

①と②は京都市立呉竹養護学校の写真です（1965年ごろ）。言語障害児の機能訓練の1つで、牛乳瓶やピンポン玉を使って工夫していますね。
③は京都市立滋野尋常小学校の精神薄弱児教室です（1936年ごろ）。写真に写る教員は「わが国の特殊教育の開拓者」と呼ばれた田村一二氏です。
（写真提供：京都市学校歴史博物館）

第1節　障害児保育・教育の歴史的変遷

　本節ではわが国の障害児保育・教育の歴史的変遷を便宜上3つのステージに分けて紹介します（表8－1）。それを踏まえて、これからの保育者がどのような点を歴史から学ぶ必要があるのかについて、述べていきます。

表8－1　障害児保育・教育の概略年表

	年	障害児の保育・教育に関する出来事	同年の出来事・話題
ステージⅠ	1916(大正5)	・京都市立盲唖院聾唖部幼稚科	夏目漱石が死去 (1914年から1918年まで第一次世界大戦)
	1926(大正15)	・京都盲唖保護院「京都聾口話幼稚園」	クレパスのヒット
	1928(昭和3)	・東京聾唖学校予科	資生堂アイスクリームパーラー開店
	1938(昭和13)	・恩賜財団愛育会愛育研究所「異常児保育室」	国家総動員法が公布 (翌1939年から1945年まで第二次世界大戦)
	1942(昭和17)	・整肢療護園	『アンネの日記』が書き始められる
	1946(昭和21)	・近江学園	『サザエさん』の連載開始
	1947(昭和22)	・学校教育法の制定（盲・聾・養護学校幼稚部制度化。特殊教育のスタート）	日本国憲法の施行（5月3日）
	1955(昭和30)	・白川学園「鷹ヶ峰保育園特殊保育部」	「三種の神器」(電気洗濯機、電気冷蔵庫、白黒テレビ)
	1957(昭和32)	・精神薄弱児通園施設の制度化 　（「幼児施設化」は1974年以降）	コカ・コーラがヒット
ステージⅡ	1961(昭和36)	・3歳児健康診査の制度化	世界初の有人宇宙飛行（ソ連）
	1969(昭和44)	・肢体不自由児通園施設の制度化	週刊少年ジャンプが創刊
	1972(昭和47)	・心身障害児通園事業の事業化 ・重症心身障害児施設の制度化	マクドナルド日本第1号店が銀座にオープン
	1974(昭和49)	・保育所「障害児保育事業」事業化 ・「私立特殊教育教育費補助」（私立幼稚園での障害幼児受け入れに補助）	ハローキティ誕生
	1975(昭和50)	・難聴幼児通園施設の制度化	ベトナム戦争終結
	1977(昭和52)	・1歳6か月健康診査の制度化	日本の平均寿命が世界一に
	1979(昭和54)	・養護学校義務制 ・心身障害児総合通園センター事業化	『ドラえもん』のテレビ放送開始
ステージⅢ	1981(昭和56)	・国際障害者年	紙おむつがヒット商品となる
	1996(平成8)	・障害児者地域療育等支援事業の事業化	Yahoo! JAPANがサービス開始
	1998(平成10)	・障害児通園（デイサービス）事業 ・障害児通園施設の相互利用 ・保育所入所児の障害児通園施設並行通園	日本がサッカーW杯（フランス大会）に初出場
	2003(平成15)	・児童デイサービス事業	SMAPの「世界に一つだけの花」が大ヒット
	2007(平成19)	・特別支援教育制度化	iPhoneの販売開始
	2012(平成24)	・障害児施設・事業一元化	東京スカイツリー開業

※この表は、就学前の障害のある乳幼児を対象とする施設等を取り上げていますが、「整肢療護園」「近江学園」は日本のその後の就学前を含む障害児福祉に特に大きな影響を与えた先駆的な施設であると考えられるため、特記しました。
出典：筆者作成

1．ステージⅠ　戦前〜戦後1950年代の障害児保育・教育

 戦前の障害児保育・教育は、主に聴覚障害、言語障害児支援を行っていた教育機関等での実践が報告されています。

○特に1916（大正5）年の京都市立盲唖院聾唖部幼稚科、1926（大正15）年の京都盲唖保護院「京都聾口話幼稚園」、1928（昭和3）年の東京聾唖学校予科での実践がよく知られています。

○大正から昭和初期にかけ、聴覚障害児教育ではそれまでの「筆談法」から、「口話法」を重視した教育方法による実践が取り組まれていました。「口話法」では乳幼児期からの発音指導がその後の発音発語に大きくかかわっていくため、乳幼児期の指導の充実が目指されたのです。ただし、東京聾唖学校予科の保育科目は観察、談話、手技だけでなく遊戯が設定されていたなど、戦前の就学前障害児教育でも「遊び」が重要視されていたことは注目に値します。

○知的障害に関しては、1938（昭和13）年12月13日から恩賜財団愛育会愛育研究所「異常児保育室」での保育実践が試みられました。この保育実践では積み木、滑り台、人形遊び、油粘土、お絵描き、絵本の読み聞かせなどの「子どもに遊具や教材を与えながら遊びに誘い込む」保育が進められました[1]。

○また、戦前は「日本児童研究会」（1895（明治28）年〜）における教育病理学者や教育治療学者、小児科医らによる知能検査等の研究、「保育問題研究会」（1936（昭和11）〜）における城戸幡太郎[*1]、三木安正[*2]、津守真[*3]ほかによる「第三部会（困ツタ子供ノ問題）」での理論、実践研究が行われていたことも特徴です。このような研究の蓄積が戦後の「科学的な」障害児保育・教育実践の基盤となっていきます。

☞深めるワンポイント　京都の理由

　障害児教育が京都で始まったのは、偶然ではありません。京都では国に先駆けて、1869（明治2）年に町衆らにより"日本初の近代小学校"とされる上京第二十七番組小学校と下京第十四番組小学校が創立されています。さらに、これまた国より早くに日本初の就学前の幼児教育施設「鴨東幼稚園」が1873（明治6）年に誕生し、続いて「幼穉遊嬉場」と「幼穉院」が1875（明治8）年に誕生しています。幕末の戦争で町は荒れ、そのうえ天皇が東京に移られてしまい、京都は危機を迎えていました。そこで、町の人々は再興のために自ら人材の育成を行おうと奮い立ち、教育に未来を賭けたのです。

＊1
城戸幡太郎（1893 − 1985）は教育心理学者であり、北海道大学教育学部教授、保育問題研究会会長等を務め、教育科学運動等を推し進めました。

＊2
三木安正（1911 − 1984）は教育心理学者であり、東京大学教育学部教授、全日本特殊教育研究連盟理事長等を務め、知的障害児を対象とした私立学校である「旭出学園」等を創設しました。

＊3
津守真（1926 − 2018）は教育心理学者であり、お茶の水女子大学家政学部教授、日本保育学会会長等を務め、愛育研究所「特別保育室」で保育実践、研究等に携わりました。

戦後初期は戦前の視覚障害、聴覚障害児教育を継承し、義務化された盲学校、聾学校で幼稚部の設置が進み、幼児期からの障害児教育が行われていきます。

○知的障害に関しても愛育研究所「異常児保育室」が 1949（昭和 24）年「特別保育室」として再開され、1955（昭和 30）年の社会福祉法人恩賜財団母子愛育会「愛育養護学校」幼稚部や 1964（昭和 39）年の「家庭指導グループ」へと展開していきます。京都の白川学園鷹ヶ峰保育園でも「特殊保育部」として障害児の集団保育が試みられました。

─【まとめ】─────────────────────────

　戦前～戦後 1950 年代の障害児保育・教育は少数の障害児を対象とした萌芽的な実践でした。そのなかで「日本児童研究会」や「保育問題研究会」らの研究によって、どうすればよりよい保育・教育ができるのかが追究されてきました。このような実践と研究が進められたことが、1960 年代以降の障害児保育・教育へと展開していく基盤となっていきます。

2. ステージⅡ　1960 ～ 1970 年代の障害児保育・教育

（1）1960 年代

1960 年代にはアメリカの教育心理学者カーク（Kirk,S.A.）の知的障害児に対する「教育可能性」の指摘と実践に関する研究結果が日本に紹介されます。

○障害児の「教育可能性」の反響は大きく、知的障害児の「早期支援」の成果と重要性について関係者を中心に関心が高まり、特に病院や大学及び附属機関で障害乳幼児への支援実践が試みられるようになります。
○障害乳幼児をもつ一部の保護者の「早期支援」に対する期待も、この時期には高まっていきました。「3 歳児健康診査」、いわゆる 3 歳児健診が制度化され、障害児が「早期発見」されるケースが増加していったことも、「早期支援」の期待を高めていきました。
○しかし、1960 年代にはまだ障害乳幼児を支援する専門機関は不足しており、保育所、幼稚園での受け入れも困難な地域が多くありました。障害乳幼児と保護者は支援を希望しても、支援が受けられる機会は限られていたのです。保護者のなかには、「子どもをじっと見られたりもして、つらかっ

た」「（電車に乗ると）人が席を替わるのが、ほんとうにいやだった」[2] と、社会の理解の低さに苦しみ、家庭に閉じこもる事例も少なくありませんでした。

> そのようななか、障害乳幼児と保護者が通い、交流できる場として「幼児グループ」が創設されていきます。

○「幼児グループ」は障害乳幼児と保護者の交流の場であり、遊びや生活自立のための支援等が行われていました。障害乳幼児を受け入れる専門機関等が少ないなかで、保護者たちは自ら「幼児グループ」を創設したり、「幼児グループ」の創設を行政に働きかけたりしていきました。また東京では「あすなろ会」や「つくしんぼグループ」など、大学生が「幼児グループ」を創設し、大学生が障害乳幼児の保育を行っていた事例も報告されています。

○当時の保母（資格所有者）も「幼児グループ」の実践に大きく貢献してきました。この「幼児グループ」は1970年代以降の「心身障害児通園事業」等の通園事業の前身となるものも少なくなく、障害乳幼児を支援する社会資源の拡充に大きく貢献したのです。

【まとめ】

　1960年代では、保護者や障害児教育、福祉といった関係者のなかでは障害乳幼児の「早期支援」の重要性や必要性が高まりつつも、一般社会での理解は低く、行政による支援制度の整備も立ち遅れていました。そのため、保護者や学生が社会資源の整備に自ら立ち上がらなければならない時代であったともいえます。今日において、その意味をみなさんはどのように考えるでしょうか。

ふりかえりメモ：
....

（2）保育所、幼稚園での障害児保育の先駆的取り組み

1960年代から1970年代には、保育関係者のなかにも障害児保育実践に積極的に取り組む動きが徐々に広がっていきます。

○当時の保育現場では一斉保育の形態をとる園が多く、集団保育のなかで障害乳幼児支援を行うことは容易ではありませんでした。

○そのため、新たな保育実践に取り組む保育所、幼稚園があらわれてきました。東京都葛飾区の私立幼稚園である「葛飾こどもの園幼稚園」では、「つぼみ組」という障害幼児の集団を形成し、モンテッソーリ指導法*4などを試みました。担当の先生は保育後に夜間で上智大学付設の「上智モンテッソーリ教員養成コース」で指導方法を学んでいたそうです。

○また東京都杉並区の私立幼稚園「日本基督教団杉並教会附属杉並教会幼稚園」では、コーナー保育実践を行い、障害幼児が自らの興味・関心に沿って自主活動できるような園内支援体制を構築していました3)。同園ではコーナー保育を取り入れることにより、「障害児も遊べる、健常児も遊べる空間」「自己実現できる環境があることを（対象児が）理解できる環境」の構成に取り組んでいたのです。

（3）行政の障害児保育・教育に関する取り組み

民間での障害児保育・教育に関する実践が広がっていくなかで、ようやく行政による障害乳幼児支援体制の整備が1970年代に大きく動き出しました。

○まず「心身障害児通園事業」*5の事業化です。同事業は対象が通園による指導になじむ幼児であり障害種を問わないこと、利用定員が20名を標準としていること、保護者の申請を市町村が判断して受け入れを決定することから、小規模自治体でも設置がしやすい事業設計がなされていました。

○「心身障害児通園事業」などは、児童福祉法に規定された法定施設でないため、職員配置基準や助成制度等に脆弱性を抱えていたものの、全国的に「社会的資源の拡大を促進し」「地域療育の拠点」となして展開してきたことが指摘されています4)。

○「精神薄弱児通園施設」も従来は小学校や養護学校等への就学猶予・免除の措置がなされた、原則として満6歳以上の中程度（IQ25〜50程度）の知的障害を有する児童が対象でした。しかし「精神薄弱児通園施設に関する通知の改正について」*6により満6歳以上の規定が撤廃され、多くの

＊4
モンテッソーリ（1870－1952）はイタリアの女性初の医学博士。障害児に対する教育で培った経験をもとに、先駆的な幼児教育の指導法を生み出しました。子どもの自由を保障し、自発的な活動を援助するのが特徴です。

感覚を重視して開発されたモンテッソーリ教具の一例

＊5
1972（昭和47）年8月23日児発第545号厚生省児童家庭局長通達

＊6
1974（昭和49）年4月4日児発第164号児童家庭局長通知

精神薄弱児通園施設は障害乳幼児を対象とした施設へ転換（「幼児施設化」）していきます。

○保育所における障害児保育は、1974（昭和 49）年の「障害児保育事業の実施について」[*7]のなかで「障害児保育事業実施要綱」が出されたことにより、国による制度化がなされました。おおむね 4 歳以上の精神薄弱児[*8]、身体障害児等で、障害の程度が軽く集団保育が可能な幼児を対象に「指定保育所方式」で行うこととなったのです。

○その後、1978（昭和 53）年「保育所における障害児の受入れについて」[*9]により、障害児保育事業の対象となる障害の程度は「一般的に中程度」「健常児との混合により行う」と改正され、今日の保育所における障害児保育体制の基本的な枠組みがつくられました。

┌─【まとめ】─────────────────────────
│　このように 1970 年代に通園事業、通園施設、そして保育所での障
│害児保育等の事業、制度が整備されたことにより、現在の障害児保育・
│教育の大きな枠組みがつくられたのです。
└─────────────────────────────────

3. ステージⅢ　1980 ～ 1990 年代、そして 2000 年以降の障害児保育・教育

> 1980 年代に入ると、1981（昭和 56）年の国際障害者年、国連・障害者の十年（1983-1992）が国連で決議採択されました。

○これを受けて、日本でも「障害者対策に関する長期計画」策定等の政策・施策が進められ、障害児・者支援体制の整備が進められます。心身障害児通園事業等の事業所、精神薄弱児通園施設等の施設数が増加し、保育所、幼稚園における障害児保育実施数、受け入れ児数も増加していきます。

○ 1990 年代になると、「心身障害児通園事業」が「障害児通園（デイサービス）事業」[*10]に変更されていきます。

○一方で、通園事業や通園施設等の増加にともない、未設置地域との支援体制の格差や、施設外・定員外支援への柔軟な対応が難しいなどの課題が顕在化していきます。また保育所、幼稚園において知的障害や肢体不自由児とは異なる、「発達障害児」の存在が確認されていき、支援の必要性が徐々に高まってきます。

○このような課題に対して、1998（平成 10）年には「障害児通園施設の相互利用制度」が整えられますが、さらに通園事業、通園施設等では障害児

＊7
1974（昭和 49）年 12 月 13 日児発第 772 号児童家庭局長通知

＊8
現在は「精神薄弱」という言葉は使われません。「知的障害」や「発達障害」をあらわす言葉として使われていましたが、誤解をまねく不適切な表現として使われなくなりました。

＊9
1978（昭和 53）年 6 月 22 日児発第 364 号児童家庭局長通知

＊10
1998（平成 10）年 8 月 11 日障第 476 号厚生大臣官房障害保健福祉部長通知

支援の見直しが進み、施設等の一元化が検討されていきます。この一元化が2012（平成24）年の「児童発達支援事業」「児童発達支援センター」等への再編といった障害児施設・事業一元化につながっていきます。

○また、保育所に関しても1998（平成10）年には「保育所入所児の障害児通園施設並行通園」[*11]が通知され、通園施設等と保育所の両方でサービスが受けられる並行通園を進めやすい制度設計がなされていきます。並行通園により、通園施設で社会性を高める支援を行いながら、保育所での生活の充実をさせていくことが行いやすくなり、発達障害児等の支援に大きな影響を与えました。

＊11
1998（平成10）年11月30日児保31号厚労省障害保健福祉部障害福祉課長・児童家庭局保育課長連名通知

そして2000年代に入ると、発達障害児の支援がさらに障害児保育・教育でクローズアップされ、今日に至ります。

○2007（平成19）年に特別支援教育制度が始まり、今日では保育所、幼稚園、認定こども園、通園事業、通園施設等を問わず、小学校や特別支援学校、さらに中学校、高等学校、大学等を見通した一貫した支援が目指されています。そのため「個別の支援計画」「個別の指導計画」「移行支援計画」などのソフト面での支援の充実が現場で取り組まれています。

【まとめ】

　1980〜1990年代、そして2000年代に障害児保育・教育機関が拡充し、さらに制度の見直しも進んできました。しかし対象児の増加や支援機関の不足、並行通園児の負担、「個別の支援計画」の作成・活用方法の工夫など、まだまだ課題も少なくありません。これらの課題の改善に取り組んでいくことが、今後の障害児保育・教育に携わる支援者に求められます。

4. 歴史に学ぶ障害児の保育・教育のポイント

最後に今後の保育者がどのような点を歴史から学ぶ必要があるのかについて、ポイントをまとめたいと思います。

---

①遊びを中心とした保育実践力

まずは障害児保育・教育実践では遊びが今日まで一貫して重要視されてきたため、遊びを中心とした実践を行うための実践力を身につけることです。

②創造力

次に創造力です。十分な社会資源がない時代と現代は異なりますが、現在の支援制度や実践も課題を有しています。その課題の改善に向け、より良い支援制度や実践とは何か、どのようなものかを考え、創りだす力が保育者には求められます。

③見通す力と広い視野

そして乳幼児期以降の障害児の発達や支援を見通す力や、自園や自分が担当する障害児だけでなく、より多くの障害児の支援について考えられる広い視野も欠かせません。

歴史は保育者が学習するための貴重な教材です。本節を読んだ後、これまでの章を振り返り、今日と歴史とのつながりを考え、次節ではあらためて「障害とは何か」を見つめ直してみましょう。

深めるワンポイント　明治以前の障害のある人の暮らし

みなさんは「耳なし芳一」の話を知っていますか？　昔話や絵本でふれたことがある人も多いと思いますが、目の見えない芳一は琵琶法師という職業に就いていました。琵琶という楽器を弾きながらさまざまな物語を語る仕事です。また、按摩、鍼灸も目の見えない人の就ける仕事でした。しかし、こうした職業に就けるのは視覚障害者のなかでも一部であり、大多数の盲人や視覚以外の障害者が生きていくのは大変厳しい環境だったようです。

ふりかえりメモ：

コラム 現場からの声⑪

相手から学び、心に届くように

特定非営利活動法人郡山のびのび福祉会・安田洋子

当福祉会は昭和53年、障害がある子もない子も「共に生き共に育む」ことを目的とした保育園としてスタートしました。障害のある子どもの母親の「この子を預かってくれる保育園がない」という声を受けて、病院のソーシャルワーカーであった故・安田悠方（前理事長）が臨床心理士、保育関係者、ボランティアとともに立ち上げた日曜保育がはじまりです。

やがて、日曜だけの保育から毎日の保育へと活動を広げるためにNPO法人郡山のびのび福祉会が設立され、のびのび保育園が誕生しました。当初は前理事長と保育士の職員2名と障害児5名でスタートし、少しずつ地域の子どもたちを受け入れました。その後は、子どもたちの成長や保護者のニーズに合わせて学童保育や作業所（生活介護事業）などの部門を少しずつ増やしてきました。現在、同じ建物のなかに認可保育園のびのび学園（定員90名）と児童発達支援センターめばえ学園（定員50名）が設置され、障害のある子もない子もともに関わり合い、学び合える空間のなかで過ごしています。

めばえ学園では、知的、精神、身体に障害のある2〜5歳の子どもたちを5〜10人の小集団に分けて療育支援を行っており、そのなかには医療的ケアの必要な子どもも通っています。のびのび学園にも障害のある子どもたちがいます。療育支援だけでなく集団保育のなかでおおぜいの児童とともに楽しむ満足感や自己肯定感を養うことができるよう支援しています。日常的な遊びの場や季節の行事（夏まつり、運動会、クリスマス会、ひなまつり発表会等）は障害のある子もない子もいつも一緒で、活動のなかでの課題は部門を越えて職員同士で話し合います。

前理事長は当福祉会の活動について「共に生き共に育むという理念を支える心は、相手から学ぶこと。職員の仕事の全ては、その子の心に届くように役に立つこと」と記しています。この言葉は当福祉会の歩みのなかで常に大切にされた活動の支柱であり、そして今も、これからも大切に伝え続けていく原点となっています。

第2節 「障害」概念の到達点

1. あらためて「障害」とは

(1) 医学モデルと社会モデル

①個人に原因や不利益を押しつけない

　ここまでさまざまな障害について学んできました。あらためて障害とは何なのか、何を意味するのか、考えてみましょう。これから子どもの支援に携わっていくうえで、保育者自身が障害をどう考え、どうとらえるかといった障害観をしっかりもっていることが求められます。

　これまで障害とは、目が見えない、耳が聞こえない、話せない、歩けないなど、その人の心身の性質や機能が原因で生じているものと考えられていました。そして、その人の心身の性質を治療したり、機能を回復させたりすることで、障害を緩和しようとしてきました。これを「医学モデル」といいます。

　しかし、その人がもつ性質や機能のために、教育を受けられなかったり、仕事をもてなかったり、外出ができなかったり、したいことができなかったりするのは、健全な社会とはいえないのではないかと考えられるようになりました。したいことができなかったのは、その人に原因があったのではなく、社会に原因があったのだ、その人を変えるのではなく、その社会のしくみを変えていく必要があるのだ、と考えられるようになりました。このことを「社会モデル」といいます。

　個人に原因や不利益を押しつけるのではなく、一人一人の状態を周囲が理解し、社会が配慮していくことで、みんなが安心して生活していくことにつながるのだということが強調されるようになったのです。

②「スウェーデンに行ったらね、私なんか障害者じゃないのよ」

　そうなると、これまで障害、もしくは障害者としてとらえていたことに対して、何となく疑問をもつようになるのではないでしょうか。

　重度の脳性まひのため生まれつき手足の不自由さをかかえる小山内美智子さんは、あるドキュメンタリー番組のなかでこうつぶやいていました。「スウェーデンに行って私は人間であること、女であることを学んだわけね」「スウェーデンに行ったらね、私なんか障害者じゃないのよ」[5] と。

　彼女は、20代のころにスウェーデンに行き、そこで重い障害のある人々が地域のアパートに住み、思い思いの生活を楽しんでいることに衝撃を受けたのです。当時の日本では、重い障害のある人がひとり暮らしをするのはごく稀で、ほとんどが人里離れた施設に入所し、一般の社会との接点が少ない

なかで生活していたのです。彼女もそんな日本の社会では障害者と呼ばれ続けていました。しかし、スウェーデンでは自分が障害者だという意識がなくなっていたというのです。障害があろうとなかろうと人間である自分に気づかされたのです。

　このように、その人自身は何も変わらないのに、社会や環境によってとらえ方は異なってくるのです。私たちが日常のなかで使っている障害や障害者とは、いったいどういうことなのでしょうか。

（2）「障害」のとらえ方 － ICIDH から ICF へ －

① ICIDH（国際障害分類）

　障害を共通したとらえ方として示すために、WHO（世界保健機関）は1980（昭和55）年に ICIDH（国際障害分類：International Classification of Impairments, Disabilities and Handicaps）を発表しました。ICIDH は、障害を「機能障害」「能力障害」「社会的不利」の3つに分類して示されたモデルです（図8-1）。病気や変調が原因となって機能障害が起こり、それから能力障害が生じ、それが社会的不利を起こすというものです。たとえば、下肢にまひがあるために（機能障害）、歩けず車いすでの生活をしており（能力障害）、外出ができない、仕事が見つからない（社会的不利）という状況になるというものです。

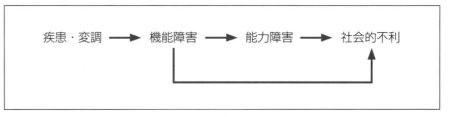

図8-1　ICIDH（国際障害分類）1980年版

　しかし、ICIDH は障害のマイナス面だけに焦点をあてていることに違和感があり、また人々の生活環境や考え方も徐々に変化してきたことから、ICIDH を見直すことになりました。2001（平成13）年に WHO は ICF（国際生活機能分類：International Classification of functioning, Disability and health）を提唱しました。

② ICF（国際生活機能分類）

　ICF は、障害というマイナス面に焦点を当てるのではなく、人の生活全体を見るというものに変わりました。人は、障害という不自由さだけを抱えて

生きているのではなく、さまざまな生活の状況や背景があるなかで生活しています。その人の健康状態はどうなのか、どんな日常生活を送っているのか、どのような好みや考え方があるのか、どんな人や社会との関わりをもっているのかなど、その人の全体像に視点を置くことになったのです。言いかえれば、マイナスの視点ではなく、肯定的に生活全体を見るのです。

ICFでは、「心身機能・身体構造」「活動」「参加」の3つのレベルに、「環境因子」「個人因子」を加えたモデルとなっています（図8-2）。それぞれの要素が相互に作用し合っていることが特徴です。診断された疾病や障害の症状、程度だけをもとに障害をとらえるのではありません。障害とは物理的な環境や周囲の理解、制度やサービスの活用、本人の個人的な習慣など、さまざまな要素が関連し合って生じるととらえます。

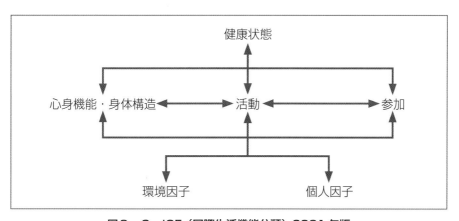

図8-2　ICF（国際生活機能分類）2001年版

ICFをもとに生活全体を見ることによって、生活の不自由さを軽減するためのヒントが浮かび上がり、さまざまな工夫をすることで生活しやすくなることもあります。たとえば、下肢にまひがあり車いすを使用して移動している人が、車いすで生活できる住居に住むことで不自由さがなくなるのであれば、住宅をリフォームすることが考えられます。ノンステップバスに乗って趣味の絵画教室に通ったり、仲間と個展を開く準備をしたりすることで生きがいのある生活となるかもしれません。

2. ノーマライゼーションとインクルージョン

（1）ノーマライゼーション　−人間としてあたりまえに生きる権利を−

　ノーマライゼーションという言葉は、すでに聞いたことがあるのではないでしょうか。生活のなかでよく耳にするようになりました。「ノーマライゼーションのまちづくり」「ノーマライゼーションを実現する社会」など、特に地域社会のなかで目標とする理念として掲げられています。子どもも高齢者も障害のある人も、地域に住むすべての人があたりまえにその人らしい生活をしていけるようにという願いがこめられています。

　今ではすべての人を対象に、生活、教育、労働、余暇など各分野で使われるようになったノーマライゼーションという理念は、もともと北欧で誕生しました。1950年代のデンマークで知的障害のある子どもをもつ親たちの会による行動から生まれたのです。

（2）障害の有無を超える

　当時、デンマークでは知的障害のある人（子どもも含む）の多くは、大きな収容施設に入所し、地域社会から隔離された状態での生活を余儀なくされていました。入所者の親たちは、家族であるのに一緒に住むことができないこと、大きな施設で管理的に処遇されていること、隔離された状況では人権侵害が起こりやすいことなど、その状況に対して疑念と批判を募らせていました。そして当時の社会省に要望書を提出しました。

　そこで、親たちの思いに共感した当時のデンマーク社会省のバンク・ミケルセン（N.E.Bank-Mikkelsen；のちに「ノーマライゼーションの父」と呼ばれるようになる）は、ノーマライゼーションの理念を提唱し、この理念を取り入れた法律をつくりました。彼は、ノーマライゼーションを「障害のある人たちに、障害のない人々と同じ生活条件をつくり出すこと」と定義しました。そして、障害のある人が、一般の人々と同じように普通の生活ができること、人間としてあたりまえに生きる権利が保障されるよう目指しました。

（3）広がる理念

　ノーマライゼーションの理念は、1960年代に入りスウェーデンのニィリエ（Bengt Nirje）が、「ノーマライゼーションの原理」[6]を発表したことによって展開され、のちにヴォルフェンスベルガー（Wolf Wolfensberger）によって北米に伝えられ、世界に広がりました。日本でも、1970年代後半に注目されはじめ、1981（昭和56）年の「国際障害者年」を機に徐々に広がりを見せ始めました。

normalization

☞深めるワンポイント 「**ノーマライゼーションの原理**」

　ニィリエは「ノーマライゼーションの8つの原理」を提示しました。
① 1日のノーマルなリズム　　②ノーマルな生活の日課
③ 1年のノーマルなリズム　　④ノーマルな発達的経験の機会
⑤ノーマルな選択や要望の尊重　⑥異性との関係
⑦ノーマルな経済水準　　　　⑧ノーマルな環境水準

（4）インクルージョンへ　－誰もが包まれ、誰も排除しない社会－

　ノーマライゼーションの理念は、インクルージョンの考え方に大きく影響しました。インクルージョンとは、「包括」や「包み込む」という意味で、エクスクルージョン（排除）の反対語です。つまり、インクルージョンとは、誰もが社会のなかに包括され、誰も排除しない社会を目指した理念と運動のことをさします。

　1994年のサラマンカ声明[*12]において、インクルージョンがキーワードになったことによって、それまでのインテグレーション（統合化）[*13]やメインストリーミング（主流化）[*14]の理念に代わって用いられるようになりました。サラマンカ声明では、すべての人を含み、個人主義を尊重し、学習を支援し、個別のニーズに対応する活動の必要性があると表明しています[7]。

　インクルージョンは、障害の有無にかかわらず、能力にも関係なく、すべての子どもが地域社会の保育・教育の場で包み込まれ、一人一人に必要なサポートが保障されたうえで保育・教育を受けることを意味します。さらに、障害だけでなく、世の中のあらゆる差別の解消を目指しています。要するに、インクルージョンの考え方では、そもそも「障害がある」「障害がない」などの区別自体がなく、誰もがもともと一般社会のなかにあたりまえに存在するものとしてとらえているのです。いろんな人が社会のなかにいるのは当然だということです。

*12
スペインのサラマンカで開催された「特別なニーズ教育：アクセスと質に関する世界会議」で採択された声明のこと。

*13
障害児と健常児という区別があり、障害児・者を分け隔てなく一般社会で生活すべきだとする考え方です。

*14
隔離・分離されて生活してきた障害児・者を可能な限り一般社会へ戻して健常児・者と一緒に生活させるべきだとする考え方です。

ふりかえりメモ：
....

3. インクルーシブ保育・教育を目指して

（1）一人一人がニーズを抱えた普通の子

　ノーマライゼーションやインクルージョンの理念について学びましたが、この理念をもとに実践していくのが「インクルーシブ保育・教育」です。

　子どもはみなそれぞれに違いがあります。右利きの子・左利きの子、歌が好きな子・苦手な子、かけっこが好きな子・苦手な子、計算が得意な子・苦手な子、難聴の子、足に不自由さのある子、話し始めるのに少し時間のかかる子、友だちの輪になかなか入れない子など、一人一人の特性は異なり、抱えるニーズはさまざまなのです。保育者は、その一人一人の個性を認めて伸ばし、ていねいに向き合いながら子どもの成長をサポートすることが求められます。

　地域社会には、さまざまなニーズを抱える子どもがいるのは当然で、どの子も普通の子なのです。子どもはそれぞれに、これをしてみたい、遊んでみたい、一緒にいたい、喜びあいたい、成長したいという思いをもっています。その思いを実現させていくことが保育者の役割なのです。

　しかし、残念ながら、日本の保育所や幼稚園では、特別なニーズをかかえる普通の子どもの入園を拒んだり、入園を受け入れても適切な保育がなされないなどのケースが多くありました。これはニーズを抱える子どもや家族にとっては悲しいことです。このような差別的な現状にならないよう、保育者には、個性を尊重し特別なニーズをかかえる子どもを積極的に保育する、インクルーシブ保育・教育の姿勢が必要です。

（2）合理的配慮とインクルーシブ保育・教育

　2006（平成18）年、「障害者の権利に関する条約」が国連で採択されました。この条約は、障害のある人が社会の一員として尊厳をもって生活することを目的にしています。この条約には障害に関連した重要な考え方が示されていますが、そのうち基本的なものに、「社会モデル」「インクルージョン」に加えて「合理的配慮」があります。

　条約では、差別の禁止はもちろん、合理的配慮を行わないことは差別として扱うとしています。すべての人の平等な機会を確保するために、障害の状態や性別、年齢などを考慮した変更や調整、サービスを提供することを「合

理的配慮」といいます。それをしないと差別になるのです。

　保育の場面では「障害のある子がクラスにいると混乱してしまうので担当したくない」という保育者の声、「障害のある子が自分の子どもと同じクラスにいると迷惑だ」という保護者の声があるのも事実です。このような差別的な見方や考え方がなくなるためにはどうしたらよいでしょうか。保育者による保育の工夫をするのはもちろんのことですが、周りの人たちに理解を広げていくことが大切となります。さきほどのような発言をした人は、これまで障害のある人との関わりがほとんどなかったのかもしれません。小さな時からさまざまな個性ある子どもたちと出会い、かかわって成長していくことで、相手の立場になって思いやることができ、その子どもたちが差別のない社会を築いていくことになるのです。保育者の考えや行動が幼少期の子どもたちの価値観にも影響していくことを忘れず、保育者自身がインクルージョンを目指すことが求められます。インクルーシブ保育・教育は、保育者の倫理や専門性として掲げられている「子どもの最善の利益の追求」の具体的実践でもあります。

　最終章の第9章では、インクルージョンと合理的配慮についてさらに深く掘り下げていきます。

演習課題

Q 本文中（221ページ）の小山内美智子さんの言葉、「スウェーデンに行ったらね、私なんか障害者じゃないのよ」を、あなたはどのように感じましたか。

ホップ　　感じたことを文章に書いてみましょう。調べることができる人は、スウェーデンの福祉についてさらに調べてみましょう。

ステップ　　感じたことや調べたことを話し合ってみましょう。

ジャンプ　話し合ったことを文章にまとめてみましょう。

....

....

....

Q 3歳児クラスのリサちゃんのお母さんから「マキちゃんと一緒にいると私の子どもは成長が遅れる気がします。大丈夫でしょうか」と言われました。マキちゃんには発達障害があります。あなたが担任保育者の立場なら、どのように対応しますか。

ホップ　自分の考えや感じたことを箇条書きで書き出してみましょう。

....

....

....

ステップ　考えたことや感じたことを話し合ってみましょう。

....

....

....

ジャンプ　話し合ったことを文章にまとめてみましょう。

....

....

....

【引用文献】
1）河合隆平・高橋智「戦前の恩賜財団愛育会愛育研究所『異常児保育室』と知的障害児保育実践の展開」『東京学芸大学紀要第1部門教育科学』56　2005年　pp.179-199
2）田中謙「戦後日本の障害乳幼児支援における幼児グループの展開過程の特質―東京都東村山市『愛の園幼児室』を事例として―」年報『教育経営研究』1（1）　2015

年　pp.33-41
3）田中謙「日本における障害児保育に関する歴史的研究―1960～70年代の『園内支援体制』に焦点を当てて―」『保育学研究』51（3）　2013年　pp.307-317
4）柚木馥「心身障害児通園事業施設の位置づけとその問題」『岐阜大学教育学部研究報告人文科学』46（1）　1997年　pp.143-170
5）NHK「ETV特集ヒューマンドキュメントシリーズ『あなたは私の手になれますか～小山内美智子のメッセージ』」1998年
6）ベンクト・ニィリエ著（河東田博・橋本由紀子ほか訳編）『新訂版ノーマライゼーションの原理 普遍化と社会変革を求めて』現代書館　2004年
7）藤岡孝志監修　日本社会事業大学児童ソーシャルワーク課程編『これからの子ども家庭ソーシャルワーカー　－スペシャリスト養成の実践』ミネルヴァ書房　2010年

【参考文献】
日本精神薄弱者福祉連盟編『発達障害白書戦後50年史』日本文化科学社　1997年
世界保健機構（WHO）『ICF国際生活機能分類－国際障害分類改定版－』中央法規出版　2002年
上田敏「国際障害分類初版（ICIDH）から国際生活機能分類（ICF）へ―改定の経過・趣旨・内容・特徴」『月刊ノーマライゼーション　障害者の福祉』2002年6月号（第22巻通巻251号）
http://www.dinf.ne.jp/doc/japanese/prdl/jsrd/norma/n251/n251_01-01.html
花村春樹訳・著『ノーマリゼーションの父 N.E. バンク - ミケルセン』ミネルヴァ書房　1994年
障害と人権全国弁護士ネット編『障がい者差別よ、さようなら！ケーススタディ障がいと人権2』生活書院　2014年
日本障害フォーラム（JDF）「障害者差別解消法ってなに？」
http://www.normanet.ne.jp/~jdf/pdf/sabetsukaisyohou2.pdf
堀智晴『障害のある子の保育・教育　特別支援教育でなくインクルーシヴ教育へ』明石書店　2004年
堀智晴・橋本好市編著『障害児保育の理論と実践 インクルーシブ保育の実現に向けて』ミネルヴァ書房　2010年

第9章

これからの障害児保育・教育とは

エクササイズ　　　**自由にイメージしてみてください**

プロローグから始まり、本書でさまざまな「違い」を学んできました。学び始めたころと比べて、障害に対する印象はどのように変化しましたか？

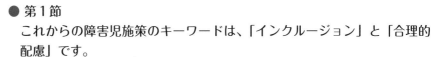

この章のまとめ！

学びのロードマップ

● 第1節
  これからの障害児施策のキーワードは、「インクルージョン」と「合理的配慮」です。
● 第2節
  これからの保育は、「正しい専門性」と「科学的根拠」が問われます。

この章の なるほど キーワード

■**インクルーシブ保育・教育**…1つの価値観に同化してまとまるのではなく、園や学校がさまざまな多様性を認め合い、包み込めるようになることを目指します。

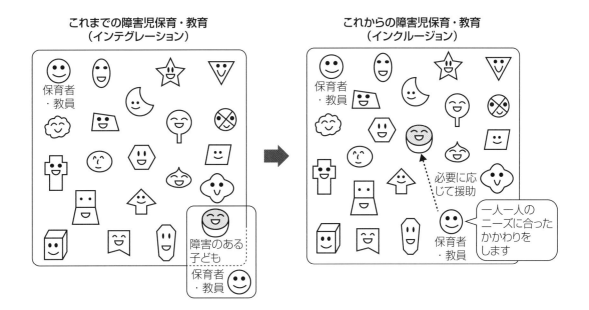

これまでの障害児保育・教育（インテグレーション）

これからの障害児保育・教育（インクルージョン）

保育者・教員

障害のある子ども

保育者・教員

保育者・教員

必要に応じて援助

一人一人のニーズに合ったかかわりをします

保育者・教員

出典：明柴聰史「第6章　一人一人のニーズに応じた援助」　井上孝之・山﨑敦子編『子どもと共に育ちあう　エピソード保育者論』2016年　みらい　p.87をもとに作成

これまでは障害のある子ども等が、クラスの子どもたちと同じ空間にいながらも加配の保育者や教員と個別に過ごす時間がほとんどでした。インクルーシブ保育・教育では、同じ1つの空間で、一人一人の子どもの個性や違いをわけ隔てなく認め合い、ともに育ち合うことを目指します。

第1節　インクルージョンを掘り下げて考える

1. 障害者の権利に関する条約（通称：障害者権利条約）

　障害児保育・教育はこれから先どのように発展していくのでしょうか。現在の日本の障害児施策は世界の動きに大きく影響を受けています。特に大きな役割を果たしているのが、2006（平成18）年の第61回国連総会において採択された「障害者の権利に関する条約」です。

　この条約はその名の通り障害者の権利を実現するための措置等を定めるものです。日本政府は、採択翌年の2007（平成19）年9月に条約への署名（内容を公式に確認すること）を行いました。ところが、実際にこの条約が日本国内で効力を発するための手続きである批准を行ったのは2014（平成26）年1月なのです。これほどの時間がかかった理由としては、障害者権利条約との整合性を図るために国内のさまざまな法律を見直す必要があったためと考えられます。この間の障害児施策の動きについて表9－1にまとめます。見直しのキーワードとなったのが「インクルージョン」という考え方でした。

☞おさらいキーワード　インクルージョンとは

　インクルージョンは「包み込むこと」という意味です。障害だけでなく、世の中のあらゆる差別を解消して、不利な立場にある人々の自立と社会参加が実現できている状態を表現します。これを保育・教育にあてはめるとインクルーシブ保育、インクルーシブ教育という考え方になるのです。現在の世界では、子どもを取り巻く大きな差別の1つとして障害が注目されていると考えることができます。

表9－1　「障害者権利条約」採択以降の日本における障害児施策の動き

年号	内容
2006（平成18）年	障害者権利条約、国連総会で採択
2007（平成19）年	特別支援教育開始
同　　　年	日本が障害者権利条約に署名
2011（平成23）年	障害者基本法改正
2012（平成24）年	中央教育審議会初等中等教育分科会報告「共生社会の形成に向けたインクルーシブ教育実現のための特別支援教育の推進」
2013（平成25）年	障害者差別解消法制定
同　　　年	学校教育法施行令一部改正（就学制度の見直し）
2014（平成26）年	日本が障害者権利条約を批准
2016（平成28）年	障害者差別解消法施行

出典：筆者作成

2. インクルーシブ教育システムと合理的配慮

(1) 障害者権利条約第24条

下記は障害者権利条約における教育の条項です[1]（下線は筆者）。

障害者の権利に関する条約

第24条　教育

1　締約国は、教育についての障害者の権利を認める。締約国は、この権利を差別なしに、かつ、機会の均等を基礎として実現するため、<u>障害者を包容するあらゆる段階の教育制度</u>及び生涯学習を確保する。当該教育制度及び生涯学習は、次のことを目的とする。

(a) 人間の潜在能力並びに尊厳及び自己の価値についての意識を十分に発達させ、並びに人権、基本的自由及び人間の多様性の尊重を強化すること。

(b) 障害者が、その人格、才能及び創造力並びに精神的及び身体的な能力をその可能な最大限度まで発達させること。

(c) 障害者が自由な社会に効果的に参加することを可能とすること。

2　締約国は、1の権利の実現に当たり、次のことを確保する。

(a) 障害者が障害に基づいて一般的な教育制度から排除されないこと及び障害のある児童が障害に基づいて無償のかつ義務的な初等教育から又は中等教育から排除されないこと。

(b) 障害者が、他の者と平等に、自己の生活する地域社会において、包容され、質が高く、かつ、無償の初等教育の機会及び中等教育の機会を与えられること。

(c) 個人に必要とされる<u>合理的配慮</u>が提供されること。

(d) 障害者が、その効果的な教育を容易にするために必要な支援を一般的な教育制度の下で受けること。

(e) 学問的及び社会的な発達を最大にする環境において、完全な包容という目標に合致する効果的で個別化された支援措置がとられること。

　第1項の下線の部分「障害者を包容するあらゆる段階の教育制度」のもとの英語は、「inclusive education system at all levels」です。日本語に翻訳するより言いやすいので、そのまま「インクルーシブ教育システム」と呼ばれます。障害者を包み込む教育制度とは、形のうえで包み込めばいいのではなくて、障害者の人権、基本的自由、人間の多様性を尊重すること、才能や能力を可能な最大限度まで発達させること、自由な社会参加を可能にすることを目的としなければならないと述べています。

　そして、その実現に向けて第2項では、まず一般的な教育制度や無償の義

務教育制度から排除されないこととされています。このことは、通常の小学校、中学校において障害のある子どもも障害のない子どももともに学ぶことを示しています。この点についてわが国では、2011（平成23）年に「障害者基本法」がすでに次のように改正されています。

障害者基本法

第16条　国及び地方公共団体は、障害者が、その年齢及び能力に応じ、かつ、その特性を踏まえた十分な教育が受けられるようにするため、<u>可能な限り障害者である児童及び生徒が障害者でない児童及び生徒と共に教育を受けられるよう配慮しつつ</u>、教育の内容及び方法の改善及び充実を図る等必要な施策を講じなければならない。

　法律上では下線で示した通り、障害のある子どもと障害のない子どもは可能な限り一緒に教育を受けられるようにしなくてはならないと、すでに決められているのです。みなさんの周囲ではどうでしょうか。まだまだ実現していない自治体が多いのではないでしょうか。

（2）「合理的配慮」とは

　さて、障害者権利条約の第24条に戻って、第2項の（c）を見ると、インクルーシブ教育システム実現のために確保する内容として「個人に必要とされる合理的配慮が提供されること」とあります。この合理的配慮という言葉が、インクルーシブ教育を理解するうえで大変重要です。

　合理的配慮とは、障害のある子どもが障害のない子どもと同じように教育を受ける権利を行使するために、学校が必要かつ適当な変更・調整を行うことを言います。子どもの障害の状態は一人一人異なるので、合理的配慮は個別に行われます。また、あまりにもお金がかかりすぎるような過度な負担が課されないこととされています。

　たとえば、肢体不自由のある子どものためには、1階の教室を多く利用したり、廊下の段差を減らしたりといった合理的配慮が考えられます。学習障害で黒板を書き写すのに困難がある子どものためには、黒板を写真に撮ったり、プリントとして渡したりといった合理的配慮があります。ただし、こういった対策は学校が勝手に考えるのではなく、本人・保護者とていねいに話し合ったうえで、

障害のある子もない子もともに生きる（郡山のびのび福祉会。220ページを参照）

合理的配慮についての合意を形成する必要があります。

　2016（平成28）年4月より施行された「障害を理由とする差別の解消の推進に関する法律（障害者差別解消法）」では、公的機関（公立小中学校、公立幼稚園、保育所）において障害のある子どもや保護者から申し出があった場合には、合理的配慮をしないことは差別にあたるとされています。法律のうえでは、日本のインクルージョンはすでにスタートしていると言うことができると思います。

③. 保育の現場に求められること

（1）インクルージョンが保育現場にもたらす影響

　ここまで、インクルージョンという考え方がどのように日本に導入されてきたのかを、教育を中心に見てきました。それでは、これらの一連の動きが、保育現場にどのような影響をもたらすかについて考えてみましょう。

　障害者権利条約には、障害のある人も障害のない人もすべて包み込むインクルージョンの考え方のもとで障害を理由とする差別を禁止し、合理的配慮を求めるという特徴があります。この理念を日本国内でも根付かせるために、わが国は障害者基本法を改正し、障害者差別解消法を制定しました。このことから、今後の保育現場では、障害を理由として子どもの受け入れを拒否したり、障害のある子どもだけ別な保育時間を設定したりすることは難しくなるでしょう。また、正当な理由なしに、行事などへの参加を制限したり、障害のある子どもだけに保護者の付き添いを求めたり、子どもの実際の年齢よりも下の年齢のクラスに所属させたりすることなども難しくなるでしょう。さらに、合理的配慮として、保育者に過度の負担が生じない程度で、本書に示してきたような各種障害の特性に応じた配慮が求められることになります。

（2）障害児支援の充実

　政府は、2013（平成25）年9月に「障害者基本計画（第3次）」*¹を発表し、2013年度から2017（平成29）年度まで取り組む障害者施策の基本的な方向性を示しました。そのなかには「障害児支援の充実」が位置づけられ、次のような内容が盛り込まれています[2]。

*1
障害者基本法にもとづき、障害者施策の総合的かつ計画的な推進を図るために国が作成しているものです。

ふりかえりメモ：

障害者基本計画（第３次）

（３）障害児支援の充実

○障害児やその家族を含め、全ての子どもや子育て家庭を対象として、身近な地域において、子ども・子育て支援法に基づく給付その他の支援を可能な限り講じるとともに、障害児が円滑に同法に基づく教育・保育等を利用できるようにするために必要な支援を行う。

○障害児を受け入れる保育所のバリアフリー化の促進、障害児保育を担当する保育士の専門性向上を図るための研修の実施等により、障害児の保育所での受入れを促進するとともに、幼稚園における特別支援教育体制の整備を図るため、公立幼稚園における特別支援教育支援員の配置等を推進する。

○障害児の発達を支援する観点から、障害児及びその家族に対して、乳幼児期から学校卒業後まで一貫した効果的な支援を地域の身近な場所で提供する体制の構築を図り、療育方法等に関する情報提供やカウンセリング等の支援を行う。

　これらの内容を見ても、今後の保育現場では、今までよりもさらにインクルーシブな保育が推進されていくであろうと考えられます。そのなかで保育者には、現場での実践や研修を通して、障害児保育に関する専門性の向上が今以上に求められてくるでしょう。しかし、専門性を向上させるということは簡単ですが、多忙な毎日のなかで、それを確実に身につけることは大きな困難がともなうことと思います。保育者が真剣に悩めば悩むほど、自分自身を追い込んでしまう危険性があるのです。管理職のリーダーシップのもとでチームとして障害児の保育に向き合うことが不可欠です。

4. 障害はないが特別な教育的ニーズのある子ども

（１）海外から帰国した子どもや外国籍につながる子ども、そして貧困

　これまで障害児に向けた教育的な配慮を「特別な配慮」と位置づけてきましたが、近年、障害児以外にも「特別な配慮を要する児童」が指摘されるようになりました。

　幼稚園教育要領では「特別な配慮を必要とする幼児への指導」として「障害のある幼児などへの指導」と「海外から帰国した幼児等の幼稚園生活への適応」を取り上げています[*2]。近年、日本に在留する外国人の数は増加傾向にあり[*3]、国際結婚も年２万件以上あることから、保育の現場にはさまざまな言語や文化的な背景をもち、多くの配慮や支援を必要とする子どもが

*2
第１章 総則 第５「特別な配慮を必要とする幼児への指導」

*3
法務省「在留外国人統計」によると2018年6月末現在の在留外国人数は263万7351人で過去最高を記録。2012年末と比べると60万人増加しました。

在籍していると考えられます。子どもにとっては入園した保育所等が初めての日本人との学びの場となり、保護者にとっては日本の社会の制度、ルールや慣習と直面する最初の体験となります。そして保育現場では、このような子どもたちや保護者との関わりにおいて課題が生じています。

　子どもの貧困も社会問題となっています。内閣府によれば日本の子どもの 13.7%（約 7 人に 1 人）、ひとり親家庭の子どもでは 50.8%（2 人に 1 人）が相対的貧困状態*4 にあると言われています（2015 年）。経済的困窮を背景に教育や体験の機会を失い、地域や社会から孤立して将来にわたってさまざまな不利な状況に置かれる恐れがあります。

　障害のある子どもだけでなく、このような子どもたちも「特別な配慮を要する児童」として特別支援教育の対象に組み入れようという流れがあります。「特別な配慮を要する児童」が現れた背景には保育や教育そのものが「あらかじめ定められた既製品を子どもたちにあてがう」という発想から、「子どもたち一人一人の困難さに合わせてつくり上げる」考え方に移行していることがあります。ここで重要なのが「特別な教育的ニーズ」という概念です。

（2）子ども一人一人がもつ特別な教育的ニーズに応える

　幼稚園教育要領解説では、「障害の種類や程度を的確に把握した上で、障害のある幼児などの『困難さ』に対する『指導上の工夫の意図』を理解し、個に応じた様々な『手立て』を検討し、指導に当たっていく必要がある」、「一方、障害の種類や程度によって一律に指導内容や指導方法が決まるわけではない。特別支援教育において大切な視点は、一人一人の障害の状態等により、生活上などの困難が異なることに十分留意し、個々の幼児の障害の状態等に応じた指導内容や指導方法の工夫を検討し、適切な指導を行うことである」と述べられています。

　ここには、「この障害にはこの指導」といった思い込みや決めつけの指導を廃し、子どもが有する個々の「困難さ」を改善・克服するための「指導上の工夫の意図」をもって具体的な指導の「手立て」を生み出すという新たな流れが示されています。この場合の指導は、各障害の種類に共通な固定的なものではなく、子ども一人一人がもつ個別の教育的な要求、すなわち「特別な教育的ニーズ」*5 に基づいて行われることになります。「特別な教育的ニーズ」は子どもが学習上の困難を感じる要因をすべて含むため、障害に起因しない教育的ニーズも想定でき、それが障害以外の「特別な配慮を要する児童」として、特別支援教育のなかに含まれるようになったと考えられます。今後はさまざまな教育的ニーズを有する子どもへの適切で手厚い支援が求められるようになるでしょう。

*4
国民を可処分所得（自由に使えるお金）の順に並べ、その真ん中の人の半分以下しか所得がない状態を相対的貧困と呼びます。親子 2 人世帯の場合は月額およそ 14 万円以下（公的給付含む）の所得しかないことになります。こうした世帯で育つ子どもは、医療や食事、学習、進学などの面で極めて不利な状況に置かれ、将来も貧困から抜け出せない傾向があることが明らかになりつつあります。

*5
「特別な教育的ニーズ」という用語を世界的に普及させる直接の契機となったのは、イギリスの「ウォーノック報告」(1978) です。第二次世界大戦後のイギリスにおける障害児教育の課題を明らかにし、新時代に向けた提言を行った「障害児者教育調査委員会」による報告書です。同委員会では子どもの障害だけに注目することが教育の可能性を否定的にとらえるとして、「特別な教育的ニーズ」という概念を導入しました。

第2節 エピソードをもとにこれからの
　　　　障害児保育を考える

1. 幅広い視野をもった保育実践

　エピソードをもとに、保育者に今後求められる保育実践を考えてみたいと思います。

（1）エピソード「ひとり親家庭で育つ重複障害のソラちゃん」（3歳児）

✎ エピソード（1）　ひまわり保育所への入所

　ソラちゃんは、脳性まひによる肢体不自由と自閉スペクトラム症を併せ有する、3歳の女の子です。ひまわり保育所には、今年度の4月から通い始めました。

　ソラちゃんは、596gの超低出生体重児として生まれ、生後5か月で脳性まひと診断されました。しかし、父親のツトムさんは、わが子に障害があることへのショックから、ソラちゃんや母親のカヨさんに暴力を振るうようになります。その状況に耐えきれず、カヨさんはソラちゃんを連れ、離婚します。その際ツトムさんには、養育費を支払わない代わりに、今後ソラちゃんに一切会わないことが条件となりました。

　離婚後、ソラちゃんとカヨさんは、隣町のアパートで暮らし始め、医療型児童発達支援センターに母子で通い始めます。しかし、ソラちゃんは、2歳になるころ、自閉スペクトラム症も併せ有していると診断されます。それ以来、カヨさんは、ソラちゃんの発達を促すために、日々、医療型児童発達支援センターに通いました。しかし、生活費としてきた貯蓄も底をつき、カヨさんが働かざるを得ない家計状況になってしまいます。そのため、ソラちゃんの3歳を節目に、医療型児童発達支援センターを退所し、ひまわり保育所へ入所することになりました。

　子ども一人一人の障害特性に応じた保育実践を行うことは大切ですが、児童虐待の発生やひとり親家庭の増加、貧困率の上昇など、現在のわが国の子どもにかかわる問題は多様化しています。保育について学ぶみなさんは、障害や児童虐待、ひとり親や貧困家庭への支援について、それぞれ別な単元として学習していると思います。しかし、実際の保育現場では、これらの課題を複合的に抱えた家庭や子どもと出会うことが少なくありません。

　ソラちゃんのエピソードは、まさにそれらの課題を複合的に抱える家庭に

なります。非常に稀なエピソードであると思えるかもしれませんが、今の社会情勢からみれば、保育者の誰もが出会う可能性のある家庭といえます。

（2）さまざまな視点からの支援

　ではいったい、ソラちゃんの家庭には、どのような支援が必要となるでしょうか。ソラちゃんには、脳性まひと自閉スペクトラム症の重複障害があるため、両方の障害に対応した関わり方が必要です。そのため、保育所での支援より、医療型児童発達支援センターのような専門機関での支援の方が望ましいと考えられます。しかし、ソラちゃんの家庭の家計状況を考えれば、保育所への入所が最善の支援になることは明らかです。また、障害者権利条約による「障害を理由とする差別」の禁止にもとづき、重複障害があるソラちゃんとその保護者が保育所入所を望んだ場合、正当な理由なしにそれを拒むことはできません。

　さらに、入所後には、ソラちゃんの障害特性に応じた支援だけではなく、家庭への支援も重要になります。たとえば、ソラちゃんの家庭の家計状況を考えれば、経済的な支援も必要でしょう。ソラちゃんの家庭の場合は、「児童手当」に加え、ひとり親家庭に支給される「児童扶養手当」、障害児のいる家庭に支給される「特別児童扶養手当」が受給できます。そのため、保育者はこれらの各種制度に関する情報提供を行い、受給に向けた手続きを促していく必要があります。

（3）家庭の状況に気づき、早急に適切な対応を取る

　保育者は日々母親のカヨさんと関わるため、カヨさんの様子も把握することができます。カヨさんは、ソラちゃんの子育てに加え、就労という新たな生活環境におかれ、心身ともに疲れていることが予想されます。もし今後、心身の疲労が過度に蓄積された場合には、ソラちゃんに対して虐待的な養育を行ってしまうかもしれません。そのため、保育者は、カヨさんの様子を常に把握し、場合によっては「ひとり親家庭等日常生活支援事業」や「ファミリー・サポート・センター」などを活用し、リフレッシュする機会があることも、情報として提供していく必要があります。

　このように、家庭の状況に気づき、早急に適切な対応を取ることは、子どもとその家族にとってもっとも身近な専門職である保育者の非常に重要な役割です。しかし、保育者は最初からこのような知識や幅広い視点を身につけているわけではありません。現場の経験や研修を重ねるなかで少しずつ学んでいけばよいのです。求められるのは、そういった努力を堅実に続ける前向きな姿勢だと考えてください。

（4）1人で抱えず、顔をつなげる

　また、たとえ豊富な知識や幅広い視点をもてたとしても、1人だけでは実際の課題解決につなげられません。もし、1人で大きな問題を抱えてしまい、その重圧に押しつぶされて保育の仕事が続けられなくなったとしたら、子どもは再び救いの手の届かないところに去ってしまうかもしれません。

　そのため、保育者は自身が行える支援の限界を把握し、管理職をはじめとした職場のチームと常に連携をとりながら保育にあたります。また、日ごろから地域の専門機関や専門職のことを調べて、可能なら訪問して知り合っておくとよいでしょう。そういった「顔つなぎ」が地域ネットワークを構築する第一歩となります。このように、家庭が抱える課題をいち早く発見し、課題解決に向けて他の専門機関・専門職との協働につなげていくことで、多くの子どもや保護者を助けることができるのです。

2. 障害に関する正しい専門性にもとづいた保育実践

（1）障害特性を正しく踏まえる

 エピソード (2)　治まらない自傷行為

　ソラちゃんは、3歳児クラスに所属し、入所してからすぐに、クラスに加配の保育士が配置されました。ソラちゃんは、ほかの3歳児に比べると、発達はかなり遅れています。知的発達の状況は、おおむね1歳6か月程度であり、会話も「イヤ」「だっこ」などといった一語文で要求を伝える程度です。また、全身の緊張も強いため、歩くことやうまく手を動かすことができず、食事・排泄・衣服の着脱などに関しても、すべて自立していません。

　それでも設定保育の時間には、加配保育士の適切な支援や工夫された教材・教具の活用によって、楽しそうに参加する様子が見られます。

　ひまわり保育所では、子どもの主体性や想像力を育てるため、自由遊びの時間に保育士が遊びを提案することはしないという方針を伝統にしています。しかし、ソラちゃんには、入所してからこれまで、自由遊びの時間になると、必ずと言っていいほど、床に頭を打ち付ける「自傷行為」が見られています。そのため、ひまわり保育所では、ソラちゃんの遊ぶスペースにマットを敷くなどの対応を行っていますが、いまだに「自傷行為」が治まる様子はありません。

240

　障害児保育を進めるにあたっては、障害に関わる専門的な知識や技術が重要になります。たとえば、ソラちゃんが楽しく設定保育に参加できるのは、ソラちゃんの障害特性に合わせた加配保育士の適切な支援や工夫された教材・教具の活用があるからだと考えられます。そのために、本書ではこれまで、保育者が身につけてほしい知識・技術を数多く示してきました。そして、読者であるみなさんには、この本を通して身につけた専門性を正しく保育実践に反映させてほしいと願っています。

（2）専門性を正しく保育実践に反映させる

　ソラちゃんは自由遊びの時間になぜ「自傷行為」をするのでしょうか？ひまわり保育所では、子どもたちの主体性や想像力を育てるために、自由遊びの時間は保育者から遊びを提供しないという方針を伝統にしています。確かに、一般的に考えれば、自由遊びの機会を使って子どもの主体性や想像力を育てることは、非常に良い取り組みになります。しかし、その取り組みは、自閉スペクトラム症のあるソラちゃんにとって、適切でしょうか？

　自閉スペクトラム症の特徴の１つに「想像力の障害」があります。自閉スペクトラム症のあるソラちゃんを想像力が必要な自由遊びに取り組ませることは、障害されている能力を無理に使わせることにならないでしょうか。つまり、歩くことのできないソラちゃんに、無理に歩いてお散歩に行くことを求めることと同じにならないでしょうか。ソラちゃんは、自由遊びの時間に、想像力を使って自分の好きな遊びを見つけることができずに大きなストレスを感じていると思われます。そのため、何をしてよいかわからず、「自傷行為」に走ってしまうという見立てが考えられます。そこで、ソラちゃんには、保育者がさまざまな遊びを提供し、好きな遊びを見つけていくことが、適切な支援の方法になります。

　このように、保育者は、障害にかかわる専門性を身につけることに加え、その専門性を正しく保育実践に反映させることが必要となります。言い換えれば、保育者としての専門性を高めて実践するなかで、障害児保育の視点を十分に生かしていく、ということです。

3. 科学的根拠（エビデンス）にもとづく保育実践

（1）経験則と科学的根拠

エピソード（3）　どうして違うテーブルなの？

> ソラちゃんは、ひまわり保育所で昼食を食べる際、加配保育士から食事介助を受けます。その際、ソラちゃんはいつも、保育室の角にあるみんなと違うテーブルに座り、壁を正面にしながら食事をします。しかし、お昼寝の後のおやつは、みんなと同じテーブルに座って食べます。
>
> ある日、母親のカヨさんから担当保育士に「昼食もみんなと同じテーブルで食べさせてほしい」との要望がありました。また、後日行われた保護者会でも、ほかの子どもの保護者から、「子どもから『ソラちゃんだけどうして、お昼は違うテーブルなの？』と聞かれました」「昼食もみんなと同じテーブルでよいのではないでしょうか」との声も上がっていました。しかし、ひまわり保育所では、これまでに受け入れた自閉スペクトラム症のある子どもへの支援経験から、昼食時の刺激を減らして、ソラちゃんが集中して食べられるよう、そのような配慮を行っています。

　ソラちゃんの昼食について、保護者の意見と保育者の指導方針のどちらを尊重することが、ソラちゃんにとっての"最善の利益"につながるのでしょうか。この判断は、非常に迷うところです。しかし、この判断を行ううえで、保育者は保育の専門職としての「科学的根拠（エビデンス）」を示すことが重要になります。なぜなら、私たちの保育は、医療や保健、心理学などの人間科学の長年の研究成果にもとづいた実践の系譜に位置づいているからです。
　確かに、ひまわり保育所では、自閉スペクトラム症のある子どもが落ち着いて食事をするために、視覚的な刺激を減らすべきであるという経験則（経験した事実にもとづいて得られた法則）をもっています。これは、自閉スペクトラム症の特性から、理論上、間違っていません。しかし、このエピソードの場合、この経験則と理論だけを説明するのではなく、それに加えて、ひまわり保育所としての実践上の科学的根拠を説明する必要があったのではないかと考えられます。この点を踏まえれば、しっかりと保護者に納得してもらえる説明ができるのではないでしょうか。

（2）インフォームドコンセントとアカウンタビリティ

　実践上の科学的根拠と聞くと、遠くの世界の話に思えるかもしれません。しかし難しいことではありません。たとえば、実践上の科学的根拠を示す手法の１つである観察法を用いて、ソラちゃんへの支援が有効かどうかを調べてみましょう。方法としては、まずソラちゃんが壁を正面に食事をする場面と、みんなと同じテーブルで食事をする場面を数回ずつビデオで撮影します。そして、両方の場面でソラちゃんが集中して食べていた秒数の平均値を算出して、比較するのです。そうすることで、ソラちゃんにとっては、どちらが集中して食事しやすいか、根拠をもって示すことができるようになります。

　保育者は今後、自分たちの保育実践に科学的根拠を示していく場面が多くなるかもしれません。そうすることで、保育がより専門性や科学性の高い実践に発展していくと考えられるからです。また、科学的根拠を示しながら保育実践を進めることは、保護者とのインフォームド・コンセント（正しい情報を与えられ、納得したうえで合意すること）をつくり上げたり、アカウンタビリティ（自分たちの活動を説明する責任）を果たしたりすることにもつながり、信頼関係の形成にも深く影響することとなるでしょう。

4. 保育実践の主体者として

　エピソードを通して、今後の障害児保育のあり方を描き出してみました。みなさんはどのように受け取られたでしょうか。こんな知識を身につけることは難しい。こんなに支援の難しい子どもを担当したくない。こんな苦労に見合った給料をもらっていない……。いろいろな思いがあるかと思います。

　しかし、時代の大きな流れは否応もなく私たちを飲み込んでいきます。渦に巻き込まれ、振り回された時こそ、私たちは保育者を目指した原点に立ち戻ることになります。

　「私はなぜ保育者になりたいと思ったのだろうか？」

　保育ニーズが増大し、待機児童が後を絶たない昨今、保育のテーマは多くの子どもたちを安全に有効に集団として保育することに向けられます。一方で障害児保育は、個別的で手厚く、問題行動の原因まで探究するような姿勢を求めます。いわば、「マクロの保育」と「ミクロの保育」の違いがあります。

ふりかえりメモ：

....

この両者は相容れない関係なのでしょうか。

　いいえ。この本を通して、みなさんは「違い」を楽しむプロになったのです。必ずこの難問を解決する方法を見つけ出すことでしょう。そして、あなたが最初に保育職を目指した心をしっかりと抱き直して、知識と経験という大きな力を助けに、保育実践の主体者として目の前の道を進んでいってほしいのです。この世界のどこかで、心から信頼できる先生との出会いを待ちわびる多くの子どもたちのためにも、執筆者一同、そう強く願っています。

レッツトライ ・・・・・・・・・・・・・・・・・・・・・ 演習課題

Q 「インクルージョン」について考えてみましょう。

ホップ　　日本においてインクルージョンの「壁」となるものには、どのようなものがあるでしょうか。あなたの考える壁を3つ考えて、箇条書きで書き出してみましょう。

....

....

ステップ　　「ホップ」で考えたことやあなたが保育において大切にしたいと考えることを話し合ってみましょう。

....

....

ジャンプ　　話し合った内容を文章にまとめてみましょう。できる人は、これからの障害児保育のキャッチフレーズを1つ考えてみてください（例「誰もが笑顔の保育を目指して！」など）。

....

....

【引用文献】
1）外務省「障害者の権利に関する条約」2015 年
2）内閣府「障害者基本計画（第3次）」2013 年

【参考文献】
厚生労働省「障害者差別解消法 福祉事業者向けガイドライン」2015 年

当事者として大切にしたい先駆者の言葉
糸賀一雄と高木憲次

白梅学園大学・橋本陽介

本コラムの執筆者は、運動障害をもつ障害当事者です。そのため、障害当事者の立場ももちながら、障害児支援に関わる理論や実践法、そして先駆者の言葉に出合ってきました。そのなかで、次の2人の先駆者は、障害当事者としても特に大切にしたい言葉を残しています。

糸賀一雄

1人目は、糸賀一雄です。糸賀は、「近江学園」（1946（昭和21）年）と「びわこ学園」（1963（昭和38）年）を開設しています。糸賀は、これらの施設で、障害の重い子どもへの支援を実践し、「この子らを世の光に」という言葉を残しています。この言葉には、どんなに障害が重くとも、一人一人の子どもは生活の主体者であり、私たちが個々の子どもがもつ輝き（潜在的な可能性）に磨きをかけ、その輝きを認め合う社会を実現していくという意味が込められています。したがって、私たちには障害をもつ子どもたちの主体性を引き出し、その子どもたちが生きやすい社会をつくる実践が求められます。

2人目は、高木憲次です。高木は、「整肢療護園」（1942（昭和17）年）を開設し、"療育"という概念を提唱しました。高木は、療育を「現代の科学を総動員して（中略）自活の途に立つように育成する」という言葉で定義しています。したがって、私たちはさまざまな分野の最新の知見を総合し、障害のある子どもの自立を支援する実践が求められます。

高木憲次

私はこれまで、1人の主体性をもった人間として、さまざまな分野の支援を活用しながら"障害をもって"生活してきました。その経験から、障害当事者の生活は、一言ではあらわせない多面性があると考えます。しかし、この2人の言葉に出合った時、私は、その多面性が一言に表現されていると感じました。障害当事者としても、障害児支援に携わる者としても、これらの言葉を大切にしています。

読者のみなさんも、ぜひこの言葉の意味を深く考え、目指すべき障害児保育・教育を追求してもらえればと思います。

資料提供：公益財団法人糸賀一雄記念財団、心身障害児総合医療療育センター

エピローグ　－見通しをもって発信し、つながる保育・教育に－

社会とのつながりに目を向けて　－「通常」と「特別」の関係－

 エピソード (1)　特別な配慮…お泊り行事は別室での就寝？

> ハルくんは小児ぜんそくで入院していますが、年長さんが毎年行っている行事「お泊まり会」に参加できるようになりました。病棟保育士が入院前の幼稚園と連携を取って、主治医の協力のもと一時退院の時期を調整してくれたのです。アレルゲンとなるものについて、しっかりと幼稚園に事前に伝えました。
> 　幼稚園では、利用するレストランや宿にもそれを伝え、アレルゲンの入った食事の提供がないように準備をしました。ハルくんは「そばアレルギー」をもっています。毎年利用している宿の枕が「そば殻の枕」を使っているということで、ハルくんは「別室で就寝」ということになりました。

　アレルギーについては第4章（126ページ）に記してあります。ここで述べたいことは別の次元の問題です。この「別室での就寝」という特別な配慮は適切だったといえるでしょうか。ここで「特別な配慮」を考える際の手順を確認したいと思います。障害や病気をもっている子どもは、配慮は必要なものの、「特別扱い」をされたいと願っているわけではありません。そこで重要になってくるのがこの特別な配慮を考える際の手順です。

　まず、「特別」とは、「通常」がどうあるかによって決まってきます。毎年利用している宿の方が先生たちにとっては慣れていてよいでしょう。しかし、そば殻ではない枕が園児の人数分揃う宿があったらどうだったでしょうか。全体が変われば、つまり何が「通常」かが変われば、「特別」は変わってきます。**今、「通常」と思い込んでいることを疑ってみること、特別な配慮が特別に見えない「懐の深い通常」「懐の深い社会」の創造をすることが、第一段階です。そして、それがどうしてもかなわない時に初めて、特別さが目に見える特別な配慮をするのです。**

 エピソード (2)　店内の刺激が強すぎて買い物ができない

> ケイさんは自閉症で聴覚と視覚（特に聴覚）、両方に過敏をもっています。パソコンが大好きで大型店に買い物に行きたいのですが、そのお店はいつも音楽などの店内放送がずっとかかっており、視覚からの刺激だけでいっぱいいっぱいのケイさんにとっては、とても落ち着いて買い物を楽しめる状況ではありません。この店内放送を切ってもらえたらどんなに落ち着いて買い物が楽しめるだろうか…といつも思っています。

この例をどのように考えますか？　本人、ほかのお客さん、お店、それぞれのメリット・デメリット、譲れるところと譲れないところなど、既存の形ありきではなく、どうできるのかを多くの人たちが考え、創造しようとすることが重要です。

つながりのなかで生きている人間としての保育・教育

　本書は、保育所や幼稚園で子どもが「よい子」でいることが本質的な目的ではなく、生涯というスパンのなかで保育がどう位置づけられるかを意識することの重要性を鑑み、このような構成にしました。人間は、時間的にも空間的にも人間関係的にも、さまざまなつながりのなかで生きている存在です。

　たとえば、反抗期について考えてみてください。反抗期は成長過程において大事な意味があるというのはなぜでしょう。子どもが大人から見ると「いたずら」に見える行為をするのはなぜか。発達過程という一連のつながりのなかでとらえ直すことが重要です。反抗期をなくしてその場、その時の「よい子」を作り上げることが教育の目的ではありません。「いたずら」の意味、なかなか目に見えないことがありますよね。でも焦らずにいきましょう。そこが大切なのですから。

・謝辞

　この本の企画に賛同し執筆あるいは協力してくださったみなさんに感謝します。元文部科学省特別支援教育調査官の丹野哲也先生、群馬大学教育学部　金澤貴之先生には素晴らしい執筆者をご紹介いただきました。また編者2名の共通の師である慶應義塾大学　米山光儀先生、東京学芸大学名誉教授　渡邉健治先生にもお礼を申し上げます。

　そして、この本の誕生に必要不可欠だったお2人、株式会社みらいの米山拓矢さん、稲葉高士さんに心からの感謝と賛辞を贈ります。経験の浅い編者2名を辛抱強く励まし盛り立て、本の完成まで導いてくださいました。

　最後になりましたが、数あるテキストのなかでこの本を手にとっていただいたあなたに、心よりの感謝を申し上げます。私たち執筆者の思いが詰まったこの本を、ぜひ末永くご活用いただければ幸いです。

索 引

[平成 23 年度改訂]

学校生活管理指導表　（小学生用）

氏名 _____　男・女　平成　年　月　日生（　）才

①診断名（所見名）	②指導区分 要管理：A・B・C・D・E 管理不要	③運動クラブ活動 可 （　）　禁 （ただし、　　　　　）	④次回受診 （　）ヶ月後 または異常があるとき	医療機関
			小学校　　年　　組	医師　　　　　　印

【指導区分：A…在宅医療・入院が必要　B…登校はできるが運動は不可　C…軽い運動は可　D…中等度の運動まで可　E…強い運動も可】

運動強度

			軽い運動（C・D・Eは"可"）	中等度の運動（D・Eは"可"）	強い運動（Eのみ"可"）
体育活動	体つくり運動	1・2年生	体ほぐしの運動 多様な動きをつくる運動遊び	体のバランスをとる運動遊び（寝転ぶ、起きる、座る、立つなどの動きで構成される運動遊び）	用具を操作する運動（用具をつかむ、持つ、降ろす、回す、転がす、くぐるなどの動きで構成される遊びなど）	体を移動する運動（這う、走る、跳ぶ、はねるなどの動きで構成される遊び）
		3・4年生	体ほぐしの運動 多様な動きをつくる運動	体のバランスをとる運動（寝転ぶ、起きる、座る、立つなどの動きで構成される運動）	用具を操作する運動（用具をつかむ、持つ、降ろす、回す、転がす、くぐるなどの動きで構成される運動）	力試しの運動（人を押す、引くなどの動きや、力を合わせて動きを持続する運動）
		5・6年生	体ほぐしの運動 体力を高める運動	体の柔らかさを高める運動（ストレッチング）、軽いウォーキング	巧みな動きを高める運動（リズムに合わせての運動、ボール・輪・棒を使った運動）	時間やコースを決めて行う全身運動（短なわ、長なわ跳び、持久走）
	陸上運動系	1・2年生	走・跳の運動遊び	いろいろな運動遊び	ケンパー跳び遊び	全力でのかけっこ、折り返しリレー遊び、低い障害物を用いてのリレー遊び
		3・4年生	走・跳の運動	いろいろな歩き方、ゴム跳び遊び	ゆっくりとしたジョギング、軽いジャンプ動作（幅跳び・高跳び）	全力でのかけっこ、周回リレー、小型ハードル走
		5・6年生	陸上運動	ウォーキング、軽い立ち幅跳び	ゆっくりとしたジョギング、軽いジャンプ動作（幅跳び・高跳び）	全力での短距離走、助走をした走り幅跳び、助走をした走り高跳び
	ボール運動系	1・2年生	ゲーム、ボールゲーム・鬼遊び（低学年）	その場でボールを投げたり、ついたり、捕ったりしながら行う的当て遊び	ボールを蹴ったり止めたりして行う的当てや遊びや、陣地を取り合うなどの簡単な鬼遊び	ゲーム（試合）形式
		3・4年生	ゴール型・ネット型小型ゲーム（中学年）	基本的な操作（パス、キャッチ、キック、ドリブル、シュート、バッティングなど）	簡易ゲーム（場の工夫、用具の工夫、ルールの工夫を加え、基本的な操作を踏まえたゲーム）	
		5・6年生	ボール運動			
	器械運動系	1・2年生	器械・器具を使っての運動遊び	ジャングルジムを使った運動遊び	雲梯、ろく木を使った運動遊び	マット、鉄棒、跳び箱を使った運動遊び
		3・4年生	器械運動	基本的な動作（マット（前転、後転）、跳び箱、平均台、鉄棒（前回り）などの部分的な動作）	基本的な技（マット（前転、後転、開脚前転・後転、壁倒立、補助倒立など）、跳び箱（開脚跳び、抱え込み跳び、台上前転など）、鉄棒（補助逆上がり、転向前下り、前方支持回転、後方支持回転など））	連続技や組合せの技
		5・6年生	マット、跳び箱、鉄棒			
	水泳系	1・2年生	水遊び	水に慣れる遊び（水につかっての電車ごっこなど）	浮く・もぐる遊び（壁につかまっての伏し浮き、水にもぐっての○○ごっこなど）	
		3・4年生	浮く・泳ぐ運動	浮く運動（伏し浮き、背浮き、くらげ浮きなど）	浮く動作（け伸びなど）	補助具を使ったクロール、平泳ぎのストロークなど
		5・6年生	水泳	泳ぐ動作（けのびなど）	泳ぐ動作（連続したボビングなど）	クロール、平泳ぎ
	表現運動系	1・2年生	表現リズム遊び	まねっこ遊び（飛行機、遊園地の乗り物など）	まねっこ遊び（飛行機、遊園地の乗り物など）	リズム遊び（弾む、回る、ねじる、スキップなど）
		3・4年生	表現運動	その場での即興表現	まねっこ遊び（鳥、昆虫、恐竜、動物など）	変化のある動きをつなげた表現（ロック、サンバなど）
		5・6年生	表現運動			強い動きのある日本の民踊
	雪遊び、氷上遊び、スキー、スケート、水泳等の活動		雪遊び、氷上遊び	軽いリズムダンス、フォークダンス、日本の民踊の簡単なステップ	スキー・スケートの歩行、水辺活動	スキー・スケートの滑走など
文化的活動			体力の必要な長時間の活動を除くほとんどの文化活動		右の強い活動を除くほとんどの文化活動	体力を相当使って吹く楽器（トランペット、トロンボーン、オーボエ、バスーン、ホルンなど）、リズムのかなり速い曲の演奏や指揮、行進を伴うマーチングバンドなど

学校行事、その他の活動

▼運動会、体育祭、球技大会、スポーツテストなどは上記の運動強度に準ずる。
▼指導区分、"E"以外の児童の遠足、宿泊学習、修学旅行などの参加。臨海学校、林間学校、修学旅行などの参加について不明な場合は学校医・主治医に相談する。
▲陸上運動系・水泳系（等尺運動）を含む。

その他注意すること

定義：
（軽い運動）　同年齢の平均的児童にとって、ほとんど息がはずまない程度の運動。
（中等度の運動）　同年齢の平均的児童にとって、少し息がはずむが息苦しくない程度の運動。パートナーがいれば楽に会話ができる程度の運動。
（強い運動）　同年齢の平均的児童にとって、息がはずみ息苦しさを感じるほどの運動。
＊体つくり運動：レジスタンス運動（等尺運動）を含む。

平成　　年　　月　　日

出典：公益財団法人　日本学校保健会
http://www.hokenkai.or.jp/kanri/kanri_kanri.html

資料

（参考様式）※「保育所におけるアレルギー対応ガイドライン」（2019年改訂版）

保育所におけるアレルギー疾患生活管理指導表（食物アレルギー・アナフィラキシー・気管支ぜん息）

名前 ＿＿＿＿＿ 男・女 ＿＿年＿＿月＿＿日生（＿＿歳＿＿ヶ月）＿＿＿＿＿組　提出日　＿＿年＿＿月＿＿日

※ この生活管理指導表は、保育所の生活において特別な配慮や管理が必要となった子どもに限って、医師が作成するものです。

★保護者
電話：
★連絡医療機関
連絡先　医療機関名：
電話：

食物アレルギー（あり・なし）　アナフィラキシー（あり・なし）

病型・治療

A. 食物アレルギー病型
1. 食物アレルギーの関与する乳児アトピー性皮膚炎
2. 即時型
3. その他（新生児・乳児消化管アレルギー・口腔アレルギー症候群・食物依存性運動誘発アナフィラキシー・その他　）

B. アナフィラキシー病型
1. 食物（原因：　）
2. その他（医薬品・食物依存性運動誘発アナフィラキシー・ラテックスアレルギー・昆虫・動物のフケや毛）

C. 原因食品・除去根拠
該当する食品の番号に○をし、かつ《　》内に除去根拠を記載

[除去根拠]
該当するものを全て《　》内に記載
①明らかな症状の既往
②食物負荷試験陽性
③IgE抗体等検査結果陽性
④未摂取

1. 鶏卵　《　》
2. 牛乳・乳製品　《　》
3. 小麦　《　》
4. ソバ　《　》
5. ピーナッツ　《　》
6. 大豆　《　》
7. ゴマ　《　》
8. ナッツ類*　《　》（すべて・クルミ・カシューナッツ・アーモンド…　）
9. 甲殻類*　《　》（すべて・エビ・カニ…　）
10. 軟体類・貝類*　《　》（すべて・イカ・タコ・ホタテ・アサリ…　）
11. 魚卵*　《　》（すべて・イクラ・タラコ…　）
12. 魚類*　《　》（すべて・サバ・サケ…　）
13. 肉類*　《　》（鶏肉・牛肉・豚肉…　）
14. 果物類*　《　》（キウイ・バナナ…　）
15. その他　《　》
「*は（　）の中の該当する項目に○をするか具体的に記載すること」

D. 緊急時に備えた処方薬
1. 内服薬（抗ヒスタミン薬・ステロイド薬）
2. アドレナリン自己注射薬「エピペン®」
3. その他（　）

保育所での生活上の留意点

A. 給食・離乳食
1. 管理不要
2. 管理必要（管理内容については、病型・治療のC. 欄及び下記C. E欄を参照）

B. アレルギー用調整粉乳
不要　必要　下記該当ミルクに○、又は（　）内に記入
ミルフィーHP・ニューMA-1・MA-mi・ペプディエット・エレメンタルフォーミュラ
その他（　）

C. 除去食品においてより厳しい除去が必要なもの
病型・治療のC. 欄で除去の際に、より厳しい除去を必要とするもののみに○をつける
※本欄に○がついた場合、該当する食品を使用した料理については、給食対応が困難となる場合があります。
1. 鶏卵：　卵殻カルシウム
2. 牛乳・乳製品：　乳糖
3. 小麦：　醤油・酢・麦茶
6. 大豆：　大豆油・醤油・味噌
7. ゴマ：　ゴマ油
12. 魚類：　かつおだし・いりこだし
13. 肉類：　エキス

D. 食物・食材を扱う活動
1. 管理不要
2. 原因食材を教材とする活動の制限（　）
3. 調理活動時の制限（　）
4. その他（　）

E. 特記事項
（その他に特別な配慮や管理が必要な事項がある場合には、医師が保護者と相談のうえ記載。対応内容は保育所が保護者と相談のうえ決定）

記載日　　＿＿年＿＿月＿＿日
医師名
医療機関名
電話

気管支ぜん息（あり・なし）

病型・治療

A. 症状のコントロール状態
1. 良好
2. 比較的良好
3. 不良

B. 長期管理薬（短期追加治療薬を含む）
1. ステロイド吸入薬
　剤形：
　投与量（日）：
2. ロイコトリエン受容体拮抗薬
3. DSCG吸入薬
4. ベータ刺激薬（内服・貼付薬）
5. その他（　）

C. 急性増悪（発作）治療薬
1. ベータ刺激薬吸入
2. ベータ刺激薬内服
3. その他（　）

D. 急性増悪（発作）時の対応（自由記載）
（　）

保育所での生活上の留意点

A. 寝具に関して
1. 管理不要
2. 防ダニシーツ等の使用
3. その他の管理が必要（　）

B. 動物との接触
1. 管理不要
2. 動物への反応が強いため不可
　動物名（　）
3. 飼育活動等の制限（　）

C. 外遊び、運動に対する配慮
1. 管理不要
2. 管理必要（　）

D. 特記事項
（その他に特別な配慮や管理が必要な事項がある場合には、医師が保護者と相談のうえ記載。対応内容は保育所が保護者と相談のうえ決定）

記載日　　＿＿年＿＿月＿＿日
医師名
医療機関名
電話

● 保育所における日常の取り組み及び緊急時の対応に活用するため、本表に記載された内容を保育所の職員及び消防機関・医療機関等と共有することに同意しますか。
　・同意する
　・同意しない

保護者氏名

出典：厚生労働省「保育所におけるアレルギー対応ガイドライン（2019年改訂版）」2019年
https://www.mhlw.go.jp/content/000512752.pdf

253

（参考様式） ※「保育所におけるアレルギー対応ガイドライン」（2019年改訂版）

保育所におけるアレルギー疾患生活管理指導表 （アトピー性皮膚炎・アレルギー性結膜炎・アレルギー性鼻炎）

名前＿＿＿＿＿　男・女　＿＿年＿＿月＿＿日生（＿＿歳＿＿ヶ月）　＿＿＿＿組　　　　提出日　　年　　月　　日

※この生活管理指導表は、保育所の生活において特別な配慮や管理が必要となった子どもに限って、医師が作成するものです。

アトピー性皮膚炎（あり・なし）

病型・治療

A. 重症度のめやす（厚生労働科学研究班）
1. 軽症：面積に関わらず、軽度の皮疹のみみられる。
2. 中等症：強い炎症を伴う皮疹が体表面積の10％未満にみられる。
3. 重症：強い炎症を伴う皮疹が体表面積の10％以上、30％未満にみられる。
4. 最重症：強い炎症を伴う皮疹が体表面積の30％以上にみられる。
※軽度の皮疹：軽度の紅斑、乾燥、落屑主体の病変
※強い炎症を伴う皮疹：紅斑、丘疹、びらん、浸潤、苔癬化などを伴う病変

B-1. 常用する外用薬
1. ステロイド軟膏
2. タクロリムス軟膏（「プロトピック®」）
3. 保湿剤
4. その他（　　　）

B-2. 常用する内服薬
1. 抗ヒスタミン薬
2. その他（　　　）

C.食物アレルギーの合併
1. あり
2. なし

保育所での生活上の留意点

A.プール・水遊び及び長時間の紫外線下での活動
1. 管理不要
2. 管理必要

B.動物との接触
1. 管理不要
2. 動物への反応が強いため不可
　　動物名（　　　）
3. 飼育活動等の制限（　　　）

C.発汗後
1. 管理不要
2. 管理必要（管理内容：　　　）
3. 夏季シャワー浴（施設で可能な場合）

D.特記事項
（その他に特別な配慮や管理が必要な事項がある場合には、医師が保護者と相談のうえ記載。対応内容は保育所が保護者と相談のうえ決定）

記載日　　年　　月　　日
医師名
医療機関名
電話

アレルギー性結膜炎（あり・なし）

病型・治療

A. 病型
1. 通年性アレルギー性結膜炎
2. 季節性アレルギー性結膜炎（花粉症）
3. 春季カタル
4. アトピー性角結膜炎
5. その他（　　　）

B. 治療
1. 抗アレルギー点眼薬
2. ステロイド点眼薬
3. 免疫抑制点眼薬
4. その他（　　　）

保育所での生活上の留意点

A.プール指導
1. 管理不要
2. 管理必要（管理内容：　　　）
3. プールへの入水不可

B.屋外活動
1. 管理不要
2. 管理必要（管理内容：　　　）

C.特記事項
（その他に特別な配慮や管理が必要な事項がある場合には、医師が保護者と相談のうえ記載。対応内容は保育所が保護者と相談のうえ決定）

記載日　　年　　月　　日
医師名
医療機関名
電話

アレルギー性鼻炎（あり・なし）

病型・治療

A. 病型
1. 通年性アレルギー性鼻炎
2. 季節性アレルギー性鼻炎（花粉症）
主な症状の時期：春・夏・秋・冬

B. 治療
1. 抗ヒスタミン薬・抗アレルギー薬（内服）
2. 鼻噴霧用ステロイド薬
3. 舌下免疫療法
4. その他（　　　）

保育所での生活上の留意点

A.屋外活動
1. 管理不要
2. 管理必要（管理内容：　　　）

B. 特記事項
（その他に特別な配慮や管理が必要な事項がある場合には、医師が保護者と相談のうえ記載。対応内容は保育所が保護者と相談のうえ決定）

記載日　　年　　月　　日
医師名
医療機関名
電話

● 保育所における日常の取り組み及び緊急時の対応に活用するため、本表に記載された内容を保育所の職員及び消防機関・医療機関等と共有することに同意しますか。
・同意する
・同意しない

保護者氏名

出典：厚生労働省「保育所におけるアレルギー対応ガイドライン（2019年改訂版）」2019年
https://www.mhlw.go.jp/content/000512752.pdf

・編者紹介

小林　徹（こばやし　とおる）

東北大学大学院教育情報学教育部博士後期3年の課程修了。博士（教育情報学）。
臨床発達心理士。保育士。現在、郡山女子大学教授。

・主な著書

『新版保育内容　言葉』（共著）一藝社　2014年

『自閉症スペクトラム障害児の教育と支援』（共著）東洋館出版　2014年

『知的障害教育における学力問題－「学ぶ力」「学んでいる力」「学んだ力」－』（共著）ジアース教育新社

『つながる・つなげる障害児保育』（共著）保育出版社 2015年

・メッセージ

　　僕は中学校特別支援学級の教師として25年働きながら、勉強して学位や資格を取りました。あなたの未来もこの先、努力次第で変わりますよ。挑戦を楽しんでくださいね。

栗山　宣夫（くりやま　のぶお）

東京学芸大学大学院教育学研究科障害児教育専攻修了。
東京都立養護学校（現・特別支援学校）教諭を経て、現在、育英短期大学教授。
全国病弱教育研究会副会長。

・主な著書

「知的障碍をもつ子どもの「葛藤」を援助するということ」（単著）『臨床教育人間学　4』東信堂　2011年

『病気の子どもの教育入門』（編集代表）クリエイツかもがわ　2011年

・メッセージ

　　読者のみなさん自身、学ぶことやわかろうとする過程を楽しんでください。学ぶことはおもしろがっていいんです。子どもも大人も。せっかく生まれてきたんですから。

シリーズ 知のゆりかご
ライフステージを見通した障害児保育と特別支援教育

2020年 3 月20日　初版第 1 刷発行
2024年 3 月 1 日　初版第 5 刷発行

編　　集	小林　徹	
	栗山　宣夫	
発 行 者	竹鼻　均之	
発 行 所	株式会社みらい	
	〒500-8137　岐阜市東興町40　第 5 澤田ビル	
	TEL　058 - 247 - 1227 ㈹	
	FAX　058 - 247 - 1218	
	https://www.mirai-inc.jp/	
印刷・製本	サンメッセ株式会社	

ISBN978-4-86015-504-9 C3337
Printed in Japan

乱丁本・落丁本はお取り替え致します。